Han F. de Wit

Buddhistischer und westlicher Geist

Buddhismus im Gespräch
mit der westlichen Kultur

Verlag Via Nova

Han F. de Wit

Buddhistischer und westlicher Geist

Buddhismus im Gespräch mit der westlichen Kultur

Verlag Via Nova

Übersetzung aus dem Niederländischen:
Rolf Remers

Originaltitel:
Han F. de Wit
De lotus en de roos
Boeddhisme in dialoog
met psychologie, godsdienst en ethiek
Kok Agora/Pelckmans

1. Auflage 2001
Verlag Via Nova, Neißer Straße 9, 36100 Petersberg
Telefon und Fax: (06 61) 6 29 73
Internet:
www.verlag-vianova.de
www.transpersonal.com

Satz: typo-service kliem, 97647 Neustädtles
Titelgestaltung: Klaus Holitzka, 64756 Mossautal
Druck und Verarbeitung: Rindt-Druck, 36037 Fulda

© Alle Rechte vorbehalten
ISBN 3-928632-83-3

„Bewußt-Sein" im Abhidharma	108
Die Wirkung des Bewußt-Seins nach dem Abhidharma	108
Unwissenheit als verwirrtes Bewußt-Sein	111
Das Konzept des Selbst oder „Ego"	115
Ist das „Ich" erfahrbar?	117
Ist das „Ich" der Denkende?	118
Läßt sich das „Ich" finden?	119
Das „Ich" als geträumtes Ich	120
Die emotionale Seite des Ego: Angst vor Leiden	121
Angeborenes und anerzogenes Ego	124
Glück	125
Die Psychologie der Buddhas	127
Buddhistische Psychologie als Psychologie der Prozesse	129

4. Kapitel: Der therapeutische Aspekt des Buddhismus — 131

Psychotherapie und die buddhistischen Disziplinen	131
„Ego" in der Psychotherapie und im Buddhismus	131
Bewußtsein in der Psychotherapie	134
Hypnose, Traumbewußtsein und Wachbewußtsein	136
Konzeptuelle Ansätze in der Psychotherapie und im Buddhismus	139
Das Aufheben von neurotischen und existentiellen Leiden	140
Eine buddhistische Theorie der Neurose	142
Erkenntnis und Mitgefühl als Mittel oder Ziel	147
Warum spirituelle Praxis keine Psychotherapie ist	148

5. Kapitel: Der praktische Aspekt des Buddhismus — 153

Einleitung	153
Die drei Prajnas	156
Die Praxis der Meditation	158
Shamatha und Vipashyana	159
Die Entwicklung von Meditation	160
Praxis im Mahayana-Buddhismus	163
Praxis im Vajrayana-Buddhismus	164
Ethik in der buddhistischen Praxis des Handelns	167
Ethik im westlichen Kulturkreis	167
Gewissen gegenüber Leidenschaften	168
Vernunft gegenüber Leidenschaften	170
Die Wirkung der ethischen Sichtweise auf unseren Geist	171

Die Grundlage der buddhistischen Ethik	174
Das Kultivieren der Grundlage der Ethik	176
Shila im Theravada-Buddhismus	179
Shila im Mahayana-Buddhismus	181
Shila im Vajrayana-Buddhismus	183
Karma im Buddhismus	186
Eine Definition von Karma	186
Karma und Verantwortlichkeit	187
Leiden hat keinen Sinn, aber eine Ursache	188
Karma als absichtliches Handeln	191
Theorien des Karma sind Upayas für unseren eigenen Geist	192
Karma und Wiedergeburt: Schlußbemerkung	194
Bibliographie	196
Index	199
Namensverzeichnis	204

Vorwort

Dieses Buch ist das Ergebnis des Dialoges, den ich als Buddhist in den vergangenen zwanzig Jahren mit Menschen aus unterschiedlichen westlichen Kulturkreisen geführt habe. Die Fähigkeit, diesen Dialog zu führen, verdanke ich einerseits meinem Mentor, dem Ehrwürdigen Chögyam Trungpa Rinpoche, der mich 1977 dazu autorisierte, Meditationsanleitungen zu geben und die buddhistische Tradition zu lehren, und andererseits den zahlreichen Menschen, die ich in diesen Jahren auf dem spirituellen Pfad Buddhas begleiten durfte oder die an mich mit dem Wunsch herangetreten sind, gemeinsam mit ihnen den Dialog zwischen Buddhismus und Christentum, Humanismus und westlicher Psychologie in einer Atmosphäre von Freundschaft und Wissensdrang zu führen.

Sowohl im Rahmen der persönlichen Begleitung als auch im Dialog mit Menschen aus anderen Traditionen scheint sich eine Reihe bestimmter Fragen immer wieder zu manifestieren. Es sind diese Fragen, denen das vorliegende Buch seinen Inhalt verdankt. In diesem Sinne steht dieses Buch im Zentrum des Dialogs, der sich im Laufe des vergangenen Jahrzehnts zwischen dem buddhistischen und westlichen Kulturkreis entwickelt hat. Daher ist dieses Buch meiner Ansicht nach in gleichem Maße die Frucht des wachsenden Interesses der Menschen unserer Kultur am Buddhismus und der Vitalität der buddhistischen Tradition selbst, einer Vitalität, die in der Lage ist, sich unserer Kultur verständlich zu vermitteln und diese zu bereichern. Ich betrachte dieses Buch daher als eine gemeinsame Arbeit der Menschen, die in den vergangenen Jahren mit eindringlichen und grundlegenden Fragen an mich herangetreten sind, und den Haltern der buddhistischen Tradition, insbesondere dem *Vidyadhara Chögyam Trungpa Rinpoche* und seinem Nachfolger *Sakyong Mipham Rinpoche*, an die ich mich mit meinen persönlichen Fragen wenden konnte. Ohne meine Dharmalehrer für den Inhalt dieses Buches verantwortlich machen zu wollen, liegt ihm dennoch ihre Inspiration, ihr Vorbild und ihre Art zugrunde, mit Offenheit, Respekt und Humor unserer westlichen Kultur zu begegnen. Sie sind aber nicht die einzige Inspirationsquelle, an die sich mein Dank richtet. Mein Dank gilt auch dem westlichen *Sangha*, der buddhistischen Gemeinschaft, die von diesen Lehrern ins Leben gerufen wurde, und in diesem Zusammenhang insbesondere den Mitgliedern der Gemeinschaft, die den *Shambhala-Zentren* in den Niederlanden verbunden sind. Die Gespräche mit Mitgliedern dieses Sangha und mit anderen Meditationslehrern aus dieser Gemeinschaft haben meine Einsicht in die buddhistische Tradition weiter vertieft und mich darüber hinaus zu einer Reihe von Ansatzpunkten für dieses Buch inspiriert. Einem Mitglied dieses *Sangha* gilt mein besonderer Dank: Ineke de Wit, meiner Ehefrau und Weggefährtin auf dem Pfad des Buddha. Sie hat nicht nur eine Reihe von Artikeln, die ich zu einem früheren Zeitpunkt in Englisch veröffentlicht hatte, in die niederländische Sprache übersetzt, so daß ich diese als Grundlage für dieses Buch verwenden konnte, sondern auch in unzähligen Gesprächen mein Verständnis für die buddhistische Tradition vertieft. Ihr widme ich in großer Dankbarkeit dieses Buch.

Oegstgeest
Februar, Shambhala-Tag 1998

Einleitung: Buddhismus im Dialog

Einleitung

Können Menschen durch das Selbstbild, das sie von sich selbst haben, mehr geprägt werden als von dem, wie sie wirklich sind? Wie wird ihr Handeln und Nichthandeln von diesem Selbstbild beeinflußt? Ist es möglich, daß auch unsere Gesellschaft mehr von der Vorstellung geprägt wird, die Menschen sich davon machen, als durch das Zusammenleben selbst? Ist daher die Art des Zusammenlebens vielleicht die Folge und nicht Ursache dieser Vorstellung?

Dies sind extreme Fragen. Die Antwort auf diese Fragen ist mit Sicherheit nicht eindeutig. Die Menschen und ihr Zusammenleben werden nicht vollkommen und ausschließlich von den Bildern und Vorstellungen geprägt, die sie von sich und anderen haben. Die unausweichliche Wirklichkeit von Krankheit, Alter und Tod macht uns das deutlich. Die gegenteilige Ansicht, diese Bilder übten keinen Einfluß aus, entspricht allerdings ebenfalls nicht der Wahrheit, wie die katastrophalen Folgen von sozialer Akzeptanz des Egoismus, kulturellem Chauvinismus und Rassenwahn immer wieder belegen.

Es muß jedoch die Frage gestellt werden, *wie groß* der Einfluß dieser Bilder und Vorstellungen ist, *in welche Richtung* sie gehen und *wie groß ihre Reichweite ist*.

Es ist offensichtlich, daß der Einfluß unseres Geistes *weitgreifend* ist. Unser Geist übt durch die von ihm geformten Bilder nicht nur einen Einfluß auf unsere Lebensweise aus, sondern da unsere Lebensweise auch in unser Handeln und unsere Sprache einfließt, erstreckt sich der Einfluß unseres Geistes auch auf diesen Aspekt. Gehen wir noch einen Schritt weiter. Unser Handeln und unsere Sprache üben einen mehr oder weniger großen Einfluß auf unser Umfeld aus. Daher spiegelt sich der Einfluß unseres Geistes auch indirekt in unserem Umfeld wider. Der Einfluß unseres Geistes wirkt sich aber auch in umgekehrter Richtung aus, denn die Art, in der wir unser Umfeld und unsere eigenen Handlungen innerhalb dieses Umfelds wahrnehmen, wird ebenfalls wieder von unserem Geist beeinflußt. Der Einfluß unseres Geistes ist allgegenwärtig, sowohl als eine der Ursachen unseres Handelns als auch in der

Art und Weise, wie unsere Handlungen und die daraus resultierenden Folgen erlebt werden. Die Rede ist von einer Wechselwirkung, die den Charakter eines Teufelskreises hat. Wir erfahren viel Leid durch das, was unser Geist uns als Wirklichkeit vorspiegelt. Wir verursachen viel Leid, wenn sich unsere Handlung und Sprache an dieser vorgespiegelten Wirklichkeit orientieren.

Betrachten wir die Richtung dieses geistigen Einflusses. Was sind die Konsequenzen, wenn das Bild, das sich ein Mensch von sich, anderen oder dem Zusammenleben mit anderen macht, durchdrungen ist von Angst, Habsucht, Aggression oder Mutlosigkeit? Was wäre der Einfluß dieses Selbstbildes und Weltbildes, wenn es auf Mut, Mitgefühl und Lebensfreude basieren würde? Sprechen und handeln wir anders, wenn unsere Einstellung geprägt ist von Argwohn oder Gleichgültigkeit gegenüber dem Guten, Schönen und Wahren, oder wenn wir diese Werte schätzen? Welche Richtung nimmt dieser Einfluß? Eine humanitäre Richtung, die Leiden lindert und Inspiration weckt, oder die entgegengesetzte Richtung?

Der Einfluß unseres Geistes auf alle Aspekte unseres Lebens ist jedoch nicht der einzige Faktor, der unsere Lebensweise bestimmt. Wir sind alle der Wirklichkeit von Geburt, Krankheit, Alter und Tod unterworfen. Das bedeutet, daß unser Geist in einer Situation einen größeren Einfluß ausübt als in einer anderen. Wie aber bestimmen wir das Ausmaß dieses Einflusses in unserem Alltagsleben? Damit wir bestimmen können, *wie groß* dieser Einfluß ist, müssen wir unser Wissen über die *Art* und *Funktionsweise* unseres Geistes vertiefen und in Erfahrung bringen, welchen Einfluß er konkret auf unser Bewußtsein und unsere Erfahrung ausübt. Wir müssen unseren Geist direkt betrachten und beobachten, um dieses Wissen zu erlangen. Anschließend werden wir wissen wollen, ob wir diesem Einfluß machtlos ausgeliefert sind oder nicht. Sind wir – gefangen in unserer Vorstellung von der Wirklichkeit – dazu verurteilt, in dieser „Wirklichkeit" zu leben und zu leiden? Schließlich stellt sich dann die Frage, *ob* und – wenn ja – *wie* wir unseren Geist in die Richtung einer zunehmend humaneren Umgangsweise mit der menschlichen Existenz lenken, diese Umgangsweise kultivieren und zur Blüte bringen können. Diese Frage steht sowohl seit der Klassischen Antike im westlichen Kulturkreis als auch seit 2500 Jahren in der buddhistischen Tradition im Mittelpunkt. In beiden Kulturen ist es keine theoretische, sondern eine praktische Frage. Wie können wir die Blume der Humanität in uns selbst und in unserem Zusammenleben mit anderen zur Blüte bringen? In beiden Traditionen ist mit Humanität eine Qualität des menschlichen Herzens gemeint, die Qualität der Nächstenliebe, der Liebe zu sich und den Mitmenschen, sowie eine Art des Handelns und Sprechens, die dieser Liebe entspringt.

Lotos und Rose

Im westlichen Kulturkreis ist die Rose das Symbol für Liebe, Zuneigung und Reinheit des Herzens. Allgemeiner ausgedrückt ist sie das Symbol für Humanität und Menschenliebe. Es steht fest, daß der Weg der Kultivierung einer wahrhaften Humanität kein „mit Rosen gepflasterter Weg" ist, wie die Beispiele der Gruppe von Studenten, die sich in Deutschland unter dem Namen „Die Weiße Rose" gegen die Unmenschlichkeit des Hitler-Regimes auflehnten, oder der *Rosa Candida* von Dante belegen. Die Kultivierung der Humanität schützt uns nicht vor dem damit verbundenen Leiden, denn keine Rose ist ohne Dornen. Wer aus Angst vor den Dornen vor der Rose zurückschreckt, kann keine Rosen kultivieren.

Im Buddhismus ist der blühende Lotos das Symbol der Qualität, die als Erleuchtung (Skt. *moksha*) bezeichnet wird. Dieser Begriff beschreibt im Buddhismus keine weltfremde oder weltverneinende Haltung, sondern eine unerschütterliche Menschenliebe und vollständige Einsicht in das Wesen der menschlichen Existenz. Der Lotos ist das Symbol für eine bedingungslose und zur vollkommenen Weisheit gereifte Humanität. In dieser Symbolik ist der Lotos eine Blume, die im trüben, schlammigen Wasser von Unwissenheit und Leiden wurzelt. Mit dem Herauswachsen aus diesem trüben Wasser verändert und erweitert der Lotos seine Perspektive. Er verläßt und fürchtet das Wasser aber nicht, sondern lebt in und von ihm. Seine Reinheit und Schönheit sind in ihm verwurzelt. Als sich seine Knospe noch im trüben Wasser befand, war wenig von dieser Reinheit und Schönheit zu sehen. Nun ist der Lotos sichtbar und zeigt seine wahre, unvermutete Natur, eine vollständig erblühte, wahrhafte Menschlichkeit.

Obwohl die westliche und buddhistische Tradition gemeinsam die Frage stellen, wie die Blume der Humanität kultiviert werden kann, suchen diese ursprünglich indo-europäischen Traditionen die Antwort in unterschiedlichen Richtungen. Diese Unterschiedlichkeit bietet die Grundlage, gemeinsam in einen Dialog eintreten zu können.

Die Notwendigkeit eines Dialoges

Die Notwendigkeit für diesen Dialog ergibt sich aus dem wachsenden Interesse am Buddhismus im Westen. Es wird eine sehr große Anzahl von Büchern über diese spirituelle Tradition veröffentlicht. Klassische buddhistische Schriften werden übersetzt und dem Leser angeboten. Es ist aber nicht einfach, in dieser Vielzahl von Schriften die Antworten auf Lebensfragen zu finden, die uns *in der Gegenwart* und *in unserem Kulturkreis* bewegen. Wir wollen in Erfahrung bringen, welche Antworten der lebendige Buddhismus auf Lebensfragen gibt, die *jetzt für uns aktuell* sind. Wie ist das Verhältnis der Rose der wahren Menschlichkeit der westlichen Kultur zum Lotos der Erleuchtung des Buddhismus? Wir werden für die Ergründung dieser Fragen mit dem Buddhismus in einen Dialog treten.

Für den Buddhismus bedeutet das Eintreten in diesen Dialog, daß er bereit sein muß, die fundamentalen Fragen des westlichen Menschen als Ausgangspunkt für die Darstellung seiner eigenen Einsichten zu nehmen. Fragen aus der Psychologie und Psychotherapie, Fragen aus der christlichen und humanistischen Tradition, aber auch Fragen, die sich auf unsere konkrete alltägliche Existenz beziehen, über Gut und Böse, Lebensfreude und Leiden oder Lebensweisheit und Mitgefühl. Der Dialog wird in den folgenden Kapiteln in dieser Weise geführt werden. Das bedeutet nicht, daß sich die in den folgenden Kapiteln besprochenen buddhistischen Erkenntnisse inhaltlich von den Aussagen der klassischen Schriften und lebendigen Überlieferungen des Buddhismus unterscheiden. Es bedeutet, daß die Fragen am Anfang dieser Einleitung, die direkt mit dem Stellenwert von Lotos und Rose verbunden sind, die Thematik dieses Dialoges bestimmen. Das führt natürlich zu einer vollkommen anderen Darstellungsweise des *Buddhadharma* – der buddhistischen Lehre –, als wir sie in den klassischen Ausführungen finden. Einige Themen der klassischen Aussagen des Buddhismus erhalten in Verbindung mit der westlichen Sichtweise in bezug auf Religion, Psychologie und Ethik in diesem Dialog ein anderes Gewicht oder werden sogar nicht in diesen Dialog einbezogen.

Ein wirklicher Dialog kann nur zwischen lebendigen Menschen oder Vertretern lebendiger Traditionen geführt werden. Anders als in vergleichbaren literarischen Untersuchungen werden wir daher auch nicht westliche und buddhistische *Schriften* nebeneinander stellen und vergleichen. Die Quelle dieses Buches sind nicht leblose Buchstaben, sondern vielmehr die lebendigen Überlieferungen des Buddhismus in der Form, in der sie sich im Dialog mit dem Westen manifestieren. Im Rahmen dieser lebendigen Überlieferungen basieren die Unterweisungen selbstverständlich auf den klassischen Schriften. Die Auslegung der buddhistischen Schulen dieser Schriften – seit Jahrhunderten ein Merkmal des Buddhismus, wie das erste Kapitel zeigen wird – orientiert sich aber immer am persönlichen und kulturellen Hintergrund des Schülers. Diese Auslegungen sind ein Bestandteil der lebendigen Kraft des Buddhismus. Ihre Vielfalt spiegelt die Vielfalt der buddhistischen Schulen wider. Aus diesem Grund hat der Buddhismus beispielsweise in Burma eine andere Ausdrucksform als in Japan oder Tibet. Das mag enttäuschend für diejenigen sein, die auf der Suche nach der *einzigen* und *wahren* Auslegung des Buddhismus sind. Es gibt jedoch *den* Buddhismus ebensowenig wie *das* Christentum. Wenn wir in den folgenden Kapiteln dennoch von „dem Buddhismus" sprechen, ist damit immer die Gesamtheit aller unterschiedlichen buddhistischen Traditionen und Schulen angesprochen.

Neben ihrer Verschiedenartigkeit sind sich diese buddhistischen Traditionen in dem Punkt einig, daß alle Aussagen des *Buddhadharma* per Definition relativ und nicht absolut sind. Sie lassen mehrere Auslegungen zu, die alle zur richtigen Zeit am richtigen Ort ihren Wert haben. Wir werden daher in unserem Dialog diesen Auslegungen auch unsere Zeit und unseren Lebenskreis zugrunde legen, das 21. Jahrhundert und den westlichen Kulturkreis. Soweit es den Buddhismus betrifft, kann dieser Dialog daher nicht das Angebot machen, zu bestimmen, was die Wahrheit ist oder wer letztlich recht hat. Das Angebot ist, mit einem Beitrag die Humanität bei den Menschen zu fördern, die an diesem Dialog teilnehmen oder von diesem hören.

Wie soll dieser Dialog geführt werden?

Diese Voraussetzung verdeutlicht die Weise, in welcher Form der Dialog in den folgenden Kapiteln geführt werden wird. Betrachten wir diesen

Punkt einmal etwas näher. Wenn Menschen miteinander ins Gespräch kommen, haben sie meistens eine vorgefaßte Meinung über den Gesprächspartner oder das Gesprächsthema. Diese vorgefaßte Meinung kann jedoch der Grund sein, daß sie das Gespräch suchen, denn sie wollen den anderen und seine Meinungen besser kennenlernen und verstehen.

Wie erkennen wir den Zeitpunkt, an dem wir den Gesprächspartner wirklich verstanden haben? Nicht, indem wir unsere eigenen Schlußfolgerungen ziehen, sondern indem wir dem Gesprächspartner gegenüber unser Verständnis ausdrücken. Erwidert dieser dann: „Ja, so meine ich es, du hast verstanden, was ich sage", erkennen wir den Zeitpunkt. Wir benötigen daher für die Entwicklung eines Verständnisses für andere Gedankenwelten, Kulturen oder Religionen den Gesprächspartner und dessen Urteil! Erst dann wird der Dialog für beide Parteien zu einer Methode, die uns lehrt, gleichzeitig sowohl den anderen als auch uns selbst zu verstehen.

Unsere vorgefaßten Meinungen können dabei als Ausgangspunkt dienen. Wir verwerfen sie nicht, sondern tauschen sie aus, prüfen sie an der Meinung der anderen und lernen somit die Auffassung anderer kennen. Wenn wir so mit unseren vorgefaßten Meinungen umgehen, wenn wir rückhaltlos und respektvoll das, was wir richtiger- oder fälschlicherweise über den anderen zu wissen glauben, dem anderen darstellen, verwandeln wir unsere vorgefaßten Meinungen, einschließlich unserer Vorurteile, in unseren Reichtum. Sie werden zu fruchtbarem Dünger, der das Erblühen der Rose der Humanität und des Lotos der Erleuchtung unterstützt. Wenn wir unsere vorgefaßten Meinungen für unumstößlich halten oder der Ansicht sind, den anderen und seine Meinung bereits zu kennen und zu verstehen – selbst wenn der andere uns zu erkennen gibt, daß das nicht der Fall ist –, verwenden wir sie nicht als Dünger, sondern schwächen den Boden, aus dem ein wirklicher Dialog hätte erblühen können. Wir versäumen nicht nur die Gelegenheit, den anderen besser kennenzulernen, sondern auch die Gelegenheit, den Horizont unserer eigenen Sichtweise zu prüfen und zu erweitern.

Natürlich hat Dünger einen anderen Geruch als eine Rose oder eine Lotosblüte, und wir ziehen es vor, uns diesem Geruch nicht auszusetzen. Wir beugen uns lieber über die Blume, anstatt in den schlammigen Boden unserer Vorurteile und Verständnislosigkeit einzutauchen. Doch in diesem schlammigen Boden – und nicht in der Blume – bildet sich die fruchtbarste Basis für den Dialog. Darum sind in den folgenden Kapiteln nicht die Blumen Lotos und Rose das zentrale Thema, sondern der Boden, in dem sie verwurzelt sind. Das Thema ist nicht Humanität, sondern was aus buddhistischer und westlicher Sicht die (religiösen, psychologischen und ethischen) Voraussetzungen für die Entwicklung von Humanität sind und welche Hindernisse sich dieser Entwicklung entgegenstellen. Offenheit und Voreingenommenheit, Verständnis und Unverständnis, Verstehen und Mißverstehen sind in diesem Dialog gleichermaßen bedeutend, da uns sowohl unser Verständnis als auch Unverständnis in bezug auf andere Kulturen viel über unsere eigene Kultur und Lebensweise vermitteln. Das Relativieren und in einigen Fällen auch Loslassen unserer eigenen Urteile und Vorurteile kann Widerstände hervorrufen, aber es werden dadurch die Räume geöffnet, in denen sich die Rose der westlichen Humanität und der buddhistische Lotos der Erleuchtung gegenseitig ihr Herz offenbaren können.

Kurzer Überblick über die einzelnen Kapitel

Die meisten Menschen im Westen kennen den Buddhismus lediglich als eine der großen Weltreligionen. So wird es auch schon in den Grundschulen gelehrt. Der Buddhismus selbst betrachtet sich aber nicht als eine Religion im westlichen Sinne. Er versteht sich als eine breitgefächerte, dem Menschen nahestehende spirituelle Tradition mit religiösen, aber auch psychologischen, philosophischen, ethischen und sozialen Aspekten.

Da unser Bild des Buddhismus abhängig ist von den Fragen, die wir an ihn stellen, werden wir im ersten Kapitel betrachten, welche Fragen in der Vergangenheit bei der Bekanntschaft des Westens mit dem Buddhismus gestellt wurden, und welches Bild des Buddhismus diesen Fragen in der Vergangenheit bis in die Gegenwart zugrunde lag. Wir werden die Antworten darlegen, die der Buddhismus auf diese Fragen hat.

Auch wenn der psychologische, philosophische, religiöse und soziale Aspekt des Buddhismus offenbar wird, fließt in diese Aspekte immer seine praktische Ausrichtung in Form der Frage ein, wie sich der Mensch von allen Arten des Leidens befreien kann, deren Ursprung geistige Blindheit, Hartherzigkeit im Handeln und das Unverständnis der daraus resultierenden Konsequenzen ist. Die Beantwortung dieser Frage erfordert die Entwicklung spiritueller Übungen, die uns darin unterstützen, den negativen Einfluß unseres Geistes zu erkennen und uns von diesem zu befreien. Diesen Aspekt könnte man als die religiöse Seite des Buddhismus bezeichnen. Die Frage, in welcher Weise der Buddhismus, der keinen Gott verehrt, auch eine Religion ist, wird im zweiten Kapitel erörtert.

Die Art und Form der religiösen Übungen werden im Buddhismus nicht durch eine höhere Macht vorgeschrieben. Sie entstammen vielmehr der Einsicht in das Wesen des menschlichen Geistes und der direkten Erfahrung dieses Wesens. Diese Einsichten, die wiederum auf Methoden einer geistigen Selbstprüfung basieren, bilden den psychologischen Aspekt des Buddhismus, der im dritten Kapitel behandelt wird.

Das Anliegen des Buddhismus beschränkt sich jedoch nicht allein auf eine reine Einsicht. Seine praktische Ausrichtung zielt auf eine Linderung und, wo es möglich ist, Überwindung des menschlichen Leidens sowie das Erblühen von Humanität und Lebensfreude ab. In unserer westlichen Kultur ist die Psychotherapie eine Disziplin, die speziell auf das Heilen geistiger Leiden ausgerichtet ist. Diese Verwandtschaft der Zielsetzung von Buddhismus und Psychotherapie wirft die Frage über ihre Gemeinsamkeiten auf. Diese Frage ist das zentrale Thema des vierten Kapitels.

Das Studium des Buddhismus und seiner Ethik basiert sowohl auf diesen psychologischen Erkenntnissen als auch auf den Praktiken des täglichen Lebens, die sich als humanisierende Kraft erwiesen haben. Die buddhistische Tradition verbindet das menschliche Handeln ebenfalls mit Verhaltensregeln und Werten. Das Ziel ihrer Ethik ist jedoch sehr spezifisch, denn es ist auf das Öffnen des menschlichen Herzens ausgerichtet, anstatt Herzlosigkeit durch ethische Regeln zu ersetzen oder zu zügeln. Im Zusammenhang mit der Erörterung der Praxis des Buddhismus ist dieser Aspekt das Thema des letzten Kapitels. Dieses Buch soll die buddhistische Sichtweise und Lebenseinstellung im Dialog mit der Sichtweise und Lebenseinstellung unserer westlichen Kultur zugänglich machen.

1. Kapitel:
Erste Bekanntschaft mit dem Buddhismus

Der erste Eindruck

Dieses Kapitel beschreibt die ersten Kontakte zwischen der westlichen Kultur und den drei Hauptströmungen des Buddhismus – Theravada, Mahayana und Vajrayana – sowie die Eindrücke, die diese Kontakte im Westen hinterließen. Wir werden diese drei Hauptströmungen anhand ihrer Sichtweise in bezug auf die *Drei Juwelen – Buddha, Dharma* und *Sangha* (Buddha, die Lehre Buddhas und die buddhistische Gemeinschaft) – untersuchen. Diese Untersuchung soll dem Leser die Möglichkeit bieten, sich ein Bild vom Buddhismus zu machen. Im Anschluß daran gehen wir darauf ein, welchen Eindruck die Bekanntschaft mit diesen drei Hauptströmungen des Buddhismus bei den Menschen im westlichen Kulturkreis hinterlassen hat. Dieses Wissen ist hilfreich im Dialog mit dem Buddhismus, der in den folgenden Kapiteln geführt wird. Nicht, weil der erste Eindruck der beste sein soll, sondern weil unser erster Eindruck unsere eigenen westlichen Vorstellungen vom Buddhismus am besten offenbart. Der erste Eindruck spiegelt nicht nur die vergangenen und aktuellen vorgefaßten Meinungen über den Buddhismus wider, sondern auch die über unsere eigene Kultur, über das menschliche Leben und dessen Möglichkeiten. In diesem Kapitel werden wir auf einige dieser Meinungen näher eingehen.

Erste Kontakte zwischen der westlichen und buddhistischen Kultur

Die ersten Kontakte zwischen der westlichen und buddhistischen Kultur liegen lange zurück, waren aber bis ins 19. Jahrhundert nicht sehr intensiv. Eine der ältesten Überlieferungen ist die Begegnung zwischen dem buddhistischen Mönch Nagasena und dem griechischen Feldherrn Menander, der nach der Eroberung Indiens durch Alexander den Großen dort als Herrscher über ein Königreich eingesetzt wurde. Der Name, unter dem Menander in der nach ihm benannten und ca. 150 Jahre v. Chr. verfaßten buddhistischen Schrift *Milindapanha* bekannt ist, lautet Milinda.

Dieser Text ist die Wiedergabe eines Dialoges zwischen diesen beiden Vertretern unterschiedlicher Kulturen. Der Dialog gipfelt in einem zentralen Ausgangspunkt aller buddhistischen Traditionen, dem Begriff der „Selbstlosigkeit" oder „Egolosigkeit" (Pali: *anatta*, Skt.: *anatman*). Nachdem Milinda und der Mönch miteinander Bekanntschaft gemacht hatten und Milinda den Mönch fragte, wer er sei, gab dieser ohne Umschweife die Antwort, „er selbst existiere nicht". Milinda nahm diese Antwort mit Überraschung und Unverständnis zur Kenntnis. Es folgt ein Fragegespräch, in dem zuerst Nagasena und anschließend Milinda die Fragen stellt. Durch die Fragen, die Nagasena ihm (im sokratischen Stil) stellte, wurde Milinda deutlich, was Nagasena mit seiner Aussage meinte. Auch wir werden im dritten Kapitel dieses rätselhafte Thema der Selbstlosigkeit unter die Lupe nehmen. Nicht nur, weil dieses Thema ein Herzstück der buddhistischen Sichtweise darstellt, sondern weil sich anhand dieses Themas der Unterschied zwischen der westlichen und buddhistischen Denkweise über die Bedeutung der Begriffe „Ich" und „Existenz" gut aufzeigen läßt. In diesem Zusammenhang gilt das gleiche auch für die Auffassung von Schein und Wirklichkeit, Illusion und Realität, Verblendung und Klarheit des Geistes.

Viele Jahrhunderte nach Menander manifestierte sich der Unterschied zwischen der westlichen – inzwischen christlichen – und buddhistischen Kultur auf der Ebene einer interreligiösen Begegnung mit der Wahrheitsfrage, ob alle Religionen oder nur die eigene Religion wahrhaftig sei. Ist die eigene Religion die einzige Offenbarung der Wahrheit, oder ist sie lediglich ein Instrument, die Wahrheit zu erfahren und Menschlichkeit zu kultivieren?

In der Geschichte eines der ersten christlichen Missionare, Antonio de Andrade, der von Rom ca. 1700 n. Chr. nach Tibet entsandt wurde, steht diese Frage im Mittelpunkt. Wie in der buddhistischen Welt üblich, wurde auch dieser Vertreter einer in Tibet unbekannten christlichen Tradition mit Respekt empfangen. Ihm wurden die Privilegien eines geistigen Oberhauptes verliehen. Der örtliche König gewährte ihm die – auch materiellen – Mittel, sein Amt mit der angemessenen Würde ausüben zu können. Schon bald entwickelte sich ein Dialog zwischen dem Vertreter Roms und den örtlichen buddhistischen Oberhäuptern und Gelehrten.

Es mag sein, daß sich der Missionar in seinem Herzen zurück nach Rom sehnte oder den geistigen Anforderungen, die seine isolierte Position an ihn stellten, nicht mehr gewachsen war, denn ab einem gewissen Zeitpunkt begann er seine Missionsarbeit durch Angriffe auf die ihn umgebende buddhistische Tradition, die er als Aberglaube betrachtete, zu verschärfen. Er begann – im Geist seiner Zeit – das Christentum als den einzig wahren Glauben zu propagieren. Der Dialog schlug um in eine Konfliktsituation, die letztlich dazu führte, daß man ihm seine Privilegien wieder aberkannte und die Fortführung seiner Tätigkeit als Missionar untersagte. Damit war sein Missionswerk beendet, und er kehrte zurück nach Europa.

Der für uns relevante Punkt in dieser Geschichte ist natürlich nicht die schwierige Position, in der sich der Missionar befand, sondern deren Ursache, die sich in einer fundamental unterschiedlichen Sichtweise in bezug auf Religiosität ausdrückt, die auch für uns weiterhin aktuell ist. Dem in der Theologie seiner Zeit geschulten Missionar war die konkrete, auf den Menschen ausgerichtete und pragmatische Religion des Buddhismus fremd. Seinen buddhistischen Dialogpartnern war der absolute Wahrheitsanspruch, den der Missionar mit seiner Religion verband, ebenfalls fremd. Sie beurteilten ihrerseits die Religion des Missionars nach den Kriterien ihrer eigenen Religion. Nicht *in abstracto* und losgelöst von ihren Praktizierenden, sondern aus der Sicht der Frage, ob die ernsthaft Praktizierenden dieser für sie neuen Religion auch tatsächlich mehr Weisheit und Sanftmut entwickeln würden.

Dieser pragmatische Ansatz ist, wie das folgende Beispiel zeigt, ein Erbe der indischen Kultur. Vor der Zeit Buddhas waren Ahnenverehrung und Geisterglaube in Indien und im gesamten asiatischen Raum weit verbreitet. Im Verlauf seiner Ausbreitung von Indien aus über Asien hat der Buddhismus diese Tradition integriert. Aus buddhistischer Sicht ist die Frage der *Existenz* oder *Nichtexistenz* von Geistern nicht die zentrale oder letzte Frage. Die zentrale Frage ist, wie der *Glaube an die Existenz* von Geistern den Geist und die Lebensweise des Menschen beeinflußt. Wo dieser Glaube die Menschen ängstlicher, hartherziger und kurzsichtiger machte, wandte sich die buddhistische Tradition gegen ihn. Wo dieser Glaube einen Respekt der Menschen gegenüber der Kontinuität des Lebens bewirkte, hat sie ihn integriert. Dem Missionar war jedoch der Glaube an Geister ein heidnischer Dorn im Auge. Hatte sich die Mutter Kirche nicht klar dazu geäußert? Geister von Ahnen oder in Bergen, Bäumen, Flüssen oder Geister sonstiger Art *existieren* auf keinen Fall! Da Missionare auch in anderen buddhistischen Ländern auf ähnliche Auffassungen über die Existenz von Geistern trafen, wurde der Buddhismus bis in das 19. Jahrhundert hinein allgemein als eine unzugängliche und primitive Religion des Aberglaubens betrachtet.

Der Buddhismus im Licht des westlichen Kulturpessimismus

Nach der Geburt Buddhas dauerte es noch mehr als 2000 Jahre, bis erste Niederschriften seiner Lehren in westliche Sprachen übersetzt und veröffentlicht wurden. Die ersten Übersetzungen waren nicht nur in sprachlicher, sondern auch kultureller Hinsicht eine wahre Pionierarbeit, denn einer guten Übersetzung muß auch ein gutes Verständnis zugrunde liegen. Wie aber soll man Texte übersetzen, deren Inhalt wir bis heute noch nicht vollständig verstehen?

Notgedrungen wurde die Terminologie dieser Übersetzungen, die ab dem 19. Jahrhundert immer häufiger erschienen, denn auch der christlichen Tradition entlehnt – und in diesem Sinne eingefärbt. Da der Buddhismus primär als eine Religion betrachtet wurde, stand die Interpretation dieser Übersetzungen unter dem Einfluß der im 19. Jahrhundert im Westen vorherrschenden pessimistischen Lebensphilosophie. Diese Philosophie, die mit Namen wie Schopenhauer, von Hartmann und Spengler verbunden ist, stimmte mit dem Christentum darin überein, das Leben sei ein Jammertal, durch das der sündige und verdorbene Mensch von seinem Haß und seiner Gier getrieben wird. Die Vorstellung der Weltflucht war eine modische Erscheinung, und man versuchte sein Bestes, dieser Welt durch ein „Absterben vom Leben" zu entfliehen. Die Entsagung stand über Jahrhunderte im Zentrum der westlichen (christlichen und vorchristlichen) Religionen. Sprachen die alten lateinischen Philosophen der Schule der Stoiker, wie der ehrwürdige Seneca, nicht von der *tranquilitas animi*, dem Gemütszustand einer unerschütterlichen, stoischen(!) Ruhe gegenüber den Wirren des Lebens, sowie der Kultivierung der Gefühllosigkeit gegenüber den Härten der Existenz? Warnte nicht die Kirche über Jahrhunderte vor „der Welt" als einem allgegenwärtigen Hinterhalt, in dem sich der Teufel ins Fäustchen lacht?

Was lag also näher, den buddhistischen Begriff *Nirvana* (wörtlich: Befreiung) als „Verlöschen" (Skt.: *nirodha*) oder „Versterben" zu interpretieren? Vor allem, da der Buddhismus das Verlöschen von *Tanha* anspricht und dieser Sanskrit-Begriff häufig als „Begierde" übersetzt wird. Ist damit nicht das Verlöschen unseres Lebenswillens gemeint? Hat der einflußreiche pessimistische Lebensphilosoph Schopenhauer nicht aus diesem Grund die indischen Religionen so inbrünstig umarmt? Diese pessimistische Auslegung hat lange Zeit das Bild des Buddhismus im Westen und somit auch das Verständnis und die Übersetzung seiner Schriften geprägt.

Das Verlöschen der Begierde (Skt.: *tanha*) hat jedoch im Buddhismus eine vollkommen andere Bedeutung. Gemeint ist das Verlöschen eines egozentrischen Gefühlslebens, einer selbstbezogenen Lebenseinstellung, da eben diese Art des Gefühlslebens unsere Lebensfreude und unseren Lebensmut negativ beeinflußt und gerade diese Lebenseinstellung die Welt in der Gegenwart in ein Jammertal *verwandelt*.

Es ist nicht verwunderlich, daß sich nach dem Abklingen des Kulturpessimismus in Europa auch der Stellenwert des Buddhismus veränderte, der anfänglich im Westen so stark von dieser Periode geprägt war. In der westlichen Kultur hatte sich aber der Eindruck, der Buddhismus nehme eine äußerst abweisende Haltung gegenüber der menschlichen Existenz ein, bereits festgesetzt. Der Buddhismus wurde noch lange nach dieser Zeit als eine vielleicht tiefsinnige, aber gefühlsarme, kalte und ziellose Tradition betrachtet, die das Auslöschen der eigenen Existenz, des eigenen warmen menschlichen Lebens, anstrebt.

Der Buddhismus im Licht des westlichen Individualismus

Im Kielwasser des westlichen Kulturpessimismus verbreitete sich in unserer Kultur der Individualismus. Ist die Welt selbst schon nicht zu retten, bleibt uns nur die Lösung, daß jeder eigenständig seine Befreiung aus diesem Jammertal anstreben muß. Entspricht diese Haltung – so dachte man mit einem Seitenblick auf die Kloster- und Klausnertradition des Christentums – nicht präzise der Haltung des einsamen buddhistischen Mönchs, der in heiterer Gelassenheit in Meditation versunken verweilt? Entspricht Meditation nicht genau dem Sichzurückziehen aus der Welt und dem Erlangen seiner eigenen „Befreiung"? Obwohl die Loslösung von einer egozentrischen Lebenseinstellung ein universelles spirituelles Thema ist, hat sich die Ansicht, Meditation sei „individuell" oder „elitär" (d. h. egoistisch), tief in unserer Kultur festgesetzt.

Diese egozentrische Auffassung von Meditation ist in der buddhistischen Tradition nicht anzutreffen. Der Buddhismus betrachtet Meditation vorrangig als eine Methode der Entwicklung von wahrer Nächstenliebe, menschlicher Wärme (Pali: *metta*, Skt.: *maitri*) und Mitgefühl (Skt.: *karuna*). Diese Art der Bezugnahme auf die Welt ist das Ergebnis des Loslassens einer egozentrischen Sichtweise in bezug auf unser Leben (siehe drittes Kapitel). Diese Ausrichtung steht im Mittelpunkt aller buddhistischen Strömungen.

Im Dialog haben Buddhismus und Christentum ihr spirituelles Anliegen schon immer auf *Maitri* oder Nächstenliebe ausgerichtet. Sie treffen sich beide in der Erkenntnis, daß eine egozentrische Lebenseinstellung eine Form von geistiger Verblendung ist, die der Nächstenliebe im Wege steht. Es gab auch außerhalb des Christentums immer Menschen im westlichen Kulturkreis, die darauf bestanden, daß wahre Menschlichkeit nicht im (erleuchteten) Eigeninteresse, sondern im tiefen Gefühl der Verbundenheit verwurzelt ist. In den christlichen Traditionen wird unter dieser Verbundenheit in erster Linie verstanden, daß wir uns (unser Ich oder Selbstbild) Gott unterwerfen und Seinem Willen gehorchen müssen, da die Liebe der Menschen untereinander Sein Wille sei.

Atheistische Humanisten vertreten selbstverständlich eine andere Auffassung. Ihre Ausrichtung (und Wahrnehmung) stellt sich eher auf den Standpunkt, daß die meisten Menschen das Verlangen haben, Liebe zu empfangen und zu geben, aber nicht immer wissen, wie sie dieses Verlangen verwirklichen können, insbesondere dann, wenn sie in einem kurzsichtigen Eigeninteresse verfangen sind. Nach Ansicht zahlreicher Humanisten ändert das aber nichts an der Tatsache, daß Menschen die Fähigkeit haben, durch die Förderung des Wohles anderer Wesen auch ihr eigenes Wohl zu erfahren. Genau hier liegt die persönliche Entfaltung des Individuums, genau hier erblüht die Rose der Humanität.

In unserem westlichen Kulturkreis ist jedoch die Meinung tief verwurzelt, Egozentrik und Egoismus – eine Geisteshaltung, die in der Welt als Eigeninteresse betrachtet wird – sei eine Eigenschaft des Menschen. Aufgrund der populären Formulierung Darwins vom *survival of the fittest* wird dieser Eigenschaft ein schon fast existentieller Status zugesprochen. Egozentrik sei nun einmal ein Bestandteil des *Wesens* des Menschen und fest mit seinem Eigeninteresse verbunden. Der Mensch stelle sein Eigeninteresse über alles und jeden. Dieser Auffassung zufolge ist eine Erklärung des menschlichen Handelns auch nur dann annehmbar, wenn ihr als größte Antriebskraft das Eigeninteresse zugrunde gelegt wird. Eigeninteresse *muß* die letzte Triebfeder aller Handlungen sein, auch wenn es sich um Handlungen aus Nächstenliebe oder Sorgsamkeit handelt.

Der Buddhismus stellt jedoch die Frage, was das „Eigen" im Eigeninteresse ist. Ist es möglich, eine Lebenseinstellung zu entwickeln, die eine so enge Beziehung mit der Umwelt erzeugt, daß die *gesamte Welt* als „eigen" erfahren wird? Würde die Gesamtheit unseres Denkens, unserer Sprache und unseres Handelns dann nicht spontan durch dieses allumfassende „Eigeninteresse" gelenkt? In diesem Fall verlöre auch die Unterscheidung zwischen „eigen" und „nicht eigen" ihre Bedeutung, denn diese Unterscheidung hätte sich aufgelöst.

Diese Auflösung des Eigeninteresses ist nicht gleichzusetzen mit der einmal als typische „Eigenart der östlichen Denkweise" bezeichneten Annahme, „der Osten" respektiere das Individuum und dessen persönliche Eigenschaften nicht. Aber gerade dort, wo im Osten (oder an anderem Ort) dieser Respekt fehlt, bezieht der Buddhismus direkt Stellung und stellt klar, daß die positiven individuellen Eigenschaften der Menschen dann aufblühen, wenn diese sich von der *Befangenheit ihres Eigeninteresses* befreit haben. Wir werden auf diesen Aspekt in den Abschnitten über Ethik im fünften Kapitel näher eingehen.

Der Theravada-Buddhismus

Nachdem die Europäer im 19. Jahrhundert auf dem asiatischen Kontinent festen Fuß gefaßt hatten, setzte ein systematischerer Informationsstrom über den Buddhismus ein. Diese Informationen stammten aber noch nicht von westlichen *Praktizierenden* des Buddhismus (siehe letzten Abschnitt dieses Kapitels), sondern von westlichen *Forschern* wie Orientalisten, Indologen und Ethnologen sowie Reisenden und Abgesandten. Eine persönliche Bekanntschaft mit dem Pfad Buddhas war noch nicht die Regel. Die Informationen gelangten vor allem in Form von Schriften über den Buddhismus in den Westen und waren entsprechend gefärbt. In erster Linie handelte es sich dabei um Schriften über den *Theravada-Buddhismus*, den „Südlichen Buddhismus" aus Sri Lanka (Ceylon) und Südostasien. Der Name dieser Hauptschule des Buddhismus bedeutet wörtlich „Weg (Skt.: *vada*) der Alten (Skt.: *thera*)". Die Bezeichnung *Thera* oder *Theri* bezieht sich auf jeweils männliche oder weibliche Praktizierende dieser buddhistischen Schule, insbesondere Mönche und Nonnen. In dieser Hauptschule bildeten die Mönche und Nonnen den *Sangha*, die buddhistische Gemeinschaft der Praktizierenden. Dem Beispiel des historischen Buddha Shakyamuni folgend, zogen sie sich für die Verwirklichung von Erleuchtung aus der Welt zurück.

Da die erste Bekanntschaft des Westens mit dem Buddhismus vorwiegend den monastisch orientierten Theravada betraf, herrschte im Westen lange Zeit der Eindruck vor, der Buddhismus sei eine ausgesprochen monastische Tradition. Natürlich war bekannt, daß in Asien auch sehr viele Buddhisten außerhalb von Klöstern lebten, deren Stellung und buddhistische Praxis wurde jedoch mit dem „Laientum" der katholischen Kirche auf eine Stufe gestellt.

Der *Dharma* (Pali: *dhamma*), die buddhistische Lehre, basiert im Theravada-Buddhismus auf den ersten Unterweisungen Buddhas der *Vier Edlen Wahrheiten* (siehe entsprechenden Abschnitt) und des *Achtfache Pfades*, die er der Überlieferung nach kurz nach seiner Erleuchtung gab. Mit der Praxis des Edlen Achtfachen Pfades kann Erleuchtung oder Befreiung (Pali: *nibbana*, Skt.: *nirvana*) verwirklicht werden. Die Erleuchtung wird in dieser buddhistischen Hauptschule auch mit dem Begriff *Nirodha* (Verlöschen) umschrieben. Was wird zum Verlöschen gebracht? Die Perspektive, aus der heraus wir der Mittelpunkt sind, um den sich die Welt dreht, sowie das Befriedigen unseres egozentrischen Verlangens. Die Perspektive, die frei von Egozentrik ist, wird in Sanskrit, wie bereits erwähnt, mit dem Begriff *Anatman* (Pali: *anatta*) bezeichnet, der mit „Kein Selbst" oder „Egolosigkeit" übersetzt wird. Dieser Begriff ist auch Bestandteil der Diskussion zwischen Menander und Nagasena.

Diese und zahlreiche andere Lehren des historischen Buddha sind in den Schriften aufgezeichnet, die in Pali *Suttas* (Skt.: *sutras*) genannt werden. Buddha hat darüber hinaus zahlreiche Unterweisungen über den praktischen Aspekt des klösterlichen Lebens gegeben. Diese Lehren sind im *Vinaya*, der schriftlichen Niederlegung der von den Mitgliedern des Ordens einzuhaltenden Lebensregeln, enthalten. Nach dem Ableben Buddhas verfaßten seine Schüler auch eine systematische Sammlung seiner Lehren in Form von Begriffslisten und Grundkategorien, die den *Abidharma* (Pali: *abidhamma*) bilden. Gemeinsam bilden *Sutras, Vinaya* und *Abidharma* den *Tripitaka* (Pali: *tipitaka*). Dieser Begriff bezeichnet die „Drei Körbe", die alle Lehren Buddhas enthalten.

Die in den „drei Körben" enthaltenen Lehren wurden nicht von Buddha selbst niedergeschrieben. Von Buddha eigenhändig verfaßte Schriften sind nicht bekannt, und seine Lehren wurden über die ersten Generationen mündlich weitergegeben. Der Grund dafür ist, daß der Buddhismus anfänglich von *Sramanas* (Wanderasketen) praktiziert wurde, die mit ihrem Lebensstil dem Vorbild Buddhas folgten. Diese Menschen hatten zwar ein hervorragendes Gedächtnis, führten aber mit Sicherheit keine Schreibutensilien mit sich. Auch als sich neben der asketischen auch die monastische Form des Buddhismus entwickelte, vermutlich ein Jahrhundert nach dem Ableben Buddhas, wurden die Unterweisungen noch über einen langen Zeitraum mündlich weitergegeben.

Die ältesten Schriften datieren daher auch aus einer Zeit gut zwei Jahrhunderte nach dem Ableben Buddhas. Die Theravada-Buddhisten gehen davon aus, daß diese in Pali verfaßten Schriften die mündliche Lehre Buddhas in dessen eigenen Worten wiedergeben. Die späteren Niederschriften in Sanskrit betrachten sie nicht als die Worte Buddhas. Diese Ansicht fand auch unter den westlichen Wissenschaftlern, Buddhismusforschern und Religionswissenschaftlern lange Zeit ihre Anhänger. Neuzeitlichere Studien (siehe *Frauwallner* 1956, *Weber* 1968: 54 und für eine Übersicht *Ray*, 1994) belegen aber, daß zahlreiche dieser frühen Pali-Texte mit dem Ziel redigiert worden waren, dem monastischen Buddhismus eine Form zu geben und diesen zu legitimieren. Sie geben eine Sichtweise des Buddhismus wieder, die zwar für den monastischen Buddhismus, nicht aber für den Buddhismus außerhalb der Klöster relevant ist.

Ein weiteres Merkmal des Theravada ist seine starke historische Perspektive. Diese Perspektive wirkt sich auch auf die Sichtweise des Theravada in bezug auf Buddha aus. Für diese buddhistische Tradition ist Buddha die historische Persönlichkeit Siddharta Gotama (Skt.: *Siddharta Gautama*), der vor ungefähr 2500 Jahren sein Haus verließ, in den Wald zog, dort Erleuchtung erfuhr und anschließend 50 Jahre den *Dharma* lehrte. Nach seinem Ableben blieben nur seine Lehre, der *Dharma*, und die Gemeinschaft der Mönche und Nonnen, der *Sangha*, bestehen. Die besondere Beziehung Buddhas als Lehrer in Gemeinschaft mit seinen Schülern – eine Beziehung, in der Erleuchtung auch ohne Worte geweckt werden konnte – fand dem monastischen Buddhismus zufolge mit seinem Ableben ein Ende. Mit der Gründung seiner Lehre und der

Festlegung der Lebensregeln des Buddhismus hatte Buddha seine Aufgabe erfüllt. Der persönliche Kontakt mit einer heiligen Person, wie Buddha es war, wurde aber immer mehr vermißt. Buddha hatte seine Schüler, die den *Dharma* verkörperten, gelehrt, nach seinem Ableben ihr eigenes Licht zu sein und ausschließlich zu sich selbst Zuflucht zu nehmen (siehe *Mahaparanirvana Sutra:* 2.26). Den Mitgliedern des monastischen *Sangha* wurde damit die Aufgabe übertragen, den *Dharma* zu bewahren und zu lehren. Dazu mußten sie nicht vollkommene Erleuchtung verwirklicht haben. Nicht die Erfahrung mit der Praxis der Meditation, sondern das gründliche Wissen über den *Dharma* und eine Lebensweise nach den Regeln des *Vinaya* qualifizierte eine Person zum Lehrer (siehe dazu z. B. *Bareau*, 1970–71: 1:238, *Bunnag*, 1973: 55–58, *Bond* 1988: 164).

Bekanntschaft mit der kausalen Spiritualität

Die Lehren Buddhas wurden im Laufe der Jahrhunderte immer wieder in neue Worte gekleidet, doch alle lassen sich in einen Rahmen einfügen, den Rahmen der Vier Edlen Wahrheiten. Im Verlauf der Bekanntschaft des Westens mit dem Theravada-Buddhismus erreichte dieser Rahmen der Vier Edlen Wahrheiten aus dem frühen Buddhismus den größten Bekanntheitsgrad. Nicht zu Unrecht, denn was diesen Rahmen für den Westen so interessant macht, ist seine Form einer Spiritualität, die sich von unserer (christlichen) Kultur vollständig unterscheidet. Die Spiritualität dieses Rahmens richtet sich nicht auf das *spirituelle Ziel* der menschlichen Existenz, sondern auf deren spirituelle *Ursache*. Wir haben es also hier mit einer kausalen – an Stelle einer finalen oder theologischen – Form der Spiritualität zu tun. Buddha fragte nicht nach dem *Sinn* oder *Zweck* von Freude und Leid, Menschlichkeit und Unmenschlichkeit, sondern nach deren *Ursache*.

Das bedeutet nicht, die Menschen könnten in ihrem Leben kein Ziel oder keinen Zweck erwägen. Der buddhistischen Lehre nach sind aber die Ziele, die der menschliche Geist erwägt, die *Ursache* der menschlichen Handlungen. Der Buddhismus ist selbst ein Vorbild für diese Sichtweise, denn Buddha hatte sich das Ziel gesetzt, Erleuchtung zu erreichen. Dieses Ziel war die Ursache seiner Suche nach dem Pfad der Erleuchtung, den er auch fand. Außerhalb der menschlichen Ebene spricht der

Buddhismus jedoch nicht von Zielen. Er erkennt dem Universum, der Welt oder der Wirklichkeit kein Ziel oder keinen Zweck zu. Der Hintergrund dafür liegt darin, daß der Buddhismus keinen Schöpfer des Universums anerkennt (siehe zweites Kapitel). Das Universum wird daher auch nicht als die Schöpfung eines Schöpfers betrachtet, der ein bestimmtes Ziel anstrebt. Da das Leiden ein Bestandteil der Existenz ist, wird auch mit dem Leiden kein Ziel verbunden (siehe die Abschnitte über Ethik im fünften Kapitel). Buddha suchte nicht den Zweck oder den Sinn des Leidens, sondern dessen Ursachen, und richtete sein Augenmerk auf die Überwindung dieser Ursachen. Kausalität ist nach Aussage von Kalupahana (1975) der zentrale Begriff des Buddhismus.

In unserem westlichen Kulturkreis wird der Begriff „Kausalität" vor allem in der Wissenschaft verwendet. Spiritualität wird als die Suche nach dem „Sinn" oder „Zweck" der menschlichen Existenz betrachtet. Die Vier Edlen Wahrheiten zeigen uns aber die Möglichkeit einer vollkommen andere Form der Spiritualität auf: die Suche nach der Kausalität – den Ursachen und Konsequenzen – der nicht erleuchteten oder erleuchteten Ebene.

Der Sanskrit-Begriff für „Wahrheit" in der Bezeichnung „Vier Edle Wahrheiten" ist *Satya*. Dieser Begriff ist etymologisch verwandt mit dem lateinischen Verb *esse*, das *sein* bedeutet. *Satya* hat die Bedeutung von „Wirklichkeit" im Sinne eines faktischen Vorhandenseins. Daher kann dieser Begriff auch mit „Faktum" übersetzt und in diesem Zusammenhang von den „Vier Fakten" gesprochen werden. Der Begriff *Satya* steht nicht für die buddhistische Wahrheit, sondern weist auf vier Fakten hin. Welches sind diese Vier Fakten oder Vier Edlen Wahrheiten, die Buddha erkannte? Für unser Verständnis des Buddhismus müssen wir näher auf diese Vier Edlen Wahrheiten eingehen.

Die vier Edlen Wahrheiten

Die erste Edle Wahrheit ist die „Wahrheit des Leidens" (Skt.: *duhkha*). Diese „Wahrheit" bezieht sich auf die Tatsache, daß alle nicht erleuchteten Erfahrungsmomente unseres Lebens immer mit einem wesentlichen oder unwesentlichen Aspekt des Leidens in Form von Ruhelosigkeit, Unlust oder Angst verbunden sind. Selbst der Apfel mit dem prächtigsten Rot hat immer einen Makel. Die erste Edle Wahrheit fordert uns zu einer realistischen Betrachtungsweise des Lebens und das Öffnen unserer Augen für die leidvolle Seite unserer Existenz auf, da wir unsere Augen lieber vor dieser leidvollen Seite verschließen. Sie unterstreicht vor allem die Gefühlswerte von *Samsara*, der nicht erleuchteten Ebene des Geistes. Sie fordert uns dazu auf, nicht länger zu leugnen, daß das Leben mißlicher und weniger schön ist, als wir es vor uns und anderen zugeben wollen. Da und solange wir diese Tatsache nicht zugeben wollen, können wir sie auch nicht in dem Maße ändern, wie es eventuell möglich wäre. Ob dieses Eingestehen als Sieg oder Niederlage erlebt wird, ist ein Thema des dritten Kapitels.

Letztlich sind unsere Lebensangst und Todesangst nichts anderes als die Angst vor Leiden. Diese Angst bewirkt unsere Fähigkeit, unsere Augen so lange für unser Leiden und das Leiden der Mitmenschen geschlossen halten zu können. Mit unserem Verstand wissen wir es besser, aber mit unseren Gefühlen betrachten wir Leiden als etwas, das nicht Bestandteil unseres Lebens sein darf, als eine Krankheit, die uns das Leben unerträglich, wenn nicht sogar unmöglich macht. Erst wenn wir keine andere Wahl mehr haben, sind wir gezwungen, uns dem Leiden direkt zu stellen. In diesem Moment eröffnet sich eine Möglichkeit der Überwindung unserer Angst. Anstatt dem Leiden mit Aggression, Abwehr und Verleugnung zu begegnen, öffnet sich ein Raum für wahre Betroffenheit und Hilfsbereitschaft, für eine offene Haltung des Mitgefühls, das sich in Wort und Tat ausdrücken will. Buddha, der in zahlreichen klassischen Schriften mit einem Arzt verglichen wird, lehrt uns die erste Edle Wahrheit nicht in der Absicht, uns erst zu deprimieren und anschließend mit einem spirituellen Taschentuch die Tränen zu trocknen. Er will uns darin unterstützen, eine Einsicht in unsere „Krankheit" zu entwickeln. Es ist eine Tatsache, daß *Duhkha* und die Angst vor *Duhkha*, die selbst eine Form des Leidens ist, unser Leben in größerem Maße durchdringt, als uns bewußt ist oder wir bereit sind einzugestehen.

Mit der Bereitschaft, uns der ersten Edlen Wahrheit zu stellen, wächst auch unser Interesse an der zweiten Edlen Wahrheit, der „Ursache des Leidens". Die zweite Edle Wahrheit stellt fest, daß sich unser Leiden nicht grundlos manifestiert, sondern eine Ursache hat. Diese Ursache hat Buddha seinen Worten nach erkannt. Was ist die Ursache von *Duhkha*? Was ist die Ursache unserer Ruhelosigkeit, unserer Angst? Die Ursache unseres Leidens sind unsere unrealistischen Begierden (Skt.: *tanha*). Diese Wünsche sind unrealistisch, da sie auf falschen Ansichten über die

Wirklichkeit basieren. Diese Ansichten sind so tief in uns verwurzelt, daß wir uns dessen nicht einmal bewußt sind, obwohl sie uns in allen Situationen unseres Lebens in eine Richtung steuern, die uns und andere zum Leiden führt.

Diese Ansichten manifestieren sich in einfachen bis hin zu komplizierten und verfeinerten Handlungen. Ein einfaches Beispiel dafür ist, daß jeder Mensch eigene Ansichten darüber hat, was ihn glücklich machen würde. Wir alle wollen glücklich sein. Wenn nun das Begehren der unserer Ansicht nach glücksbringenden Lebensumstände die treibende Kraft in unserem Leben wird, geraten wir in große Probleme. Dieses Begehren wird zur Ursache des Leidens. Denn die treibende Kraft bringt uns dazu, alle Hindernisse zu vermeiden oder abzulehnen, die nach unserer Ansicht unserem Glück im Wege stehen. Unser Verlangen nach Glück wird von unserer Vorstellung der Wirklichkeit geformt und steuert uns in die Richtung unserer Vorstellungen eines idealen Urlaubs, Partners oder Arbeitsplatzes, ganz zu schweigen von unserer Vorstellung eines idealen Selbst oder einer idealen Welt. Die Realität der Existenz folgt aber nicht dieser Richtung und wird *unsere* Vorstellungen immer unerfüllt lassen. Mit anderen Worten: Wir kennen die Wirklichkeit nicht. Aufgrund dieser Unwissenheit (Skt.: *avidya*) sind wir in unseren eigenen Vorstellungen und dem damit verbundenen hoffnungsvollen Verlangen verfangen. Der allem Anschein nach ideale Urlaub wird gestört durch Wespenschwärme beim Frühstück. Die Wirklichkeit müßte eigentlich für soviel Unzuverlässigkeit bestraft werden! Vielleicht wird ja eine höhere Macht unsere offene Rechnung mit der Wirklichkeit begleichen.

Die zweite Edle Wahrheit macht uns darauf aufmerksam, nicht auf Revanche oder Hilfe von oben zu hoffen, sondern unseren eigenen Geist zu betrachten. Was ist die Ursache unserer Vorstellungen von der Wirklichkeit, und aus welchem Grund ist unser Leben so sehr in diesen Vorstellungen verfangen, daß wir der Meinung sind, unser Lebensglück ausschließlich in der Erfüllung dessen finden zu können – und dort suchen zu müssen –, *was unsere Vorstellung von Glück (und die Ursache von Glück) ist?*

Die dritte Edle Wahrheit, die „Aufhebung der Ursache von Leiden", geht auf diesen Punkt ein. Nach dieser Wahrheit liegt die Ursache von Lebensglück nicht in der Erfüllung *unserer persönlichen* Vorstellungen von Lebensglück, sondern in der Befangenheit jeglicher Art von Vorstellungen der Wirklichkeit, einschließlich unserer Vorstellungen von Glück und Unglück. Das ist die Ebene der Erleuchtung. In der dritten Edlen Wahrheit drückt Buddha also die Erkenntnis der Existenz von *Nirvana*, der Ebene der Erleuchtung, aus. Diese Ebene ist keine Illusion mehr, sondern eine Tatsache, und das Leiden, über das Buddha spricht, wird beendet. Von diesem Augenblick ist unser Leben eine *vorbehaltlose Hingabe* an die Existenz, ob diese nun unser Verlangen befriedigen wird oder nicht. Die Beendigung des hier angesprochenen Leidens liegt daher auch jenseits von Befriedigung oder Unzufriedenheit. Es geht um eine existentielle Erfahrung und Transformation, in der das egozentrische Erleben der Wirklichkeit und das mit diesem Erleben verbundene Leiden definitiv nicht mehr vorhanden sind.

Buddha erkannte die Existenz eines Weges zur Ebene von *Nirvana*. Die Existenz dieses Weges, den er selbst gegangen ist, wird im Augenblick der Erleuchtung *zu einer Tatsache*. Diese Tatsache wird mit der vierten Edlen Wahrheit ausgedrückt, der „Wahrheit des Pfades", der zur Aufhebung des Leidens führt. Diese Edle Wahrheit beschreibt die *Ursachen*, die zur Erleuchtung führen. Die zweite und vierte Edle Wahrheit enthalten die wesentlichsten Erkenntnisse der Suche Buddhas nach den „Ursachen des Leidens" und den „Ursachen der Aufhebung des Leidens". Mit anderen Worten: Er erkannte die Ursachen einer unmenschlichen, egozentrischen Lebenseinstellung und die Ursachen einer menschlichen, erleuchteten Lebenseinstellung. Die vollständige Einsicht in die Ursachen, die zur Erleuchtung führen, mündete in den Achtfachen Pfad, der von der ersten zur dritten Edlen Wahrheit oder, wie es auch ausgedrückt wird, von *Samsara* zu *Nirvana* führt. Der Stellenwert der Meditation in diesem Achtfachen Pfad wird im fünften Kapitel behandelt.

Der menschliche Geist: Ursache von Verwirrung und Erleuchtung

Der kausale Ansatz der Vier Edlen Wahrheiten hat einen weiteren wichtigen Aspekt. Hinter ihm steht die Absicht einer Anwendung *auf den menschlichen Geist*, das heißt auf unser *Erleben* unserer Existenz und unseres aus diesem Erleben hervorgehenden Handelns und Sprechens. Aus buddhistischer Sicht haben *Samsara* und *Nirvana* keine objektive, von unserem Geist unabhängige Existenz, sondern sind beide *Erlebnis-*

welten. *Samsara* ist das Erleben der Welt aus unserer egozentrischen Perspektive, und *Nirvana* das Erleben der Welt nach der Auflösung unserer egozentrischen Perspektive. *Samsara* ist also nicht die böse Welt außerhalb von uns, der wir uns möglichst verweigern müssen! *Nirvana* ist kein alternatives Universum, in dem wir – losgelöst und ohne Gefühl für das uns umgebende Leiden – in glückseliger Vergessenheit leben. Denn die in der zweiten und vierten Edlen Wahrheit von Buddha angesprochenen Ursachen liegen nicht außerhalb, sondern innerhalb des menschlichen Geistes.

Der Buddhismus macht uns mit den „Vier Edlen Fakten" darauf aufmerksam, daß Menschen *prinzipiell* nicht von einer Macht außerhalb ihrer selbst abhängig sind, damit sie den Lotos der Erleuchtung zur Blüte bringen können. In ihrem Geist ist alles vorhanden, mit dem sich wahre Menschlichkeit ersticken oder offenlegen läßt. Ihr Geist hat alle Anlagen für eine Entmutigung oder Ermutigung in dieser Frage, indem er Erleuchtung als möglich oder unmöglich ansieht. Die Menschen haben die Freiheit, sich und ihre Mitmenschen spirituell zu befreien oder gefangen zu setzen.

Die Verbindung der beiden Erlebniswelten von *Samsara* und *Nirvana*, ihre Ursachen und Transformation, war in der gesamten Geschichte des Buddhismus ein Gegenstand des Nachdenkens. Der Theravada-Buddhismus orientiert sich bei diesem Nachdenken enger an dem frühen Buddhismus. So auch die späteren Darstellungen der Vier Edlen Wahrheiten von Buddhaghosa (1976) aus dem 5. Jahrhundert und Narada (1973), um zwei der größten Klassiker zu nennen. In allen Schulen dreht sich dieses Nachdenken aber um den menschlichen Geist als Schöpfer von *Samsara* und *Nirvana*. Der Buddhismus entwickelt seine spirituelle Disziplin auf der Grundlage der hier wirkenden Einsicht in die Kausalität. Es wird deutlich, daß aus dieser Auffassung eine bestimmte Sichtweise in bezug auf den menschlichen Geist spricht. Es wird daher auch die Meinung geäußert, der Buddhismus sei eine *Geisteswissenschaft* (siehe u. a. *Hayward* & *Varela*, 1992). Damit greifen wir jedoch einem Thema des dritten Kapitels voraus, das den psychologischen Aspekt des Buddhismus behandelt.

Der Mahayana-Buddhismus

Obwohl auch der Theravada-Buddhismus mit Nachdruck die Sorge und liebevolle Zuneigung (Pali: *metta*, Skt.: *maitri*) für die Mitmenschen als einen bedeutenden Faktor des spirituellen Pfades hervorhebt, änderte sich erst mit der zunehmenden Bekanntschaft des Westens mit dem Mahayana-Buddhismus zu Beginn des 20. Jahrhunderts der Eindruck vom Buddhismus als einer Form pessimistischer Weltflucht und Nabelschau. Die Bezeichnung „Mahayana" bedeutet wörtlich großes (Skt.: *maha*) Fahrzeug (Skt.: *yana*). Das Mahayana ist die zweite bedeutende Strömung des Buddhismus, deren Entwicklung wahrscheinlich im 1. Jahrhundert v. Chr. in Indien einsetzte. Woher kam diese Entwicklung? Sie entstand aus Veränderungen innerhalb des *Sangha*, der buddhistischen Gemeinschaft. Welche Weiterentwicklung hatte der *Sangha* seit dem Ableben Buddhas durchlaufen?

Der buddhistische Sangha

In den ersten Jahrhunderten seit dem Ableben Buddhas hatte sich die buddhistische Gemeinschaft in drei aufeinander bezogene Segmente aufgeteilt, von denen jedes seine eigenen von Buddha empfohlenen Lebensregeln (Skt.: *shila*) befolgte. Diese Lebensregeln stellten die Verbundenheit der Segmente miteinander dar (siehe hierzu die fesselnde Studie von *Ray*, 1994). Das älteste Segment bildeten die Wanderasketen (Skt.: *sramana*), die, dem Beispiel Buddhas folgend, Haus und Hof verlassen und sich für eine Verwirklichung von Erleuchtung durch die Praxis der Meditation und das Empfangen und Erteilen von mündlichen Unterweisungen entschieden hatten. Ihre Lebensregeln entsprachen nicht der monastischen Gemeinschaft, enthielten aber eine Reihe von Regeln (Skt.: *duthaguna*, wörtlich: die [Unreinheiten] abschüttelnden Qualitäten), die ihr Wanderleben unterstützten. Den Kern dieser Regeln bildeten vier „asketische Regeln" (Skt.: *nishraya*): Nahrungsmittel nur in Form von Almosen anzunehmen, (immer) unter einem (anderen) Baum zu verweilen, nur Nahrungsmittel und Kleidung als Gabe anzunehmen und nur den Urin eines Ochsen als Medizin zu verwenden. Sie wurden daher auch als *Waldasketen* bezeichnet. Für den Empfang von Nahrungsmitteln oder die Erteilung von Unterweisungen betraten sie auch geschlossene Ortschaften, kehrten aber abends immer zurück in den Wald.

Aus diesem ersten und ältesten Segment entwickelte sich nach dem Ableben Buddhas das zweite Segment der dauerhaften Lebensgemeinschaften von Mönchen (Pali: *bhikku*, Skt.: *bikshu*), Nonnen (Pali: *bhikkhuni*, Skt.: *bikshunis*) und Novizen (Pali: *samanera*, Skt.: *sramanera*) an einem festen Ort. Vor dieser Zeit stellte man während der Regenzeit die vorübergehende Wanderung ein und widmete sich gemeinsam der Praxis und dem Studium des *Dharma*. Mittlerweile entstanden jedoch – auch durch Landgeschenke an den *Sangha* – ständige Aufenthaltsorte (Skt. *vihara*). Der Begriff *Vihara* wird im Westen gewöhnlich mit „Kloster" übersetzt. Die Aktivitäten der Bewohner dieser Orte bestanden vor allem aus dem Memorieren und später auch dem Niederschreiben und Kopieren der *Sutras* und Kommentare, aber natürlich auch aus dem Studium der Lehre und der Unterweisung von Menschen innerhalb und außerhalb des Klosters. Ihre Praxis des *Dharma* bestand vor allem im Befolgen und Leben der monastischen Regeln (Skt.: *vinaya* oder *pratimoksha*). Wenn es die Zeit zuließ, wurde auch die Meditation praktiziert. Gelehrtheit und Sittlichkeit bildeten jedoch die zentralen Tugenden und waren die Grundlage des Respekts, den die Klöster in ihrer Umgebung genossen.

Das dritte Segment bildeten die „Haushälter" (Skt.: *upasaka, upasika*), Menschen mit Familie, die sich ihren Lebensunterhalt durch Arbeit verdienten. Diese werden wir im weiteren als „Laien" bezeichnen. Die Praktizierenden dieses Segments befolgten ebenfalls bestimmte Lebensregeln auf der Grundlage des *Vinaya*. Sie praktizierten Meditation sowie materielle Freigebigkeit gegenüber den Wanderasketen, von denen sie auch Unterweisungen erhielten.

Das monastische Segment hatte aufgrund seines hohen Organisationsniveaus den sichtbarsten und größten Einfluß auf die Gesellschaft, und auch im Kontakt des Westens mit dem Buddhismus hat der monastische Buddhismus einen herausragenden Stellenwert. Der Verlauf der Geschichte zeigt aber, wie die wechselseitige Verbindung dieser drei Segmente zu neuen Ausdrucksformen des Buddhismus innerhalb des *Sangha* geführt hat. Erneuerungsbewegungen entstanden vor allem im ersten Segment der Waldasketen (siehe *Ray*, 1994), aber auch im Segment der Haushälter. Das läßt sich aus der Tatsache erklären, daß sich die Mitglieder des monastischen Buddhismus daran orientierten, die buddhistische Lehre in der Form zu bewahren, in der sie diese erhalten hatten. In einer sich ständig verändernden Kultur birgt diese Haltung aber auch die Gefahr einer Erstarrung. Diese drei Segmente bildeten gemeinsam den *Mahasangha* (wörtlich: großer *Sangha*), der in einem ständig im Wandel befindlichen Verhältnis der drei Segmente zueinander noch immer besteht.

Die Buddhisten, die seit dem 1. Jahrhundert v. Chr. diese umfassende Definition des *Sangha* vertraten, bezeichneten sich selbst als *Mahasangha* und werden als die Vorgänger des Mahayana betrachtet. Ihre Sichtweise des *Sangha* sollte das Verhältnis der drei Segmente zueinander und in letzter Konsequenz auch den Charakter und die Funktion der buddhistischen Klöster entscheidend verändern. Nachdem sich in zahlreichen Klöstern die Sichtweise des Mahayana verbreitet und weiterentwickelt hatte, entwickelten diese sich immer mehr zu spirituellen Kulturzentren. Das Kloster Nalanda in Nordindien, in dem man die Religionen, Künste und Wissenschaften der damaligen Zeit studieren konnte, war dafür über Jahrhunderte ein leuchtendes Vorbild. Menschen aus zahlreichen Ländern und Regionen wie China, Südostasien, Indonesien, Pakistan, Tibet und Indien nahmen im Kloster Nalanda ihr Studium auf. Diese Entwicklung bildete die Grundlage für die Verbreitung des Mahayana-Buddhismus.

Das Mahayana erreicht den Westen

Die vom Mahayana bewirkte „Reformation" führte zu einer neuen Untersuchung, Verbreitung und Gestaltung der Kernaussage des Buddhismus. Diese „Reformation" ist auch relevant für den Dialog mit unserer heutigen westlichen Kultur, da sie einige Elemente beinhaltet, die mit der Auffassung von Menschlichkeit im Neuen Testament und unserer modernen Auffassung von Menschlichkeit als einem universellen Wert in Verbindung stehen.

Im 20. Jahrhundert setzte allmählich die Kenntnis über das Mahayana im Westen ein. Eine Ironie des Schicksals ist, daß durch den Krieg der Amerikaner gegen und die Verbündung der Deutschen mit Japan im Zweiten Weltkrieg vor allem der Zen, die japanische Form des Mahayana, in diesen beiden Ländern auf fruchtbaren Boden fiel und sich von dort weiter in den westlichen Kulturkreis ausbreitete. Ein Jahrzehnt später begann sich der tibetische Mahayana-Buddhismus im Westen zu verbreiten – wiederum infolge eines Krieges durch die Besetzung Tibets und die gewalttätige Verfolgung der praktizierenden Buddhisten und ihrer Lehrer durch die Chinesen. Der Vietnamkrieg war seinerseits der Auslöser für die Verbreitung des in Vietnam praktizierten Mahayana-Buddhismus im westlichen Kulturkreis.

Das Verhältnis zwischen Theravada und Mahayana läßt sich mit dem Verhältnis zwischen Judentum und Christentum vergleichen. Die jüdische Tradition basiert ausschließlich auf dem in Hebräisch verfaßten Alten Testament (der Thora), während sich das Christentum darüber hinaus auf das in Griechisch verfaßte Neue Testament stützt und beide Schriften als gleichrangig betrachtet. In gleicher Form stützt sich die Mahayana-Schule des Buddhismus neben den Pali-Schriften auch auf die späteren Sanskrit-Schriften. In gleicher Weise, wie sich das Neue Testament und Alte Testament in ihrem Stil unterscheiden, unterscheidet sich auch das Mahayana vom frühen Buddhismus. Neben klarer Einsicht (Skt.: *prajna*, Pali: *panna*) haben im Mahayana auch Mitgefühl (Skt.: *karuna*) und liebevolle Zuneigung einen höchstmöglichen Stellenwert. Die spirituelle Entwicklung wird vor allem mit der Entwicklung von *Karuna* und *Prajna* beschrieben. Die Ebene der Erleuchtung ist die Egolosigkeit des Geistes, in dem sich liebevolle Zuneigung und Verständnis für die Menschen und ihre Welt vorbehaltlos und ohne eigene Zurückhaltung manifestieren.

So wie zahlreiche und weit auseinanderstrebende Formen des Christentums entstanden, gründeten sich auch eine Vielzahl von Mahayana-Schulen. Doch alle diese Schulen verbindet eine erkennbare „Familienverwandtschaft", die größer ist als ihre – wenn auch unübersehbare – Verwandtschaft mit den ebenfalls zahlreichen Schulen des Theravada. Was begründet diese Verwandtschaft? Welche Erneuerung hat das Mahayana vollzogen?

Die Buddha-Natur

Alle Schulen des Mahayana verbindet seit dem Zeitpunkt ihrer Gründung die Aussage, alle Menschen könnten – ungeachtet ihres Platzes innerhalb der Gesellschaft – Erleuchtung erlangen. Diese Aussage widerspricht der Ansicht der monastischen Tradition, nach der nur ein Leben im Kloster (auf Dauer) zur Erleuchtung führen könne und Laien – durch die Einhaltung ihrer entsprechenden Lebensregeln – lediglich eine bessere Wiedergeburt erreichen könnten, und zwar eine Wiedergeburt als Mönch oder Nonne. Obwohl diese Ansicht weder durch das Leben und die Lehre Buddhas noch durch die in der *Theragatha* und *Terigatha* beschriebenen Lebensgeschichten der männlichen und weiblichen buddhistischen Heiligen belegt wird, war der Gedanke, Erleuchtung beruhe mehr auf der *Art*, in der Welt zu stehen und mit ihr umzugehen, als auf dem *Ort*, in der Welt zu stehen, zu dieser Zeit revolutionär. In der Schrift „Lebensgang des Buddha" (*Buddhacarita*) des berühmten Dichters Asvagosha aus dem 1. Jahrhundert n. Chr. sagt Buddha folgendes: „Wer körperlich sein Haus verläßt, aber in seinem Geist weiterhin der Begierde unterworfen ist, muß selbst dann als Haushälter betrachtet werden, wenn er im Wald lebt. Wer geistig, aber nicht körperlich davongeht und frei von Ego ist, muß als Waldasket betrachtet werden, auch wenn er in seinem Haus lebt" (Asvagosha, Canto 16: 11–12).

Daher ist es auch einem Laien möglich, Erleuchtung zu verwirklichen. Dieser Gedanke drückt sich in der Aussage aus, daß *alle Menschen den Keim der Buddha-Natur in sich tragen* und diesen kultivieren können. Niemand ist bereits verdammt oder auserkoren. Der Mensch hat die Möglichkeit, seine eigene Buddha-Natur zur Blüte zu bringen – oder es zu unterlassen. Damit sagt die Mahayana-Schule nicht aus, der Mensch sei von Natur aus nur gut oder nur schlecht – eine Diskussion, die in unserem Kulturkreis noch immer geführt wird –, sondern sie unterstreicht mit dieser Aussage die Freiheit der Menschen, ihrem Potential der Erkenntnis und liebevollen Zuneigung den angemessenen Raum geben und es stärken zu können oder es zu unterlassen.

Obwohl sich das Mahayana einerseits durch seinen Nachdruck auf Mitgefühl dem Begriff der Nächstenliebe des Christentums annähert, entfernt es sich in der Frage des christlichen Glaubens an die grundsätzliche Sündhaftigkeit der menschlichen Natur wieder vom Christentum. Diesen Glauben treffen wir auch bei vielen Nichtchristen in unserer Kultur an. Diese negative Einstellung zum Menschen zieht natürlich Konsequenzen nach sich. Sie manifestiert sich in der Hartherzigkeit und Enttäuschung, die unsere Kultur häufig kennzeichnet. Darüber hinaus hat dieser Glaube auch die westliche Sichtweise in bezug auf Spiritualität ärmer gemacht. Die Entwicklung von selbstloser Nächstenliebe und einer wahrhaften Sorge für die Welt ist diesem Glauben zufolge prinzipiell unmöglich, übermenschlich und eventuell sogar unerwünscht. Die

Welt verdient eine derartige Einstellung nicht! Verdient der Teufel Erbarmen? Verdient die Sünde Mitleid?

Der Mahayana-Buddhismus bezieht in dieser Frage eine grundsätzlich konträre Position. Er betrachtet die negative Einstellung des Menschen über sich selbst nicht ausschließlich als die *Folge* des Leidens, das sich Menschen gegenseitig zufügen, sondern, wie in der Einleitung bereits erwähnt, auch als *eine der Ursachen des Leidens*. Warum? Weil uns dieser Glaube blind macht für den Keim der Menschlichkeit in uns und uns somit der Möglichkeit beraubt, diesen Keim zum Sprießen zu bringen. Wenn wir dann diesen Keim nirgendwo sehen können, verfestigt sich unser Glaube an die Verdorbenheit des Menschen. Dann bleibt uns nur noch der verzweifelte, aber bereits verlorene Kampf gegen eine von Streit geprägte Welt. Klare Einsicht (Skt.: *prajna*) ist das höchste Wissen, das diese Verblendung beseitigt und dadurch Raum öffnet, den Keim der Menschlichkeit, den Keim unserer Buddha-Natur, in uns und unseren Mitmenschen zu kultivieren.

Buddha aus der Sicht des Mahayana

Mit dieser anderen Sichtweise in bezug auf den Menschen und sein Potential der Erleuchtung entwickelte sich auch eine andere Sicht über Buddha. Wer oder was ist Buddha? War er selbst die *Ebene der Erleuchtung*, die der historische Siddharta Gautama entdeckte und verkörperte? Der historische Buddha selbst hat wiederholt gesagt, daß derjenige, der seine körperliche Gestalt sähe, nicht denken solle, er sähe Buddha. Wenn der historische Gautama Buddha lehrte, war der Lehrer dann die Ebene der Erleuchtung? Ist es nicht das Wesen des Lehrens, daß die Ebene der Erleuchtung (des Lehrers) mit der Ebene der Nichterleuchtung (des Schülers) kommuniziert und diese Kommunikation schließlich die Ebene des Schülers in die Erleuchtungsebene transformiert? Wenn die Darstellung der Mahayana-Schulen zutreffend ist, manifestiert sich dann Buddha nicht dort, wo sich die Ebene der Erleuchtung manifestiert? Wenn alle Menschen die Buddha-Natur in sich tragen, ist das Wirken Buddhas dann nicht ewig und Buddha in diesem Sinne nicht historisch, sondern zeitlos?

Im Mahayana-Buddhismus wird der historische Gautama Buddha als *einer* der historischen Buddhas angesehen, die sich in dieser Welt manifestiert haben oder sich manifestieren werden. Buddha ist im Mahayana das universelle und fortwährend aktive geistige Prinzip der Erleuchtung, das als *Dharmakaya* (Dharmakörper) bezeichnet wird. Der historische Buddha ist der *Nirmanakaya* (Manifestationskörper) dieses Prinzips. Jedes (menschliche) Wesen, das dieses Prinzip vollkommen verwirklicht hat, ist ein *Nirmanakaya*, ein historischer Buddha, wie es Gautama Buddha war. Ein menschliches Wesen, das ebenfalls dem Kreislauf von Geburt und Tod unterworfen ist. Aber auch wenn kein Wesen Erleuchtung verwirklicht, ist der *Dharmakaya-Buddha*, die erleuchtete Ebene des Geistes, wirksam und für alle Wesen in Form ihrer Buddha-Natur erreichbar. Der *Dharmakaya-Buddha* wirkt in Form von Reliquien und *Stupas* (Grabmonumente buddhistischer Heiliger) und selbst im Rauschen des Windes.

Die Sichtweise des Mahayana in bezug auf Buddha hat im Rahmen des nicht theistischen Buddhismus zu einer grundlegenden Besinnung auf das Wesen der Erleuchtung geführt. Diese Sichtweise hat in unserer Zeit auch den Dialog mit theistischen Religionen wie dem Christentum intensiviert. Aus unserer westlichen Sicht der Religion bietet es sich an, eine Parallele zwischen dem *Dharmakaya-Buddha* und dem christlichen Gottesverständnis zu ziehen. Religionsphilosophen haben sich anfänglich die Frage gestellt, ob sich der nicht-theistische Buddhismus und auch die Mahayana-Schule in Richtung auf einen Monotheismus orientiere. Rufen beispielsweise die Mahayana-Buddhisten der japanischen *Schule des Reinen Landes* nicht auf eine Weise Buddha Amithaba an, die sehr stark einem Gebet an Gott gleicht?

Die klassische buddhistische Antwort – klassisch im Sinne der Antwort aus den Jahrhunderten des Dialoges mit dem theistischen Hinduismus – ist, daß Buddhisten nicht die Person Buddha anrufen. Sie beten auch nicht zu Buddha, damit er ihnen die Gnade der Erleuchtung gewähre, sondern sie rufen die Erleuchtungsebene selbst an, die Buddha *ist*. Sie beten weder zu einem transzendenten Gott, noch zu einem übermenschlichen Prinzip, sondern richten ihre Rufe auf die Buddha-Natur, deren Keim auch „in ihrem eigenen Herzen" vorhanden ist. Sein eigenes Herz für diese Buddha-Natur weit zu öffnen erschließt einen Erfahrungsraum, in dem sich die egozentrische Perspektive – einschließlich ihrer Hartherzigkeit und Verblendung – aufgelöst hat.

Dieser Erfahrungsraum befindet sich weder *in unserem Geist* noch *außerhalb unseres Geistes*, weder in uns noch außerhalb von uns, denn sein Merkmal ist die Abwesenheit des Prinzips von Innen und Außen.

Philosophisch ausgedrückt sind auf diesen Erfahrungsraum, die Ebene der Erleuchtung, den *Dharmakaya*, die Begriffe „transzendent" und „immanent" nicht anwendbar.

Darüber hinaus ist dieser Erfahrungsraum aus der Sicht des Mahayana kein von der Erde und unserer konkreten Erfahrungswelt losgelöster Raum. Er ist keine Art von Himmel, in dem Buddha als zentrale Person verweilt und in dem wir ihn treffen können. Dieser Erfahrungsraum *ist* Buddha. Wir können den *Dharmakaya-Buddha* in diesem Raum nicht treffen, weil es in ihm weder einen Treffenden noch einen Getroffenen gibt. Wir können lediglich Buddha sein oder nicht sein.

Diese Sichtweise schließt nicht aus, daß in den *Sutras* des Mahayana das universelle, fortdauernde Wirken der Erleuchtungsebene des Geistes in einer poetischen und blumenreichen Sprache beschrieben wird und in diesen Beschreibungen eine große Anzahl von Buddhas eine Vielzahl von spirituellen Himmeln bevölkern, in denen sie selbst die Götter den Dharma lehren. Das Mahayana warnt aber vor einem wörtlichen Verständnis dieser Schriften. Wir dürfen die wörtliche Bedeutung (Skt.: *neyartha*) nicht mit der letztendlichen Bedeutung (Skt.: *nitharta*) verwechseln. Diese liegt nicht in den *Beschreibungen* der *Sutras*, sondern in ihren *Auswirkungen auf unseren Geist*. Mit ihrem Reichtum an inspirierenden Bildern bilden sie ein bewegendes Gegengewicht zu unserer leidvollen Verfangenheit in den verschlingenden Flutwellen unseres egozentrischen Geistes und bringen diese zur Ruhe.

Erst aus dieser Ruhe erwächst die Möglichkeit, die Wirklichkeit unbefangen und in ihrer ganzen Nacktheit zu sehen. Mit den Worten des Mahayana verwirklichen wir *Shunyata*. Dieser häufig mit „Leerheit" übersetzte Begriff ermöglicht uns, aus einem anderen Blickwinkel über den *Dharmakaya* zu sprechen. *Shunyata* ist ein zentraler Begriff des Mahayana, den wir im frühen Buddhismus in dieser Bedeutung kaum antreffen. Er greift jedoch eine zentrale Erkenntnis des Buddhismus auf und ist daher auch mit dem Gedanken der Egolosigkeit der frühen *Sutras* verbunden. Das Mahayana weitet diesen Gedanken aus, indem es ihn nicht nur auf das bezieht, was wir als „Ich" bezeichnen, sondern auch auf unsere Umgebung, da diese bei näherer Betrachtung ebenfalls nicht entsprechend unseren Vorstellungen existiert. Wir werden im dritten Kapitel näher auf diesen Aspekt eingehen.

Die allgemein verbreitete Auffassung der Art oder des Wesens Buddhas umfaßt noch einen weiteren Aspekt. Da Buddha als *Dharma-*

kaya zeitlos und sein Wirken ewig ist, manifestiert sich der *Dharmakaya* nach den Lehren des Mahayana nicht nur im historischen Buddha. Viele buddhistische Meister werden daher im Mahayana als „buddhagleich" verehrt und als *Bodhisattvas* (wörtlich: Erleuchtungswesen). *Bodhisattvas* sind Wesen, die zwar Augenblicke der Erleuchtung erfahren, aber weiter praktizieren müssen, damit sie diese Erfahrung vollkommen und fortdauernd leben können. Sie besitzen das vollständige Wissen über den *Dharma* Buddhas und können ihn auf dieser Grundlage lehren. Die Tradition des Mahayana stellt damit den Lehrer wieder nachdrücklich in den Vordergrund. Da der *Bodhisattva* die Ebene der Erleuchtung noch nicht vollständig verwirklicht hat, manifestiert sich der *Dharmakaya* in ihm noch nicht vorbehaltlos, aber er besitzt die Fähigkeit, den Schüler auf seinem Weg zu unterstützen. Der Kontakt mit dem Lehrer ist für den Schüler unentbehrlich, denn sobald dieser dem Schüler die Richtung des *Dharmakaya-Buddha* aufzeigt, ist der Lehrer für den Schüler die Personifizierung des *Nirmanakaya*.

Mitgefühl und Nächstenliebe

Eine der überraschendsten Entdeckungen im Westen im Rahmen der Bekanntschaft mit dem Mahayana war der hohe Stellenwert des Mitgefühls (Skt.: *karuna*). Überraschend, weil der Buddhismus im Westen inzwischen als eine weltverneinende Weisheit angesehen wurde, während die Entwicklung von Mitgefühl, Nächstenliebe und Solidarität eher als ein Merkmal der praktisch veranlagten westlichen Kultur, des Christentums, des Humanismus und des Sozialismus galt.

Die Schriften und Praktiken des Mahayana scheinen jedoch eine selbstaufopfernde Lebenshaltung anzusprechen, die ein Streben nach der eigenen Erleuchtung zum Wohle aller fühlenden Wesen, auch der Tiere, in den Weg zur Erleuchtung einschließt! Diesen Schriften zufolge führt Meditation nur dann zu einer vollkommenen Einsicht (Skt.: *prajna*), wenn ihre Praxis mit dem tiefen Wunsch verbunden ist, das Wohl aller fühlenden Wesen zu fördern. Die Praxis der Meditation mit dem Wunsch nach der eigenen Befreiung führt nach den Lehren des Mahayana nicht zur vollständigen Erleuchtung, sofern diesem Wunsch nicht der Gedanken zugrunde liegt, eine bessere persönliche Ausgangsbasis für das Streben nach dem Wohl aller Wesen aufzubauen. Das Engagement für den Mitmenschen ist in der Geschichte des Buddhismus kein neuer Gedanke, denn er findet sich – wenn auch nicht mit dem Nachdruck des Mahayana – bereits in den frühesten Pali-Schriften wieder (siehe z. B. *Jones*, 1989). Eine klassische Definition von Engagement ist in diesen Schriften die Praxis der Freigebigkeit. Dieser Begriff wird umschrieben mit dem Geben von Nahrung und Herberge, dem Gewähren von Schutz gegen Ängste und dem Lehren des *Dharma*. Der Mahayana stellt diese Praxis eines wahrhaftigen Engagements wieder in den Vordergrund. Nicht als moralische Pflicht, sondern als eine spirituelle Disziplin, deren Anliegen die Förderung der Menschlichkeit ist. Diese Praxis ist darüber hinaus die Grundlage, ein Leben zu führen, das sich an einem Engagement für die Gesellschaft orientiert. Der aus Vietnam stammende Meditationsmeister Thich Nhat Hanh drückt es in seinen Vorträgen folgendermaßen aus: „Buddhismus ist erst Buddhismus, wenn er sich engagiert."

Zen und die Übertragung des Geistes Buddhas

Der Bekanntheitsgrad des Mahayana-Buddhismus im Westen ist wahrscheinlich durch die Bekanntschaft mit dem Zen, der japanischen Form des Mahayana-Buddhismus, gewachsen. In der Zen-Tradition haben die tatsächliche Praxis der Meditation und die Verbindung mit einem Mentor einen sehr hohen Stellenwert. Das vermittelt Außenstehenden teilweise den Eindruck, die Praxis der Meditation sei von der buddhistischen Sichtweise und Gedankenwelt losgelöst und eine reine Form der Geistesübung. Der Nachdruck auf Praxis und Anleitung basiert in der Zen-Tradition jedoch direkt auf der Sichtweise des Mahayana.

Der hohe Stellenwert der Mediationspraxis basiert auf dem Gedanken des Mahayana, daß jedem Menschen eine Buddha-Natur inhärent und der Mensch seinem Wesen nach ein Buddha ist. Die Buddhaschaft liegt also sehr nahe und ist ein Teil von uns. Die Aufgabe besteht darin, dieses Potential in uns zu erkennen, es freizulegen und auf dieser Grundlage das Leben zu lernen. Dazu ist die Praxis der Meditation notwendig. Nach der Lehre des Mahayana ist in diesem Zusammenhang aber auch ein Lehrer notwendig, der aus eigener Erfahrung das Wissen über die wörtliche Bedeutung des Begriffs „Erleuchtung" im Buddhismus erlangt hat. Es ist ein Lehrer notwendig, der im Kontakt mit dem Schüler den *Nirmana-*

kaya-Buddha verkörpern kann und, wie der historische Buddha, die Verkörperung des *Dharmakaya-Buddha* ist.

Treffen diese beiden Elemente – authentische Praxis und Anleitung – zusammen, befinden wir uns wieder in der Ursprungssituation des Buddhismus, als Buddha und seine direkten Schüler als Waldasketen (Skt.: *sramana*) umherzogen. Die Lehren erfolgten in diesen Anfängen mündlich und direkt. Die Sutras waren noch nicht niedergeschrieben, und die Lebensregeln des monastischen Ordens hatten noch keine Gestalt angenommen.

Wenn sich diese Ursprungssituation nicht auf das Studium der *Sutras* und ein Leben nach den Regeln des *Vinaya* begründete, auf welcher Grundlage ließ sich dann das wachsende Verständnis eines Schülers von Erleuchtung und seine zunehmende Fähigkeit ihrer Verwirklichung feststellen? Die Grundlage bildete die Erkenntnis. Besaß ein Schüler genügend Offenheit, Buddha in seinen Geist schauen zu lassen, konnte Buddha in diesem Moment den Geist des Schülers erkennen. Stellten sich beim Schüler allmählich Erfahrungen der Erleuchtungsebene ein, erkannte Buddha diese ebenfalls und konnte den Schüler in diesen Erfahrungen bestärken.

Diese Bestärkung vermittelte dem Schüler gleichzeitig die Bedeutung von Erleuchtung im Buddhismus. Daher wird gesagt, der Geist Buddhas werde in diesem Moment auf den Schüler übertragen. Der Schüler wird zu einem Familienmitglied Buddhas. In Wirklichkeit wird jedoch nichts übertragen, da der Schüler zum Zeitpunkt der Übertragung das Übertragene besitzt (oder *ist*). Der Zeitpunkt der Übertragung (Jap.: *shi-ho*) gleicht eher dem Auffüllen von Wasser mit Wasser als dem Auffüllen eines leeren Gefäßes mit Wasser. Die Übertragung ist das Zusammentreffen von Geistesebenen. Es ist nicht erkennbar, wer im Moment der Übertragung der Gebende ist, da weder Lehrer noch Schüler die geistige Ebene des anderen als verschieden von ihrer eigenen geistigen Ebene sehen. Es gibt – in bezug auf den Schüler – nichts, das vom Lehrer gegeben oder übertragen werden müßte, mit der einen Ausnahme des sehr bedeutungsvollen Grundes, daß diese Übertragung immer wieder die Garantie für das authentische Weiterbestehen dieser Tradition ist. Daher legt die Zen-Schule, wie alle anderen Mahayana-Schulen, großen Nachdruck auf die ungebrochene Linie der Übertragung vom Lehrer auf den Schüler. Mit „ungebrochen" ist gemeint, daß der Lehrer diese Übertragung von seinem eigenen Lehrer erhalten hat und diese Übertragungslinie direkt auf den historischen Buddha zurückgeht. Denn Buddha war der erste, der den Lotos der Erleuchtung, den *Dharmakaya*, an alle folgenden Generationen weitergegeben hat. Obwohl die äußerliche Form des Zen auch monastische Aspekte hat, orientiert er sich im Inneren sehr nahe an den Waldasketen und Haushältern. Asvagosa drückte es folgendermaßen aus: „Man kann auch in seinem Hause ein Waldasket sein."

In unserem Kulturkreis blickt man sehr skeptisch auf diesen Stellenwert der persönlichen Übertragung, weil man dazu neigt, spirituelle Praktiken wie Meditation als eine reine Technik zu betrachten, für deren Anwendung man, sobald man diese beherrscht, keinen Lehrer mehr benötigt. Das Vertrauen in die Technik ist groß in unserer Kultur. Professionelle Musiker gehören eventuell zu den wenigen, denen die Bedeutung der Übertragung bewußt ist. Sie wissen, was ein guter Lehrer vermitteln kann und daß die Vervollständigung einer Spieltechnik nicht das Endziel ist. Die Übertragung besteht in der tiefen Einsicht über die Art des Hörens der Musik. Daher sagt man im Mahayana: „Möge ich mein gesamtes Leben die Musik des *Dharma* hören".

Der Vajrayana-Buddhismus

Die abschließende Phase der Bekanntschaft des Westens mit dem Buddhismus geht zurück in die erste Hälfte des 20. Jahrhunderts. In dieser Zeit stieg in westlichen Kreisen der Bekanntheitsgrad des Vajrayana-Buddhismus. Der Begriff *Vajrayana* wird häufig als Diamantfahrzeug übersetzt. Der Diamant ist das Symbol des *Unzerstörbaren*. Diese Form des Buddhismus, auch bekannt unter der Bezeichnung *Tantrayana* oder *Tantrischer Buddhismus*, hat sich ab dem 4. Jahrhundert n. Chr. in Indien entwickelt, verbreitete sich in die damalige buddhistische Welt und gelangte im 7. Jahrhundert auch nach Tibet. Da das Vajrayana vor allem in Tibet weiterentwickelt wurde und dort bis heute weiterbesteht, spricht man im Westen auch vereinzelt vom *Tibetischen Buddhismus*.

Diese buddhistische Strömung, ebenfalls eine Erneuerungsbewegung aus dem Segment der buddhistischen Waldasketen, die nun als *Siddhas* (wörtlich: Vollendete) bezeichnet wurden, begann die beiden anderen Segmente zu durchdringen. In gleicher Weise, wie zahlreiche Klöster das Mahayana integriert hatten, integrierten sie nun auch das Vajrayana. Das bekannteste Kloster, das als Treffpunkt für die Praktizierenden des Vajrayana diente, war Vikramashila. Es gibt aber auch Hinweise (siehe *Ray*, 1994: 445), daß der tantrische Buddhismus seine eigenen Anlaufstellen in den Wäldern hatte. Einer dieser Orte war die Eremitage Pullahari, in die der Tibeter Marpa der Übersetzer im 11. Jahrhundert n. Chr. einzog und das Vajrayana studierte. Das Vajrayana übte darüber hinaus einen großen Einfluß auf die Laien und Haushälter aus. Es legte einen noch größeren Nachdruck als das Mahayana auf das Prinzip, daß auf dem Weg zur Erleuchtung jede Lebenssituation als Treibstoff für das Fahrzeug (Skt.: *yana*) genutzt werden kann, sofern man Anleitungen darüber erhalten hat, wie man diese Situation als Treibstoff einsetzt, und die Disziplin aufbringt, es auch zu tun. Daher zählte das Vajrayana zahlreiche erleuchtete Laien und Haushälter in seinen Reihen, die – von Prostituierten über Waffenschmiede bis hin zu Äbten und Königen – sehr unterschiedliche Berufe und Funktionen ausübten. Marpa war ein Gutsbesitzer und stand damit in der Tradition der haushaltführenden Yogins, deren Tradition er in Indien kennengelernt und nach Tibet gebracht hatte.

Die Sichtweise des Vajrayana

Die Sichtweise des Vajrayana unterscheidet sich nicht erheblich von der des Mahayana. Der Unterschied zum Mahayana liegt auf der Ebene der Praxis, denn er kennt, wie wir im folgenden sehen werden, zahlreiche Varianten der meditativen Methoden. Daher bezeichnet sich diese Hauptschule selbst als „Pfad der Mittel" (Skt.: *upayayana*).

Die Methoden des Vajrayana sind eng verbunden mit einer geringfügig anderen Art des Umgangs mit der Voraussetzung, daß jeder Mensch eine Buddha-Natur besitzt. Im Mahayana wird die Verwirklichung der Buddha-Natur als ein allen Mönchen, Nonnen, Bürgern und Laien inhärentes *Potential* aufgefaßt. Das Vajrayana dagegen betrachtet die Wirklichkeit – die Erscheinungswelt und den menschlichen Geist – als einen direkten und makellosen Ausdruck der Buddha-Natur. Aus der Sichtweise des Vajrayana ist die Buddha-Natur keine *Möglichkeit*, sondern eine *Tatsache*. Aus diesem Grund wird die Buddha-Natur in dieser Schule als *Vajra-Natur*, als unzerstörbares Wesen des Geistes, bezeichnet.

Die Disziplin (Skt.: *shila*) des Vajrayana beruht daher darauf, *diese Tatsache zu leben*. Diese Auffassung unterscheidet sich von einem Leben im *Glauben* an diese Tatsache. Glaube allein ist nicht ausreichend, sondern führt in die Irre. Der Glaube oder die Unterstellung, die von uns wahrgenommene Art der Wirklichkeit sei bereits Erleuchtung, führt sehr schnell zu der Auffassung, eine spirituelle Transformation unserer Sichtweise sei nicht notwendig oder Erleuchtung existiere nicht. Das Vajrayana verfolgt eine andere Zielsetzung, nach der wir die persönliche und direkte Erfahrung der Tatsächlichkeit unserer Vajra-Natur als Basis für diese Transformation heranziehen können. Daher kann der Weg des Vajrayana nur praktiziert werden, wenn wir gelernt haben, *die Tatsache der Erleuchtung in unserer eigenen Erfahrung* zu erkennen. In diesem Fall kann jede Situation, sei sie gewöhnlich oder ungewöhnlich, chaotisch oder geordnet, friedlich oder gewalttätig, als *Herausforderung* für die Verwirklichung und Manifestation der Erleuchtung genutzt werden. In diesem Sinne ist für den Praktizierenden des Vajrayana jede Situation fundamental heilig. Diese Sichtweise der Heiligkeit versetzt unseren Geist in einen vollkommen offenen Raum, der unseren vorgefaßten Ideen über uns und die Welt keinen Platz mehr bietet. Ein spontan aus dieser Sichtweise hervorgehendes Handeln und Sprechen wird zur *Buddha-Aktivität*. Dieser Begriff bezeichnet das erleuchtete Handeln eines Buddha, ein Handeln, das ausschließlich inspiriert ist von Erkenntnis und Mitgefühl, das heißt einer *vorbehaltlosen* Menschlichkeit zum Wohle aller Wesen.

Wenn wir die Sicht der fundamentalen Heiligkeit unserer jeweiligen Situation verlieren, brechen wir die spirituelle Disziplin dieses Yana. Darauf beruht auch die Sichtweise des Vajrayana, ein Vermeiden von Situationen, die unserer Ansicht nach der Entwicklung unserer Menschlichkeit schaden (könnten), sei im Grunde eine inhumane und unspirituelle Handlung, die uns und anderen Schaden zufügt. In diesem Sinne vermeidet die Praxis des Vajrayana Überlegungen, ob etwas (spirituell) gut oder etwas anderes ein wenig besser für mich sei. Diese Frage entstammt unserem Mangel an Vertrautheit mit und Vertrauen in unsere eigene unzerstörbare Vajra-Natur. Solange man sich diese Frage noch stellt, kann man das Vajrayana eventuell äußerlich, aber mit Sicherheit noch nicht innerlich praktizieren. Daher kennt das Vajrayana eine Reihe von vorbereitenden Übungen, die zu einer persönlichen Erfahrung von Egolosigkeit, von *Shunyata*, und damit der eigenen Vajra-Natur führen sollen.

Die Praxis des Vajrayana

Die Praxis des Vajrayana schließt, wie der Theravada- und Mahayana-Buddhismus, die Meditation ein. Aus diesem Grund bezeichnet sich das Vajrayana auch als „Buddhismus der drei Yanas" (Skt.: *triyana*), denn es umfaßt sowohl die Einsichten der Meditationsmethoden des frühen Buddhismus, der als *Hinayana* (wörtlich: kleines Fahrzeug) bezeichnet wird, als auch des *Mahayana*. Diese Meditationsmethoden werden als die allgemeinen vorbereitenden Übungen bezeichnet und nach einer gründlichen und langen Praxis durch die besonderen vorbereitenden Übungen (Tib.: *ngöndro*) erweitert.

Ein Merkmal der besonderen Übungen ist die Visualisierung der Erleuchtungsebene. Einige dieser Visualisationen haben eine menschliche Erscheinung, die bestimmte Aspekte der Erleuchtungsebene symbolisch verkörpern. Die in diesen Visualisationen verwendeten Symbole formen eine Bildsprache, die man vor ihrer Praxis natürlich erst erlernen muß. Diese Bildsprache bekommt der Schüler mündlich vom Vajra-Meister gelehrt. Danach kann sich der Schüler darin üben, seine eigene Heiligkeit und die der Welt durch eine entsprechende geistige Visualisation zu erkennen und sich mit ihr zu *identifizieren*. Diese anthropomorphe Visualisation der Erleuchtungsebene des Geistes weckt in uns die Qualitäten unserer Vajra-Natur und verbinden sie mit unserem Geist. Daher wird diese Form der Visualisation im Vajrayana auch als „im Geist gebundene Gottheit" (Tib.: *yidam*) bezeichnet. Diese *Yidams* oder *persönlichen „Gottheiten"* (Skt.: *ishtadevata*) verkörpern unsere eigene Vajra-Natur. Sie sind zielbewußt geschaffene *Projektionen unseres eigenen Geistes*, die wieder aufgelöst werden, sobald wir durch sie die Erleuchtungsebene selbst, die sie symbolisieren, realisiert haben. Das Vajrayana kennt, abhängig vom Charakter des Schülers und der jeweiligen Tradition, der dieser Schüler angehört, einige Tausend *Yidams*. Der Vajra-Meister trifft die Wahl des *Yidam*, den sein Schüler meditieren soll, denn er kennt die tiefe Bedeutung und Qualität der Visualisation und hat daher einen Einblick, was für den Schüler notwendig ist. Daher ist das Vajrayana eine mündliche Tradition, die man nicht aus Büchern lernen kann.

Buddha aus der Sicht des Vajrayana

Neben einer gründlichen vorbereitenden Schulung in der Sichtweise und Praxis des Hinayana und Mahayana ist im Vajrayana der Aufbau einer persönlichen und starken Beziehung zu einem Vajra-Meister von zentraler Bedeutung. Der Vajra-Meister kann uns die Ebene eines Buddha konkret aufzeigen, wenn diese sich in unserem Geist manifestiert, und uns damit lehren, diese Ebene zu erkennen und zum Ausgangspunkt für unsere Praxis zu machen. Dazu muß der Vajra-Meister – wie der Zen-Meister (*Roshi*) in der Zen-Tradition – nicht nur aus persönlicher Erfahrung die Ebene eines Buddha, sondern auch seinen Schüler gut kennen. Das setzt voraus, daß der Schüler die Bereitschaft und Fähigkeit besitzt, sich dem Vajra-Meister zu öffnen und ohne Falschheit zu zeigen. Das wiederum bedeutet die Bereitschaft, das eigene Ego vollständig bloßzulegen und sich hinzugeben. Daher ist Vertrauen in eine Hingabe an den Vajra-Meister, der die Verkörperung von Einsicht und Mitgefühl ist, eines der Merkmale der Praxis des Vajrayana und somit eine Voraussetzung für diese Praxis. Das Vajrayana legt aus diesem Grund großen Nachdruck auf geeignete Methoden für die Entwicklung von Hingabe und Widmung.

Der Vajra-Meister *ist* für den Schüler (wie) Buddha. Die Auslösung eines beiderseitigen tiefgreifenden Prozesses durch eine solche Vertrauensbeziehung zwischen Schüler und Meister finden wir allerdings in allen spirituellen Traditionen wieder (siehe *De Wit*, 1987, 10. Kapitel).

Im Vajrayana nimmt der persönliche Kontakt mit dem Vajra-Meister oder *Guru* eine zentrale Stellung ein. Der Meister erteilt dem Schüler nicht nur auf diesen zugeschnittene Lehren, sondern vermittelt ihm vor allem einen Einblick in die Realität der Erleuchtungsebene. Damit weckt der Meister im Schüler das Bewußtsein, daß Erleuchtung kein Hirngespinst und keine Fiktion ist, sondern eine reale menschliche Möglichkeit. Das bedeutet jedoch nicht, daß der Schüler andauernd auf dem Schoß des Meisters sitzen oder in anderer Form in dessen physischem Umfeld verkehren muß, obwohl das anfänglich für den Aufbau einer persönlichen Beziehung notwendig sein kann. Es gibt in der buddhistischen Tradition unzählige Beispiele von Schülern, die sich nur für kurze Zeit in der Nähe ihres Lehrers aufhielten. Einer von diesen ist Gampopa, der Gründer der Schule der Kagyüpa des Tibetischen Buddhismus. Andere verbrachten eine lange Zeit im Umfeld ihres Lehrers, wie beispielsweise Ananda, der Neffe des Gautama Buddha, der 25 Jahre in dessen direkter Nähe verlebte. Entscheidend ist nicht die Zeit- oder Fortdauer der physischen Nähe, sondern die spirituelle Qualität der Verbindung zum Lehrer.

„Lamaismus" und „buddhistische Götter"

Im Verlauf der Bekanntschaft des Westens mit dem Buddhismus entstanden vor allem in bezug auf das Vajrayana zahlreiche Mißverständnisse. Die ersten Forscher der tantrischen Schriften des Vajrayana, wie er bis zum 11. Jahrhundert in Indien praktiziert wurde, waren anfänglich der Auffassung, es bestünde im Grunde kein Unterschied zu den hinduistischen Tantras. Zahlreiche dieser Forscher vertraten darüber hinaus die Meinung, der Vajrayana-Buddhismus sei – und dabei bezogen sie sich vorwiegend auf seine auch nach dem 11. Jahrhundert weiterbestehende tibetische Form, eine degenerierte Form des Buddhismus – und bezeichneten ihn auch als „Lamaismus". Der tibetische Begriff „Lama", der auch im Namen des Dalai Lama enthalten ist, bedeutet Lehrer. Obwohl diese beiden Mißverständnisse aufgrund weiterer Studien mittlerweile ausgeräumt wurden, haben sie dennoch dazu beigetragen, das Bild des Vajrayana im Westen zu prägen.

In dieser Zeit gründete sich in Europa auch die Theosophische Vereinigung, die ein starkes Band mit den „östlichen" (d. h. hinduistischen) Religionstraditionen knüpfte und daher ihren Hauptsitz in Indien hatte. Es war die Zeit der Veröffentlichung faszinierender Berichte über das „unzugängliche und geheimnisvolle Tibet" und das legendäre Königreich Shangrila. Tibetische buddhistische Mönche (*Lamas*) sollen „fortgeschrittenen" westlichen Gästen geheime „Einweihungen" gegeben haben. Diese westlichen Gäste standen außerdem in telepathischem Kontakt mit strahlenden „Meistern", die zurückgezogen in den unzugänglichen Bergketten des Himalaya lebten. Diese Berichte erhöhten zwar den Bekanntheitsgrad des Vajrayana-Buddhismus, trugen aber auch zur Verbreitung zahlreicher Mißverständnisse bei (siehe *Reynolds*, 1989).

Das wachsende Interesse an Okkultismus, Geistern und Spiritismus im Westen vor allem zwischen den beiden Weltkriegen war ein fruchtbarer Boden für das, was man vom Vajrayana-Buddhismus zu wissen und vor allem in ihm zu sehen glaubte, nämlich Abbildungen von geistigen

(„ätherischen") Wesen, den weiter oben besprochenen *Yidams*, und Schriften über diese Wesen. Man vertrat – analog zur Gedankenwelt des Christentums – die Auffassung, diese „Wesen" seien vergleichbar mit Engeln, die dem Menschen als Helfer und Beschützer beistünden. Andere wiederum waren der Meinung, es handele sich um mit dem Hinduismus und der griechischen Antike vergleichbare Götter. Aufgrund dieses Mißverständnisses wurde der Dalai Lama bisweilen auch als „Gottkönig" bezeichnet. Alle buddhistischen Strömungen – und daher auch das Vajrayana – sind jedoch nach eigener Aussage keine theistischen Traditionen, die eine Existenz von Göttern anerkennen (siehe zweites Kapitel). Auch der *Nirmanakaya-Buddha* ist nach dem Verständnis des Buddhismus kein (inkarnierter) Gott. Nur der theistische Hinduismus betrachtet Gautama Buddha als eine Inkarnation des Gottes Vishnu und hat ihn in den Pantheon seiner Götter aufgenommen.

Die Faszination des Tantrischen Buddhismus

Ein weiterer Grund für die zahlreichen Mißverständnisse im Westen in Verbindung mit dem Vajrayana ist die Sprache, in der die spirituellen Übungen beschrieben sind. Es handelt sich dabei um eine sogenannte „hermetische Sprache", deren wahre Bedeutung sich nur einem Eingeweihten erschließt. Der Schlüssel zum Verständnis dieser Sprache liegt im persönlichen Verhältnis des Schülers zum Lehrer, der dieses Verständnis auf der Grundlage der Erfahrung des Schülers mit den spirituellen Praktiken des Vajrayana auf diesen überträgt. Nur in Verbindung mit der eigenen Praxis und den Anleitungen des Lehrers erschließt sich die Bedeutung dieser Sprache. Fehlt es an dieser persönlichen Beziehung und Praxis, bleibt das Vajrayana ein versiegeltes Buch, auch wenn eine Vielzahl von Büchern darüber im Handel ist.

Hier ein Beispiel über den hermetischen Gebrauch der Sprache: Wir weisen den Begriffen aus dem Vajrayana wie *Hingabe, Widmung, Segnung* (Skt.: *adhistana*), *persönliche Gottheit* (Tib.: *yidam*) aufgrund unserer Kenntnis der christlichen Tradition eine theistische und ontologische Bedeutung zu. Wir können uns nur schwer vorstellen, daß Begriffe wie *Yidam* und *Guru* nicht auf eine tatsächlich vorhandene Realität verweisen sollen. Im Vajrayana verweisen sie jedoch auf eine *imaginäre* spirituelle Realität. Sie bestehen lediglich in der Erlebniswelt des Schülers

51

und wecken in dieser Welt seine Hingabe. Diese Hingabe löst den Schüler aus der anderen imaginären Wirklichkeit, die seinen Vorstellungen entspricht. In dieser Art befreien *Guru* und *Yidam* den Schüler gemeinsam von seiner Lebensangst und Verblendung.

Wenn wir die Bedeutung der Begriffe nicht kennen, vermittelt uns das Vajrayana durch seinen Nachdruck auf die Hingabe den Eindruck einer blinden Devotion. Daß dieser Eindruck nicht den Kern des Vajrayana trifft, belegt die Tatsache, daß auch eine ganz andersgeartete, entschieden unfromme und gleichfalls falsche Sichtweise in bezug auf das Vajrayana in unserer Kultur Wurzeln geschlagen hat: nachdem die spiritistische Annäherung an das Vajrayana etwas abgeklungen war, erwachte in den 60er Jahren ein erneutes Interesse. Inzwischen waren Übersetzungen von Vajrayana-Schriften erschienen, deren Themen wie sexuelle Freiheit, Leben außerhalb der gesellschaftlichen Traditionen und eine anti-rationale Annäherung an das menschliche Leben bei der westlichen Hippie-Bewegung Anklang fanden.

Es entspricht sicherlich den Tatsachen, daß das seit Alters her von zahlreichen Haushälter-Yogins praktizierte Vajrayana jeder Einstellung abgeneigt ist, die von *vornherein* bestimmte Aspekte der menschlichen Existenz – wie Sexualität oder asoziales Verhalten – aus dem Grund ausschließt, diese seien nicht „spirituell". Denn ob Sexualität und Leidenschaft, Exzentrik und Nichtanpassung im täglichen Leben spirituell wertvoll sind, hängt aus dem Blickwinkel des Vajrayana von der *Art des Umganges* mit diesen Aspekten ab. Ein spiritueller Umgang mit ihnen erfordert äußerste geistige Disziplin und Selbsteinsicht, die in scharfem Kontrast zu jeder Form von Sensationsgier und spiritueller Träumerei steht. Eine derartige Disziplin erfordert viele Jahre der intensiven spirituellen Vorbereitung und hat ein entschieden anderes Niveau als der Besuch eines „Tantra"-Kurses für das Ausfüllen der ereignislosen Sonntagsruhe.

Begriffe wie *Tantra, Chakra* und *Mandala*, auf die man sowohl in der hinduistischen als auch buddhistischen Tradition trifft, haben sich mittlerweile auch im Westen etabliert. Auch für sie gilt, daß die ihnen in unserem Kulturkreis zugeschriebene Bedeutung nur im Ansatz ihre ursprüngliche Bedeutung trifft. Ein *Tantra*-Kursus, ein Malkursus für *Mandalas* oder Übungen für das Öffnen von *Chakras* sind weit entfernt von der Praxis der buddhistischen *Tantras* sowie der Arbeit mit *Mandalas* und *Chakras*, wie es nach einer gründlichen vorbereitenden Schulung in den sechs *Tantras* des Vajrayana-Buddhismus gelehrt wird. Das ist zwangsläufig so, denn die Bedeutung und Funktion dieser Begriffe können *ausschließlich* innerhalb des Vajrayana und *nur* nach grundlegenden vorbereitenden Übungen und der Entwicklung eines beiderseitigen Verständnisses zwischen Lehrer und Schüler übertragen werden. Buddhistische Lehrer unterweisen die Praxis des Vajrayana erst nach einer gründlichen und langjährigen Ausbildung durch ihren eigenen Lehrer, ihrem Vajra-Meister, und nachdem dieser sie dazu autorisiert hat, diese Lehren weiterzugeben. Diese Vorgehensweise bewahrt die Authentizität des Vajrayana. Von Lehrern, die diese Ausbildung und Autorisierung nicht erhalten haben, wird gesagt, sie „hätten zwar Vajrayana-Lehrer gehabt, aber keiner dieser Lehrer hätte sie als Schüler gehabt". Fehlt einem solchen Lehrer auch die Übertragung, dann kann man nicht von Vajrayana-Unterweisungen sprechen, auch wenn in Kursen Begriffe aus dieser Tradition verwendet werden. Die Gefahr besteht in der fälschlichen Meinung, man praktiziere den buddhistischen *Tantra*, denn in Wirklichkeit ist es nicht der Fall. Man verliert seine Offenheit für die tatsächliche Praxis des Vajrayana und verringert somit seine Chance, den wirklichen Vajrayana kennen und praktizieren zu lernen.

Diese Problematik betrifft natürlich alle Formen der Praxis spiritueller Traditionen. Wir sitzen auf einem Meditationskissen und denken, wir würden meditieren, aber in Wirklichkeit ist das nur unsere Phantasie. Der Grund dafür ist, daß wir unsere Phantasie auf allen Ebenen unserer Existenz einsetzen können, auch auf der spirituellen. Unsere Phantasie ermöglicht uns, immer wieder neue faszinierende spirituelle Phantasiewelten aufzubauen und in diesen zu leben. Die Aufrechterhaltung dieser Welten fordert Einsatz und Förderung, und trotzdem lösen sie sich früher oder später auf. Dann müssen wir eine neue vielversprechende Phantasiewelt erdenken oder suchen. So wechseln wir eventuell von einer spirituellen „Szene" in die andere und interpretieren das als unseren eigenen, von uns persönlich gewählten spirituellen Weg. Für den Kontakt mit einem wirklichen Lehrer außerhalb dieser Phantasiewelt, der uns aus ihr befreien will, ist dann kein Raum mehr. Wir vermeiden lieber diesen Kontakt, und es findet keine wirkliche spirituelle Entwicklung statt. Der Träumer verändert seine spirituellen Träume und seine eigene Rolle in diesen Träumen, der Träumer selbst verändert sich aber nicht. Das Aufwachen wird vermieden und die Freude der wachsenden Entwicklung von Menschlichkeit nicht erfahren.

Trotz aller Mißverständnisse hatten die Theosophische Bewegung und die Hippie-Kultur einen wichtigen Anteil daran, den Buddhismus – und vor allem den Vajrayana-Buddhismus – in den Westen zu bringen. Da Vajrayana-Lehrer nach der kommunistischen Machtübernahme durch die Chinesen aus Tibet in den Westen flüchten mußten und Anhänger der Hippie-Bewegung trotz oder dank ihrer romantischen Unwissenheit oder spirituellen Sensationsgier als erste konkret mit der Praxis des Vajrayana begannen, ist das Vajrayana auch im Westen zu einer lebendigen Tradition geworden. Selbstverständlich hat die Verleihung des Nobelpreises an den Dalai Lama ebenfalls zu einem realistischeren Bild des tantrischen Buddhismus aus Tibet und seiner Ausrichtung beigetragen.

Bekanntschaft mit dem lebendigen Buddhismus

Wie bereits angemerkt, basierte die erste Bekanntschaft mit den Hauptströmen des Buddhismus vorwiegend auf seinen Schriften. Diese Schriften werden häufig als eine authentischere Quelle des Wissens über den Buddhismus angesehen als die eigentliche Praxis der buddhistischen Disziplinen wie Meditation unter Anleitung von buddhistischen Lehrern. Die Literaturforschung war – zumindest an den Universitäten – die einzige und daher auch praktizierte Methode. Der interessierte Laie, der sich Kenntnisse über den Buddhismus aneignen wollte, hatte lediglich die Möglichkeit, die schwer zugänglichen Originaltexte oder von Nichtbuddhisten verfaßte Abhandlungen zu lesen, die häufig nicht offen waren für eine persönliche Untersuchung der Meditationsmethoden, auf denen diese Texte und ihre Interpretationen beruhen.

Eine praktische Bekanntschaft mit dem Buddhismus war auch deshalb nicht möglich, weil im Westen keine buddhistischen Lehrer lebten. Eine Änderung dieser Situation trat erst in der zweiten Hälfte des 20. Jahrhunderts ein, als sich eine andere Art des Kontaktes zwischen dem westlichen und dem buddhistischen Kulturkreis entwickelte, ein Kontakt mit dem Charakter eines wirklichen Dialoges, in den auf Erfahrungen beruhende Untersuchungen der spirituellen und psychologischen Methoden einflossen. Menschen aus dem Westen, darunter auch die Buddhismusforscher, begannen für ein besseres Verständnis des Buddhismus unter Anleitung asiatischer Lehrmeister mit der Praxis buddhistischer Meditation. Stand nicht in den buddhistischen Texten selbst zu lesen, diese

Texte nähmen Bezug auf eine Sichtweise, die sich aus der Praxis der Meditation entwickele? Diese praktische Erforschung des Buddhismus hatte auch Einfluß auf die Übersetzung der Sanskrit- und Pali-Begriffe. In den folgenden Kapiteln werden Übersetzungen verwendet, die vielleicht nicht bei Indologen, aber innerhalb der lebendigen buddhistischen Traditionen im Westen geläufig sind. Zur Vermeidung von Mißverständnissen ist hinter den meisten Kernbegriffen der jeweilige Sanskrit- und teilweise auch Pali-Begriff in Klammern nachgestellt, wenn auch unter Weglassung der diakritischen Zeichen.

Das wachsende Interesse des Westens an Meditationspraktiken zur Untersuchung des Wesens des menschlichen Geistes wirkte sich auch auf die Art der Präsentation der buddhistischen Traditionen im Westen aus. Zu Beginn des 20. Jahrhunderts haben U Narada, der große Reformator des Theravada-Buddhismus in Burma, und in seinem Gefolge der Ehrwürdige Mahasi Sayadaw der Meditation der klaren Einsicht (*Vipashyana*) neues Leben eingehaucht. Dieser erneute Nachdruck auf eine intensive Praxis der Meditation prägte das Gesicht des Theravada im Westen. Die Mahayana- und Vajrayana-Tradition stellten sich ebenfalls in dieser Weise dar. Wer den Buddhismus kennenlernen will, muß ihn durch Meditation erforschen, und die beste Art der Erforschung der Meditation ist selbstverständlich ihre Praxis, denn sie bildet die Basis für ein richtiges Verständnis des *Dharma*. Damit befinden wir uns im Westen wieder an den Ursprüngen des Buddhismus, denn auch Buddha lehrte seine Schüler die Meditation auf der Grundlage dessen, was er in seiner Meditation erkannt hatte. Die Praxis bildet die Sichtweise, aus der die *Sutras* und *Shastras* (die überlieferten buddhistischen Schriften) ihre Bedeutung offenbaren. Die Schriften vertiefen ihrerseits die Praxis, daher gehören Studium und Praxis untrennbar zusammen.

Die Geschichte des Buddhismus zeigt, daß er immer wieder nach neuen Ausdrucksformen für die aus der Praxis stammenden Erkenntnisse suchen mußte. Das war vor allem der Fall, wenn er sich in eine andere Kultur ausbreitete. Das gleiche gilt für die Verbreitung des Buddhismus im Westen. Asiatische Lehrer wie Chögyam Trungpa, Tarthang Tulku, Thich Nhat Hanh, Suzuki Roshi, Keji Nishitani und nach ihnen viele andere vertieften sich intensiv in die Sichtweise des Westens in bezug auf den Menschen und die Werte der westlichen Kultur. Sie gingen der Frage nach, was die Sichtweise unseres Kulturkreises in bezug auf den Menschen und die Möglichkeit einer Kultivierung von Menschlichkeit ist.

Wie drückt sich im Westen die höchste Menschlichkeit, die *Buddha-Natur*, aus? Sie untersuchten die westliche Psychologie, Philosophie und Religion auf Begriffe, die für eine Erläuterung der buddhistischen Erkenntnisse herangezogen werden konnten. Sie forschten darüber hinaus nach Methoden, die in der westlichen Psychologie, Religion und Philosophie für die Einsicht in den Menschen und die Kultivierung von Menschlichkeit angewendet werden, und untersuchten das Verhältnis dieser Methoden zur buddhistischen Sichtweise in bezug auf den Menschen und die Menschlichkeit.

Im Kontakt zwischen asiatischen Lehrern und ihren westlichen Schülern hat nun – nachdem die Sprachbarrieren überwunden sind – das ständige Aufklären und Erhellen von kulturellen und spirituellen Ausgangspunkten (und Vorurteilen) einen zentralen Stellenwert. Dieser Prozeß ist noch nicht abgeschlossen, wie die Veröffentlichung dieses Buches belegt. Dieser Prozeß wurde jedoch durch die Gründung von Zentren für die buddhistische Praxis im Westen in Gang gesetzt, in denen man das erste Mal systematisch und aus erster Hand Bekanntschaft mit der 2500 Jahre alten buddhistischen Tradition machen kann. Nicht nur mit ihren Schriften, sondern auch durch eine spirituelle Praxis.

Mit diesen Zentren ist der Buddhismus auch im Westen zu einer *lebendigen Tradition* geworden, die in Wechselwirkung mit der westlichen Kultur auf gleiche Weise nach verständlichen Ausdrucksformen sucht, wie bei der früheren Verbreitung des Buddhismus aus dem indischen Kulturkreis in grundlegend andere Kulturkreise wie Tibet, China, Japan und Südostasien.

Es entstanden auch in Europa Zentren des Theravada, Mahayana und Vajrayana, in denen das Studium und die Praxis des *Buddhadharma* möglich ist und der Dialog mit unserer westlichen Kultur aktiv geführt werden kann. Die Aktivitäten dieser Zentren werden sowohl von aus Asien stammenden buddhistischen Lehrern als auch von westlichen Buddhisten geleitet, die von ihren asiatischen Lehrern dazu ausgebildet wurden. Die Zentren sind in unserem Kulturkreis zu Trägern des Buddhismus geworden, der seit Jahrhunderten von Generation zu Generation überliefert wurde und der eine der bedeutendsten Überlieferungen der Menschheit ist. Die folgenden Kapitel werden das Wissen über diese lebendige Tradition und ihr Verhältnis zum westlichen Verständnis von Religion, Psychologie und Ethik vertiefen.

2. Kapitel:
Der religiöse Aspekt des Buddhismus

Buddhismus als Religion

Kinder lernen schon in der Grundschule den Buddhismus neben Christentum, Judentum, Islam, Hinduismus und Taoismus als eine der sechs Weltreligionen kennen. Buchhandlungen scheinen dieses aber anders zu sehen, da sie Bücher über Buddhismus nicht unter der Rubrik „Religion", sondern unter „Esoterik", „Mystik" oder „New Age" anbieten. Wie dem auch sei, eine Religion wird zu einer Weltreligion, wenn sie nicht an eine bestimmte Kultur gebunden ist, sondern eine kulturübergreifende Sichtweise und Lebenspraxis vermittelt. Weltreligionen können fundamentale Werte ausdrücken und über ihren Kulturkreis hinaus in andere Kulturkreise übertragen. Häufig durchlaufen sie durch die Kommunikation mit der anderen Kultur dabei Veränderungen. Auch aus der Verbreitung des Buddhismus lassen sich derartige Veränderungen ablesen.

Wenn eine Religion beginnt, sich über ihren Kulturkreis hinaus auszubreiten, kommt sie in Berührung mit den religiösen und lebensanschaulichen Begriffsrahmen anderer Kulturen und tritt mit diesen in einen Dialog. Im Rahmen der Verbreitung des Buddhismus im Westen bilden diesen Begriffsrahmen vornehmlich das Christentum und der Humanismus. Wir erkennen die Beschaffenheit dieses Begriffsrahmens bereits zu Beginn dieses Kapitels an der Feststellung, daß der Buddhismus eine der sechs Weltreligionen ist. Der Buddhismus ist zwar eine Tradition, die transkulturelle Werte in sich trägt, aber er ist keine Gottesreligion. Gleichgültig, wie man den Begriff „Religion" in Verbindung mit einem Gottesglauben auch interpretieren mag, er läßt sich auf den Buddhismus – wie wir im folgenden sehen werden – nicht anwenden.

Gleichzeitig hat der Buddhismus in seiner Erscheinungsform wiederum zahlreiche Aspekte, die uns stark an Religion erinnern. Es gibt buddhistische Tempel, es werden bestimmte Symbole verwendet, die wir auch aus anderen Religionen kennen, wie beispielsweise das Darbringen von Opfergaben, Rezitieren von Texten und Abbrennen von Weihrauch. Man kann bei einem Besuch eines buddhistischen Tempels, sei es in Bangkok, New York, Sankt Petersburg, Tokio, Kathmandu oder Amsterdam, zahlreichen Zeremonien des „Bekenntnisses" und zu Ehren der Verstorbenen beiwohnen. Auch in diesem Zusammenhang spielt unsere westliche Sichtweise von Religion wieder eine entscheidende Rolle. Da wir derartige Zeremonien in unserer Kultur allein als Ausdrucksform eines Gottesdienstes kennen, schließen wir sehr schnell, es müsse sich auch dort um einen Gottesdienst handeln. In diese Schlußfolgerung fließen alle unsere positiven und negativen Meinungen über Religion und Gottesdienst ein.

Der Buddhismus unterscheidet sich jedoch sehr stark von anderen Religionen und läßt die Aussage zu, daß er mehr eine Lebensanschauung oder Lebenslehre, möglicherweise auch eine Psychologie und sogar eine Art der Psychotherapie ist. Da das Ziel der buddhistischen Spiritualität die Transformation des menschlichen Geistes und nicht die Transformation der Beziehung zwischen Mensch und Gott ist, hat der Buddhismus über seinen religiösen Aspekt hinaus noch einen psychologischen, sozialen, ethischen und philosophischen Aspekt. Wir werden diese Aspekte in den folgenden Kapiteln näher untersuchen. In diesem Kapitel werden wir durch den Vergleich des Buddhismus mit unserer Auffassung von Religion den religiösen Aspekt des Buddhismus näher betrachten.

Auch wenn der Buddhismus keine gottbezogene Religion ist, sucht er dennoch Antworten auf Fragen, die auch in diesen Religionen einen zentralen Stellenwert haben. Deshalb sind auf Kongressen, bei denen Dialoge zwischen den Weltreligionen geführt werden, immer auch Vertreter des Buddhismus anwesend. Mit anderen Worten, der Buddhismus ist, wie auch bestimmte westliche, nicht-religiöse Lebensanschauungen, mit Sicherheit ein *Gesprächspartner* der Religionen.

Nicht-Theismus

Im Gespräch mit Vertretern anderer Religionen bezeichnen Buddhisten ihre eigene Tradition als eine Religion ohne Gott und Gottesglauben. Das ist nicht nur aus der christlichen Perspektive eine merkwürdige Aussage, denn damit setzt sich der Buddhismus auch von den anderen Weltreligionen ab. Der Buddhismus ist mit Sicherheit keine auf einem Gottesglauben basierende Religion, wir können ihn daher als eine *nicht-theistische Religion* einordnen, eine Religion, die – im Unterschied zu den großen Weltreligionen – nicht mit dem Gottesbegriff arbeitet.

Warum verwenden wir aber für die Einordnung des Buddhismus den hybriden Begriff „Nicht-Theismus" anstatt „Atheismus"? Der Grund dafür ist die Notwendigkeit, für eine Einordnung des Buddhismus zwischen zwei Standpunkten unterscheiden zu müssen. Der eine Standpunkt ist, *nicht zu glauben, daß Gott existiert*, und der zweite, *zu glauben, daß Gott nicht existiert*. Der erste Standpunkt drückt die Abwesenheit eines bestimmten Glaubens aus. Diesen Standpunkt werden wir als *Nicht-Theismus* bezeichnen. Der zweite Standpunkt drückt die *Anwesenheit* eines Glaubens aus, in diesem Fall des Glaubens an die Nichtexistenz Gottes. Diesen Glauben werden wir *Atheismus* nennen. Die Definition dieser beiden Begriffe ist, daß Atheisten einem bestimmten Glaubensgedanken anhängen, dem Gedanken: „Gott existiert nicht". Ihre Gegenseite, die Theisten, vertritt den Glauben: „Gott existiert". Nicht-Theisten aber hängen *keinem der beiden Glaubensgedanken* an.

Nach dieser Definition sind Buddhisten weder Atheisten noch Theisten. Wie die Diskussion über Jahrtausende mit dem theistischen Hinduismus in Indien zeigt, haben sie aber seit Jahrhunderten ein großes Interesse an der Frage, wie sich ein Gottesbegriff oder dessen Ablehnung auf den menschlichen Geist auswirkt und ihn beeinflußt. Dem nicht-theistischen Buddhismus zufolge kann das Hängen an einem der beiden Glaubensgedanken sowohl ein Hindernis als auch ein Fortschritt bei der Entwicklung von Menschlichkeit sein. Welches von beiden der Fall ist, hängt allein vom Gottesbild ab, mit dem Atheisten und Theisten in ihren (häufig hitzigen) Debatten argumentieren.

Sind die Buddhisten in dieser Frage eventuell verwandt mit unseren westlichen Agnostikern, die ihrer eigenen Aussage nach *nicht wissen*, ob Gott existiert oder nicht? Auch das ist nicht zutreffend, denn der Buddhismus setzt bereits hinter den Begriff „Existenz", den wir im Alltagsleben so achtlos verwenden, ein Fragezeichen. Gerade auf unsere Alltagssichtweise der Wirklichkeit richtet der Buddhismus seine Pfeile.

Ob Gott in dieser „Wirklichkeit" nun Platz hat oder nicht, ist für den Buddhismus vor allem ein geistiges Konstrukt, eine Gedankenwelt, die von den Menschen für die Wirklichkeit gehalten wird. Der buddhistische Weg orientiert sich eher daran, deutliche Lehren daraus zu ziehen, wo und in welchem Maße unsere täglichen Erfahrungen – unsere Existenz – ein geistiges Konstrukt, eine *eingebildete Wirklichkeit* sind. Diese Orientierung basiert nicht auf philosophischen Fragen, sondern auf dem Ausgangspunkt des Buddhismus, daß unsere Verfangenheit in unserem geistigen Konstrukt der Wirklichkeit die Ursache von unzähligen Leiden ist.

Wie die anderen Weltreligionen spornt der Buddhismus seine Anhänger dazu an, nach Wegen für eine Linderung dieser Leiden zu suchen. Im Gegensatz zu den theistischen Religionen sucht der Buddhismus den Weg aus dem Leiden aber nicht im Gehorsam gegenüber Gott, sondern im Durchschauen und Loslassen dieser scheinbaren Wirklichkeit. Dazu setzt er analytische Methoden sowohl in Form einer *logischen Analyse* (Madhyamaka, siehe viertes Kapitel) als auch *meditativen Analyse* (Vipashyana, siehe fünftes Kapitel) ein. Da gerade der Buddhismus unserer Einbildungskraft diesen großen Einfluß zugesteht, beschränkt er sich nicht auf diese beiden Analysemethoden. Er sieht in ihr auch eine Kraft, mit der Menschen sich darin schulen können, ihre destruktiven Bilder und Vorstellungen in konstruktive Bilder und Vorstellungen zu transformieren. Konstruktiv bedeutet in diesem Zusammenhang das Hinführen zur Befreiung aus dem Verfangensein in Vorstellungen und Bildern, die Leiden für uns und andere verursachen. Wenn (und solange) beispielsweise ein Gott(esbild) diese konstruktive Funktion für den Menschen erfüllt, sehen Buddhisten darin nichts Schädliches, sondern etwas Heilsames. Das gleiche trifft auf ein Weltbild zu, in dem die Existenz Gottes nicht anerkannt wird. Wähnen sich aber Menschen aufgrund ihres Glaubens an die Existenz oder Nichtexistenz Gottes den Andersgläubigen überlegen, verliert ihr Glaube seine konstruktive Funktion. In diesem Fall führt ihr Glaube nicht mehr zur Erleuchtung im buddhistischen Sinne, die im religiösen Sinne eine Befreiung von Theismus und Atheismus wäre.

Buddhismus im interreligiösen Dialog

Der Buddhismus lädt uns zu einer pragmatischen Sichtweise in bezug auf den Einfluß ein, den Begriffe und Denkweisen – einschließlich des Gottesbegriffs – auf die Spiritualität und Humanität des Menschen ausüben. Er betrachtet den Gottesbegriff als eine abstrakte, vom Menschen losgelöste Vorstellung der besten Eigenschaften des Menschen, als das Ideal der Verwirklichung von Weisheit und Erkenntnis, Liebe und Hingabe. Diese Qualitäten sind dem Menschen eigen, obwohl sie sich selten in vollendeter Form manifestieren. Die buddhistische Spiritualität richtet sich darauf aus, daß diese Qualitäten kultivierbar sind. Die Qualitäten, die theistische Religionen Gott zuschreiben, schreibt der Buddhismus dem Entwicklungspotential des Menschen zu. Aus buddhistischer Sicht ist der Gottesbegriff eine Metapher, die in eingeschränktem Maße eine Ausdrucksmöglichkeit bietet. Wenn das Christentum Jesus von Nazareth als den Sohn Gottes bezeichnet, stellt das den Buddhismus nicht vor ein Problem, solange diese Bezeichnung ein Hinweis darauf ist, daß Jesus vorbehaltlose Menschlichkeit – den Geist der Weisheit, Liebe und Mitgefühl – vollkommen verwirklicht und in der Welt manifestiert hat. Nicht im theologischen, aber im praktischen Sinne unterscheidet sich Jesus dann nicht von Buddha (siehe z. B. *Thich Nath Hanh*, 1995, und *Dalai Lama*, 1997). In dieser Auffassung spiegelt sich erneut die auf den Menschen ausgerichtete Sichtweise der buddhistischen Spiritualität wider.

Da Erleuchtung, Befreiung (Skt.: *moksha*), Leerheit (Skt.: *shunyata*), Buddhaschaft und andere in dieser Tradition verwendeten Begriffe als ein menschliches Potential betrachtet werden, ist das Abstreiten dieser Eigenschaften der Kern einer profanen Lebensführung und eine ernste Angelegenheit. Was bewirkt dieses Abstreiten in unserem Geist? Es prägt unseren Geist in einer Art, die uns von jedem Versuch abhält, unsere Menschlichkeit zu entwickeln. Davon abgesehen bewirkt es, daß wir unsere Menschlichkeit dann auch tatsächlich nicht entwickeln und daher der Meinung sind, eine solche Entwicklung sei nicht möglich. So führt das Abstreiten dieses Potentials in unserem Geist und in unserem Handeln dazu, die Unmöglichkeit einer Entwicklung zu verfestigen.

Da der Buddhismus dem Menschen Qualitäten und Möglichkeiten zuerkennt, die in theistischen Traditionen allein Gott zuerkannt werden, wird er auch häufig als *religiöser Pantheismus* angesehen. Pantheismus ist die Sichtweise, daß Gott die Essenz der Welt ist und allen Geschöpfen innewohnt. Im Gegensatz dazu vertritt der (christliche) *theistische Immanentismus* die Sichtweise, Gott (was seine Existenz und sein Wirken betrifft) sei zwar in der Welt anwesend, seine Essenz stehe jedoch „transzendent" zur Welt über der Welt.

Im buddhistischen Sinn können die Begriffe „transzendent" und „immanent" nicht in ihrer christlichen Bedeutung verwendet werden, denn der Buddhismus bezieht sich nicht auf einen Gottesbegriff. Daher ist der Buddhismus auch keine Form des Pantheismus. Verwenden wir diese beiden Begriffe im buddhistischen Sinn, ließe sich sagen, Erleuchtung verhalte sich *transzendent zum Ego* (siehe auch drittes Kapitel), d. h. transzendent zur egoistischen Sichtweise. Die Bedeutung der *Immanenz der Erleuchtung im Menschen* ist, daß Erleuchtung, ungeachtet der Rasse, des Geschlechts oder des Standes, jedem Menschen innewohnt und verwirklicht werden kann.

Buddhismus als spiritueller Humanismus

Auch wenn der Buddhismus keine Religion im Sinne eines Gottesglaubens ist, können wir aufgrund seiner *religiösen Erscheinungsform* dennoch die auch für andere religiösen Traditionen geltende Orientierung am „Höheren" unterstellen. Aber auch hier verfolgt der Buddhismus erneut einen unterschiedlichen Ansatz. Er orientiert sich nicht am „Höheren", wenn damit eine überirdische, übermenschliche und transzendente Wirklichkeit gemeint ist. Er orientiert sich am Menschen und der menschlichen Existenz, wie diese sich dem lebendigen Menschen präsentiert, und richtet sein Augenmerk auf die Erforschung der Tiefe dieser Existenz. In diesem Sinne ist der Buddhismus keine theozentrische, sondern anthropozentrische Religion, in der nicht Gott, sondern der Mensch im Mittelpunkt steht. Buddha wird innerhalb dieser Tradition nicht als Gott angesehen und verehrt, sondern als ein wahrhaftiger Mensch. Diese Wahrhaftigkeit war so weit entwickelt, daß nach Aussagen der Sutras selbst die (indischen) Götter persönlich den Unterweisungen Buddhas beiwohnten! Selbst unsere westlichen Humanisten haben die zentrale spirituelle Position des Menschen nicht so plastisch zum Ausdruck gebracht.

Nach den Lehren des nicht-theistischen Buddhismus sind die Menschen, auch wenn von Göttern gesprochen wird, wichtiger als die Götter. Das gilt auch im praktischen Sinn, denn die Art und die Kraft, mit der Menschen ihre Menschlichkeit manifestieren können, kann uns mehr zur Kultivierung unserer eigenen wahrhaftigen Menschlichkeit inspirieren als Götter oder ihre Gebote. Nicht die Götter, sondern (einige) Menschen lassen uns mit eigenen Augen sehen, daß ein humanistisch ausgerichtetes Leben eventuell schwer zu verwirklichen, aber trotzdem möglich ist.

Im Westen ist der Humanismus von alters her eine Tradition, die danach strebt, „vor allem eine Vertretung und Förderung der persönlichen Werte, Freiheit und Würde der Menschen anzustreben, ohne dabei den Glauben an einen persönlichen Gott zu einer Voraussetzung zu machen" (*Van Dale*, 1970). Kann man daher den Buddhismus als eine Form des Humanismus bezeichnen? Nur teilweise, denn der moderne Humanismus betrachtet die Praxis der Meditation und anderer spirituellen Übungen nicht als Mittel zur Förderung der Humanität. Wie die anderen Weltreligionen legt der Buddhismus großen Wert auf „geistige Übungen", insbesondere auf die Meditation und Kontemplation. Die buddhistischen Erkenntnisse und Erfahrungen über das Wesen des menschlichen Geistes gründen auf diesen Übungen. Ein Humanismus, der spirituelle Disziplinen als Methode für die Entwicklung einer tiefgreifenden Menschenkenntnis und Menschenliebe einsetzen würde, käme der humanistischen Spiritualität des Buddhismus sehr nahe. Diese Form des Humanismus könnten wir dann mit den Worten von Amaladoss einen *spirituellen Humanismus* nennen (*Amaladoss*, 1990, *Bullhof*, 1995: 121).

Buddhismus als rationale Spiritualität

Der westliche Humanismus ist ein vorwiegend rationaler Humanismus. Einer seiner Ausgangspunkte ist das rationale Denken, die *Ratio* ist das herausragende Instrument für die Kultivierung der Menschlichkeit. Aus der Sicht des westlichen Humanismus ist es für die Förderung einer humaneren Welt erforderlich, daß die Menschen etwas mehr *Vernunft* und *Verständnis*, aber auch Kritik entwickeln, damit sie in die Irre führende Gedanken früher und klarer erkennen lernen.

Obwohl auch der Buddhismus der Schulung und dem Einsatz unserer *Ratio* einen Stellenwert einräumt, liegt der Unterschied zwischen Buddhismus und westlichem Humanismus in der Auffassung darüber, welche Instrumente für die Entwicklung von Wissen und Weisheit brauchbar sind. Diese unterschiedliche Auffassung begründet sich in der unterschiedlichen Sichtweise über das Verhältnis von *Denken* und *Erfahren*, oder, technischer ausgedrückt, über das Verhältnis zwischen der konzeptuellen und perzeptuellen Art von Wissen und Unwissenheit (siehe *De Wit*, 1998: 4. Kapitel). Die buddhistische Lehre geht davon aus, daß *spirituelle Methoden* unsere *Art der Erfahrung* und *rationale Methoden* unsere *Art des Denkens* erhellen können (siehe z.B. *Klein*, 1986, *Dreyfus*, 1997). Da sich unsere Arten des Denkens und Erfahrens gegenseitig positiv oder negativ beeinflussen können, sind für die Kultivierung unserer Humanität sowohl spirituelle als auch rationale Methoden sinnvoll und notwendig. Aus diesen Gründen kann man den Buddhismus auch als eine *rationale Spiritualität* bezeichnen.

Der rationale Charakter des Buddhismus impliziert aber keine unromantische Ausrichtung, denn er bezieht durchaus den emotionalen Aspekt unseres Menschseins ein. Auch hier treffen wir wieder auf die für den Westen typische Zweiteilung in Emotionalität und Rationalität. Es heißt, einige Menschen seien emotionaler und andere rationaler veranlagt. Wenn der Buddhismus eine ausschließlich rationale Form der Spiritualität wäre, hätte er keinen oder einen nur geringfügigen Blick für den emotionalen Aspekt des Menschen. Das ließe sich mit der Annahme vergleichen, rational eingestellte Menschen (d. h. Männer) hätten eine geringe Affinität gegenüber emotional veranlagten Menschen (d. h. Frauen) und umgekehrt.

Dem Buddhismus ist jedoch der Gedanke fremd, daß sich Emotionalität und Rationalität gegenseitig ausschlössen und daher miteinander versöhnt werden müßten. Einsicht, Klarheit des Geistes, heilsame Emotionalität und Mitgefühl bedingen sich gegenseitig. In anderen Worten: Führt eine vom Verstand gesteuerte Annäherung zu Hartherzigkeit, ist diese Annäherung in Wirklichkeit weder verständnisvoll noch rational. Führt umgekehrt eine emotionale Annäherung zu Irrationalität, ist das ein Anzeichen dafür, daß in dieser emotionalen Annäherung ein unbemerkter Kern von Hartherzigkeit steckt.

Wenn wir den Buddhismus als eine rationale Spiritualität einordnen, hat der Begriff „rational" auch einen Bezug zum folgenden Aspekt seines Nicht-Theismus. Nach Auffassung des Buddhismus sind die angenehmen oder unangenehmen Folgen unseres Denkens, Handelns und Sprechens nicht die belohnende oder strafende Reaktion eines für die Vernunft unergründlichen göttlichen Wesens. Ihre Ursache sind Gedanken, Worte und Taten, die auf der Unkenntnis des Wesens der Wirklichkeit basieren. Wenn wir ohne Kenntnis des tatsächlichen Zusammenhanges der Dinge handeln, eines Zusammenhangs, in den wir – mit unseren Gedanken, Worten und Taten – eingebunden sind, provozieren wir Schwierigkeiten. Einfach ausgedrückt stellt sich der Zusammenhang folgendermaßen dar: Wer Ball spielt, muß mit dem Ball rechnen. Die positive Seite dieses Zusammenhanges ist, wer Gutes tut, erfährt auch Gutes. Die negative Seite ist, wer sein Hinterteil verbrennt, muß auf

Blasen sitzen. Der Grund dafür ist nicht, daß uns eine strafende oder belohnende Hand die Blasen zufügt oder uns Gutes erweist, sondern weil die Wirklichkeit auf diese Weise ineinandergreift. Nicht der Ungehorsam gegenüber Gott und seinen Geboten, sondern das Handeln aus Unkenntnis des Zusammenhanges von Ursache und Wirkung fügt den Menschen die Leiden zu. Diese Tatsache ist der Bezugspunkt des buddhistischen Gedankens des *Karma*. Ein Gedanke, der – wie wir im fünften Kapitel sehen werden – weit von der Auffassung entfernt ist, wir hätten alles ausschließlich uns selbst zu verdanken oder zuzuweisen, der aber auch vom Gedanken eines kosmischen Prinzips oder Schicksals Abstand nimmt.

Buddhismus als empirische Spiritualität

Die von Buddha in Indien eingeführte radikale spirituelle Erneuerung war eine Spiritualität ohne Dogmen und ohne Glaube. Der Buddhismus charakterisiert sich daher selbst auch als eine Tradition, die nicht auf Glaubensüberzeugungen basiert, sondern auf einer „unbefangenen Wahrnehmung". Das bedeutet in diesem Zusammenhang eine Wahrnehmung unserer geistigen Erfahrung ohne vorgefaßte Ideen und Glaubenssätze. Diese Art der Wahrnehmung bildet den Kern der buddhistischen Meditation und wird im fünften Kapitel näher behandelt.

Die Emanzipation des Buddhismus von einer auf den Glauben an Gott oder Göttern als bestimmende Kraft sowie einer auf Dogmen basierenden Spiritualität ist vergleichbar mit der Emanzipation des westlichen (philosophischen und wissenschaftlichen) Denkens von christlichen Glaubensgesetzen während der Zeit der Aufklärung, die dieses Denken über Jahrhunderte bestimmt hatten. Anstatt einer Ausrichtung auf die Interpretation des Willens und Gesetzes Gottes und die Beziehung zwischen unseren Handlungen und Gottes strafender oder belohnender Hand richtete sich das westliche Denken auf die wahrnehmbare, in erster Linie materielle Wirklichkeit und die Untersuchung der Gesetze von Ursache und Wirkung innerhalb dieser Wirklichkeit. So entstand in der westlichen Kultur der *Empirismus*, ein Ansatzpunkt, bei dem Wissen nicht durch Überlieferung oder Glauben, sonder durch Erfahrungen erworben wird. Die westliche Spiritualität bewegte sich dagegen weiterhin innerhalb des religiösen Rahmens des Christentums.

In Indien nahm vor 2500 Jahren die spirituelle Entwicklung eine vollkommen andere Richtung. Die buddhistische Spiritualität (und das diesbezügliche Denken) befreite sich aus dem bestehenden theistischen Kontext. Sie beschäftigte sich weder mit der Frage, was die Götter von den Menschen erwarten, noch mit dem Leben nach den Gesetzen der Götter. Buddha orientierte sich radikal am menschlichen Erleben der Wirklichkeit, am Leiden und der geistigen Verblendung, die sich in diesem Erleben manifestieren. Im Sinne der Vier Edlen Wahrheiten richtete Buddha seine Aufmerksamkeit auf das *Leiden*, das Erkennen der *Ursachen des Leidens*, das *Aufheben des Leidens* und den *Weg zur Aufhebung des Leidens*. So entstand vor 2500 Jahren in der indischen Kultur eine auf Erfahrungen beruhende, *empirische Form* der Spiritualität. Die Tatsache, daß eine solche Form der Spiritualität, ein solcher *spiritueller Pfad,* möglich war, ein Weg, der tatsächlich zu der in dieser Tradition genannten *Aufhebung des Leidens* führte, war die große revolutionäre Erkenntnis Buddhas im Moment seiner Erleuchtung. Eine Erkenntnis, die Spiritualität von Religion loslöste und gleichzeitig die Grundlage für strenge spirituelle und intellektuelle Disziplinen legte. Eine Erkenntnis, die darüber hinaus die Spiritualität unabhängig machte von der seitens der Götter gewollten Aufteilung in gesellschaftliche Stände, Geschlechter, Kasten, Persönlichkeiten und Bildungsebenen.

Wie im Westen vor einigen Jahrhunderten eine empirische Annäherung an die materielle Dimension der Wirklichkeit entstand, entwickelte auch Buddha zwei Jahrtausende früher eine empirische Annäherung an die spirituelle Dimension. Daher bildet auf spiritueller Ebene auch nicht das Wissen über die Götter, sondern das Wissen über die kausalen Zusammenhänge den Kern der buddhistischen Spiritualität (siehe u. a. *Kalupahana*, 1975). Buddha und seine Schüler strebten eine Erkenntnis der wechselseitigen spirituellen/geistigen Auswirkung einer beschränkten Denkweise auf unsere Sprache und unser Handeln an. Dieses Streben hat einen enormen Schatz an Erkenntnissen und Wissen geschaffen, dessen Basis nicht Glaubenssätze, sondern auf Erfahrungen beruhende Nachforschungen mittels der Meditation der klaren Einsicht sind. So entstand der *Dharma*, die buddhistische Lehre. Der Status, den der Buddhismus seiner Lehre zuerkennt, sind Anregungen oder Hypothesen. Für das Aufstellen von Hypothesen müssen wir das Rad des *Dharma* nicht neu erfinden, sondern müssen diese Hypothesen eigenständig neu untersuchen. In seinem Aspekt einer *empirischen Spiritualität* hält der

Buddhismus das Bewußtsein lebendig, daß seine Lehren keine göttlichen Lehrstücke, sondern Vorschläge sind, die uns darin unterstützen können, eine klarere Sicht auf den Kern der menschlichen Existenz zu entwickeln.

Buddhismus ist kein wahrer Glaube

Die buddhistischen Lehren und Praktiken werden in Sanskrit als *Upaya* (Mittel) bezeichnet; Mittel im Sinne von Stützen, die dem Menschen bei der Klärung seiner persönlichen Lebenserfahrungen, der Überwindung seiner Lebensängste und der Entwicklung einer sorgsamen Lebenshaltung helfen können. Der Buddhismus betrachtet daher seine eigenen Aussagen nicht als absolute, sondern relative Wahrheiten, als effektive verbale Mittel zur Aufdeckung der Wahrheit. Die „absolute Wahrheit" ist nach dieser Lehre keine Qualität, die verbalisiert, sondern die nur *erfahren* werden kann. Daher werden die Begriffe „Wahrheit" und „Wirklichkeit" als Synonyme verwendet.

In unserer Kultur ist „Wahrheit" vorwiegend eine Qualität der Aussage. Aussagen entsprechen der Wahrheit. Sei es, weil sie Gottes Wort sind oder weil sie an Gottes Wahrheit gemessen werden. Der einzige Anspruch, den Buddha und der Buddhismus in bezug auf seine Aussagen erhebt, ist ihre Fähigkeit, unsere Sicht der Existenz, gemessen an unseren eigenen Erfahrungen, zu klären und eine menschlichere Lebensführung zu fördern. Der *Wert* einer Aussage liegt aus buddhistischer Sicht nicht in ihrer *Wahrheit, sondern in ihrer Wirksamkeit.* Mit Wirksamkeit ist in diesem Zusammenhang das Vermögen einer Aussage gemeint, die Wirklichkeit (Wahrheit) wahrnehmbar und erfahrbar zu machen. Was bewirken Ansichten im menschlichen Geist, wenn diese sich zu Glaubenssätzen verfestigen? Haben Sie eine humanisierende Auswirkung auf den Geist, das Handeln und die Sprache des Menschen? Das, und nicht der Wahrheitsgehalt von Ansichten, ist die zentrale Frage des Buddhismus. Dieser pragmatische Ansatz ist typisch für den Buddhismus und bildet den Kern seiner Erkenntnislehre. Auf spiritueller Ebene läßt sich die Wahrheit nicht in Begriffe fassen, sondern sie beruht ausschließlich auf Erfahrungen. Unsere Ansichten können zwar auf Erfahrungswerte hindeuten, aber sie *erfassen diese Wahrheit nicht*. Mit dieser Sichtweise (siehe z. B. *Dreyfus*, 1997) entwickelte sich die

Erkenntnislehre des Buddhismus ab Dignaga (6. Jahrhundert) bis in die heutige Zeit konträr zum Anspruch auf absolute Wahrheit der hinduistischen Schulen und des *Veda*, ihrer heiligen Schriften. Diese Sichtweise unterscheidet den Buddhismus auch in unserer Zeit von gleichartigen Wahrheitsansprüchen der abrahamitischen Traditionen der Thora, der Bibel oder des Korans.

Dieses Merkmal der buddhistischen Lehre zeigt ihre Sichtweise in bezug auf geistige Aktivitäten wie „Glaube", „als unumstößliche Wahrheit ansehen" und „Denken" auf. Nach der buddhistischen Lehre (das gilt nicht ausschließlich für die Madhyamaka-Schule) ist der Wunsch nach Glauben, das Festhalten an diesem Glauben und die Unterordnung der eigenen Erfahrungen gegenüber diesem Glauben eine Form der Verblendung und des Selbstbetrugs, denn der Glaube kann dazu führen, daß wir die Wirklichkeit *nicht* mit eigenen Augen wahrnehmen. Unser Glaube kann aus dem Wunsch entstehen, ein sicheres geistiges Netz zu bauen, damit wir die gähnende Tiefe der Wirklichkeit, die wir eventuell manchmal erahnen, nicht erfahren müssen. Glaube wird in diesem Fall zu einer „Wissensverweigerung", zu einer Form der geistigen Verblendung. Ein Handeln auf dieser Basis führt zu schmerzhaften Konflikten und Leiden. Da wir diese Verblendung nicht als die Ursache unserer Leiden erkennen wollen, suchen wir die Ursache häufig gerade in unserer Umgebung, gegen die wir in unserer Verblendung anrennen. Wir versuchen dann, den vermeintlichen Ursachen unserer Leiden zu entfliehen oder diese zu vernichten. So entsteht aus unserer unerkannten Verblendung im Namen des Strebens nach Harmonie und Glück eine Welt voller Aggression und Destruktivität.

Erleuchtung als Unglaube

Nicht nur für religiöse Glaubensüberzeugungen, sondern auch für andere „Glaubensarten" – Fortschrittsglaube, Pessimismus, die Überzeugung, der Mensch sei in seinem Wesen gut oder schlecht (siehe fünftes Kapitel), Wissenschaftsglaube im Gegensatz zum Glauben an die Mythologie, die Überzeugung, eine beschreibende Prosa vermittle mehr Realität als die Poesie – gilt, daß sie eine unvoreingenommene Wahrnehmung behindern können. Die Ebene der Erleuchtung wird daher im Buddhismus auch als eine „nicht konzeptionelle" (Skt.: *akalpana*)

Ebene des Seins bezeichnet, die nicht auf Konzepten, Überzeugungen oder Glauben beruht.

Erleuchtung im buddhistischen Sinne basiert nicht auf einer beschränkten Sichtweise oder Überzeugung, sondern auf einer unvoreingenommenen geistigen Unbefangenheit und der vollständigen Befreiung von der hypnotischen Kraft unseres Denkens. Damit ist jedoch keinesfalls die *Abschaffung* des Denkens gemeint!

Diametral gegenüber steht die nicht erleuchtete Ebene, auf der wir Halt in vorgefaßten Meinungen suchen, indem wir diese zu Glaubenssätzen erheben. Das ist vergleichbar mit dem Markieren einer endlos weiten Landschaft mit einem Stock. Die Endlosigkeit der Landschaft erzeugt in unseren Herzen die Angst, unsere Orientierung zu verlieren, wenn wir uns ihr öffnen. Daher rammen wir einen Stock in den Boden und können uns somit jederzeit einreden, wir hätten eine Orientierung. Wir bewegen uns heute ein wenig nach rechts und morgen vielleicht ein wenig mehr links von diesem Stock. Gleichgültig, wo wir uns auch befinden, wir haben uns die beruhigende Illusion aufgebaut, unsere Position in bezug auf den Stock und die Position des Stocks in bezug zu uns selbst immer zu kennen. Anfangs wußten wir nichts, nun wissen wir zumindest diese beiden Dinge! Jetzt bleibt uns nur noch die Hoffnung, daß sich nichts und niemand an unserem Stock zu schaffen macht.

Es haben uns vielleicht von Lebensangst beherrschte Menschen in unserem Umfeld diesen Stock in einem Moment der Unsicherheit und Erschütterung überreicht, einer Erschütterung gegenüber der Unergründlichkeit, Unbegrenztheit und Unbeherrschbarkeit der Existenz. Sie haben uns möglicherweise erzählt, ein Einrammen dieses Stockes sei für unser Überleben notwendig, und ein Loslassen dieses Stockes ziehe unerträgliche Ängste nach sich. Sie haben eventuell diese Angst am eigenen Leibe erfahren, da auch ihnen eindringlich erklärt wurde, ein Loslassen des Stockes löse schwindelerregende Ängste aus. Es ist sicher, daß sich diese Ängste dann auch manifestieren! Der Punkt dieses Vergleichs ist natürlich nicht, daß wir keine Begriffseinschränkungen oder Orientierungspunkte mehr verwenden sollen. In ihnen sieht auch der Buddhismus mit seinen reichhaltigen Begrifflichkeiten nicht die Gefahr. Die Gefahr liegt darin, diese Begrifflichkeiten als *absolute* Bezugspunkte zu nehmen. Die Gefahr liegt in der Verdrehung der Tatsachen und der Annahme, der Stock sei der Ursprung, um den herum sich die Welt entfaltet habe.

Ein Praktizierender der buddhistischen Meditation hat daher das Ziel, alle diese Stöcke erkennen, unterscheiden und loslassen zu können und somit zu lernen, die Wirklichkeit so zu sehen, wie sie ist. Das bedeutet nicht, daß die buddhistische Meditation eine Übung in Gedankenleere oder ein „Leeren" ist. Sie ist eine Übung, deren Ziel eine „grenzenlose" Verbindung mit der unmittelbaren Weite der Landschaft der Erfahrung selbst ist statt einer Flucht in eine „begrenzte" Verbindung mit Hilfe des Stocks. Dazu müssen wir unsere Fähigkeit entwickeln, jederzeit Illusion und Wirklichkeit unterscheiden zu können. Dieses ist keine intellektuelle Fähigkeit, keine gedankliche Aktivität, sondern eine Form der Sensitivität, die Zauberkraft selbst der feinsten, beeindruckendsten und logischsten Schlußfolgerungen unserer Gedankenkonstrukte als größtenteils primitive und irrationale Gedankenspiele durchschauen zu können.

Daher verfolgt der Buddhismus auch nicht das Ziel, beschränkte (Glaubens)überzeugungen durch andere (beispielsweise buddhistische) Glaubenssätze zu ersetzen. Das Ziel ist die Bereitschaft, zu jedem Zeitpunkt unseren eigenen Geist zu prüfen und zu erkennen, welche (un)spirituellen und (un)menschlichen Auswirkungen diese Überzeugungen und Gedanken in bezug auf uns, andere Wesen, die Welt und Gott sowie auf unseren Geist haben. Diese Bereitschaft bildet die Grundlage der buddhistischen Disziplin der Meditation (siehe fünftes Kapitel) und des Handelns und Sprechens.

Eine vom Menschen für den Menschen geschaffene Religion

Aus der theistischen Perspektive des Christentums und der anderen Weltreligionen ist eine nicht theozentrisch, sondern anthropozentrisch ausgerichtete Religion eine zweifelhafte Angelegenheit. Sie ist immer „Menschenwerk" im doppelten Sinn, denn sie ist nicht nur durch, sondern auch für den Menschen geschaffen. Dieses Menschenwerk im doppelten Sinne geht einen Schritt weiter als die liberale Auffassung – wie wir sie beispielsweise bei Kuitert (1992) finden –, die christliche Religion sei vom Menschen geschaffen, um sich dem Übermenschlichen, der Göttlichkeit Gottes, annähern oder in unserem Leben zulassen zu können.

Besteht in diesem Sinn eine Übereinstimmung mit der Aussage von Protagoras aus der Klassischen Antike, der Mensch sei das Maß aller Dinge? Birgt eine durch und für den Menschen und nicht durch Gott für Gott geschaffene Religion nicht die Gefahr, Raum für ein religiöses „Heimwerkertum" zu bieten, das – eventuell ungewollt und unbemerkt – in Wirklichkeit die egozentrische Ausrichtung des Menschen nicht aufdeckt, sondern durch eine Rechtfertigung mit religiösen Begriffen verschleiert? Der „gottlose Buddhismus" (siehe „Kwartalblad Boeddhisme" 2 und 3, 1997) muß diesem Gedanken etwas entgegensetzen, obgleich er Selbstsucht und Egoismus nicht als *Ungehorsam gegenüber Gott* betrachtet. Mit welchen Mitteln kann er das aber bewerkstelligen, wenn Gott oder Götter in seiner Tradition keine Rolle spielen?

Egolosigkeit als buddhistische religiöse Kategorie

Die Antwort auf diese Fragen liegt in folgender fundamentalen Ausrichtung des Buddhismus. Diese ist zwar anthropozentrisch, aber nicht egozentrisch. Als wäre für eine Religion die Abkehr vom Gottesgedanken nicht schon radikal genug, lehrt uns der Buddhismus darüber hinaus auch noch, das *Ich* des Menschen sei ebenfalls eine Illusion. Das vorherige Kapitel hat bereits auf dieses Ausrichtung hingewiesen. Dieses Ich ist eine wirkliche und wahrhaftige Illusion, die unserer Erfahrungswelt eine egozentrische Struktur verleiht. Nicht der egozentrische Mensch ist aus buddhistischer Sicht das Maß aller Dinge, sondern der erleuchtete Mensch, der Buddha, der sich aus dieser egozentrischen Perspektive befreit hat. In anderen Worten, unser eigener Geist ist in dem Moment, in dem er nicht im „Ego" verfangen ist, das Maß der Menschlichkeit.

Dem Buddhismus zufolge ist das Ego kein geistiges *Gebilde*, sondern eine geistige *Aktivität* (siehe auch *De Wit*, 1998, ab S. 9). Diese Aktivität ist vergleichbar mit dem schnellen Kreisen einer Lichtquelle in der Dunkelheit, durch das ein optischer Lichtkreis entsteht. Unser Ego besteht, wie dieser Lichtkreis, solange sich unser Geist um das Ich-Konzept dreht und dieser Kreislauf nicht durchbrochen wird. Das dritte Kapitel geht näher auf diesen Aspekt ein.

Der Hinduismus, von dem sich der Buddhismus als radikale Reformation abkoppelte, vertrat vor 2500 Jahren diesen weit verbreiteten

Gedanken: Der Mensch besitzt ein unvergängliches „Selbst" oder „Ich" (Pali: *atta*, Skt.: *atman*). Dieses „Ich" geht von einem Leben in ein anderes Leben über (reinkarniert), handelt und erntet die Früchte seiner Handlungen in Form einer guten oder schlechten Wiedergeburt in einer bestimmten Kaste. Das „Ich" ist verfangen in der materiellen Welt und zieht daher fortwährend viele Arten des Leidens auf sich. Durch spirituelle Übungen kann es sich aus dieser Verfangenheit in der Welt der Sinne, die es immer wieder in die Tiefe zieht, befreien. Das Endziel der religiösen Übungen ist die vollständige Befreiung des *Atman* aus der grobstofflichen Welt und sein Aufstieg in den Weltenraum (Skt.: *brahman*). Ersetzt man *Brahman* mit „Gott" und *Atman* mit „Ziel", wird dieser Gedanke auch Christen vertraut sein. Haben nicht auch viele christliche Traditionen die materielle Welt als einen Sündenpfuhl oder als das Werk des Teufels betrachtet und daher dazu aufgerufen, dem irdischen Sumpf abzuschwören?

Zahlreiche spirituelle Traditionen, die von einem höheren oder niedrigeren Selbst sprechen, betrachten häufig unseren Körper als einen Bestandteil der materiellen Welt und nicht als unser wahres Selbst. Daher sehen sie in unserem Körper und dem Streben nach Erhaltung dieses Körpers ein Hindernis auf dem Weg der Behauptung und Entwicklung unserer eigenen Spiritualität. Buddha hat nach eigener Aussage vor seiner Erleuchtung ebenfalls durch Askese und Entbehrungen ernsthaft einen Sieg seines Geistes über seinen Körper und eine Unterwerfung des Körpers angestrebt. Er folgte damit den vielen Asketen, die ihm sagten, er könne „sich selbst" (sein wahres Selbst) nur befreien, wenn er sein Streben nach der Erhaltung des Körpers überwinde. In ihren Augen war das Ego ein dem Körper entstammendes „niedrigeres Selbst". Als sich Buddha schließlich unter den Bodhibaum setzte, wendete er sich von diesem asketischen Ansatz ab und verwirklichte die Ebene der Erleuchtung. Nach der buddhistischen Lehre ist nicht das *Erhalten des Körpers*, sondern das *Erhalten des Selbst* die Grundenergie des Geistes, durch die sich die Welt auf egozentrische Weise strukturiert. Buddha erkannte, daß nicht unser Körper, sondern unser Geist den Nährboden der Illusion unseres Ego bildet. Daher ist unser Körper aus buddhistischer Sicht sehr kostbar. Wir müssen ihn gut pflegen und schützen, denn er ist die Basis unserer spirituellen Entwicklung. Die erhaltende Pflege des Körpers ist eine notwendige Voraussetzung dafür, die Erhaltung des Selbst aufzugeben.

Der Buddhismus hat sich von der negativen Bewertung der materiellen und körperlichen Existenz abgewendet. Im Dialog mit dem Hinduismus wirft der Buddhismus daher auch eine Reihe von prinzipiellen Fragen auf. Welchen Einfluß hat unser Wunsch, *uns selbst* aus der körperlichen und materiellen Existenz zu befreien, auf den Umgang mit unserem Leben oder unsere Art, die Welt zu formen und zu erleben? Ist nicht gerade diese Abkehr von der Welt die Nahrung unserer Egozentrik und sogar ihr *Ausdruck*? Ist unser Wunsch und unser Ziel der Selbstbefreiung nicht Ausdruck einer tiefen Egozentrik und Lebensangst? Haben wir, sollte sich unser Wunsch erfüllen, nicht dieser Egozentrik und Lebensangst zum Sieg verholfen, anstatt sie zu überwinden? Das kann doch unmöglich das Ziel eines religiösen Lebens sein. Spiritualität und Religion, die Ausdruck sind von (Lebens)angst, führen aus der Sicht des Buddhismus in eine Sackgasse. Wenn aber die Lebensangst tatsächlich mit der Illusion verbunden ist, wir könnten und müßten *unser Selbst*, unser Ego, sichern, wird auch der Weg zur Überwindung dieser Angst erkennbar, der Weg des Loslassens dieser Illusion.

Der Wunsch und das Streben nach einer Umgehung von Schwierigkeiten, Schmerz und Enttäuschungen ist in unserem Menschsein verankert. Wenn dieser Wunsch aber unerfüllbar und dieses Streben unrealistisch ist, löst er dann nicht noch mehr Leiden und Enttäuschungen in unserem Leben aus? Besteht nicht die Möglichkeit, daß wir aufgrund der noch größeren Leiden und Enttäuschungen noch stärker das Unerfüllbare wünschen und anstreben? Einst wurde an Buddha die Frage gerichtet, auf welche Weise er, mit letztendlichem Erfolg, Erleuchtung angestrebt habe. Die Antwort Buddhas lautet: „Durch Nichtstreben." Diese Antwort propagiert keine apathische, sondern dynamische Lebensführung, die sich von allem egozentrischen und unrealistischen Streben befreit. Der Buddhismus lehrt daher auch eine Fortdauer dieses Strebens, solange der Glaube an die Existenz eines Ego oder *Atman* – wie konkret oder abstrakt dieses auch aufgefaßt werden mag – weiterbesteht, da der Ursprung dieses Strebens der Wunsch nach der Rettung unseres Selbst ist.

Der Mensch hat jedoch eine Eigenart, die in unserem Kulturkreis mit dem Begriff „Ich-Bewußtsein" umschrieben wird. Der Buddhismus verkennt diese Tatsache nicht, legt aber Nachdruck darauf, daß es sich dabei nicht um ein wirkliches Bewußtsein oder eine Erkenntnis handelt, sondern um eine geistige *Erfindung*. Er würde die Erfindung oder Annahme des Vorhandenseins eines *Atman* an sich nicht ablehnen, sähe er in diesem Glauben nicht den Anker einer egozentrischen Lebensweise. Diese Egozentrik beeinträchtigt unsere natürliche Einbeziehung in die uns umgebende Welt und die Sorge für diese Welt. Sie macht uns taub für den Aufruf nach Menschlichkeit. Sie schmälert unsere Menschlichkeit durch eine „vernünftige" Abwägung von Eigenbelangen und den Belangen anderer.

Der Buddhismus empfiehlt als ersten Schritt in eine egolose Sichtweise, *nicht im voraus* anzunehmen, der Mensch habe einen Kern, der sein „tiefstes Wesen" bildet und den er finden und für die Verwirklichung und Aufrechterhaltung seines „wahren Selbst" schützen müsse. Nach der buddhistischen Lehre ist die „Suche nach dem Selbst" aus dem einfachen Grund letztlich fruchtlos für die Entwicklung einer wahrhaftigen Menschlichkeit, da man mit dieser Suche sein gesamtes Leben ausfüllen kann. Die Kreativität unserer Vorstellungskraft ist unerschöpflich und kann uns unbegrenzt immer neue „Selbstbildnisse" vorgaukeln, über die wir uns immer wieder die Fragen stellen können: „Bin ich das wirklich?" „Ist das mein wahres Selbst?" Die *Erkenntnis* jedoch, daß diese Suche letzten Endes keine spirituellen Früchte trägt, ist in sich selbst eine fruchtbare Erkenntnis, denn sie gibt uns einen Einblick in das wahre Wesen unseres Geistes und seine Kraft, illusionäre Welten zu erschaffen und zu vernichten. Die buddhistische Spiritualität richtet ihr Augenmerk nicht auf die Entdeckung des höchsten oder tiefsten Selbst, sondern auf die Erkenntnis des wahren Wesens des Geistes. Daher wird die Erfahrung von Egolosigkeit auch als *das Sehen des wahren Wesens des Geistes* bezeichnet.

Das schließt nicht aus, daß eine anfängliche Suche nach unserem „wahren Selbst" auch heilsam sein kann, denn auf diese Weise *erkennt* man eventuell persönlich die Unmöglichkeit, innerhalb der Erfahrung dieses „Selbst" zu lokalisieren oder zu finden. Aus diesem Grund ist das „wahre Selbst" in der Yogachara-Schule und der auf dieser Schule basierenden Zen-Tradition ein häufig angesprochenes Thema. Vor einigen Jahren hielt der berühmte Zen-Philosoph Abe Masao im Shambala-Zentrum von Leiden einen Vortrag, in dem er immer wieder das „wahre Selbst" ansprach. Einer der Studenten dieses buddhistischen Zentrums fragte ihn schließlich etwas erstaunt, wie das mit der zentralen buddhistischen Sicht der „Nichtexistenz eines Selbst" zu vereinbaren sei. Die Antwort von Abe Maso lautete: „True self is no self" – wahres Selbst ist kein Selbst.

Selbstbefreiung

Die große Frage ist natürlich, ob Menschen in der Lage sind, sich aus dieser selbstbezogenen Erfahrungsstruktur zu befreien. Das Christentum spricht von der *Befreiung durch göttliche Gnade*. Wir können uns zwar diese freie, göttliche Gnade nicht erkaufen und auch nicht (oder kaum) verdienen, aber es wurde dennoch die Notwendigkeit und Möglichkeit einer Befreiung aus einer egozentrischen Lebenssicht erkannt. Das belegt eine häufig zitierte Aussage der Bibel: „Ich bin mit Christus gekreuzigt worden, nicht mehr ich lebe, sondern Christus lebt in mir" (Galater 2:20).

Der Buddhismus geht selbstverständlich nicht von einer Befreiung durch göttliche Gnade aus, sondern lehrt die Möglichkeit der *Selbstbefreiung*. Damit ist die Fähigkeit des menschlichen Geistes gemeint, sich aus seiner ichbezogenen Sichtweise zu befreien. Der Mensch – nicht das „Ich" – besitzt diese Fähigkeit, denn das „Ich" ist eine vom menschlichen Geist geschaffene Illusion. Diese Schöpfung kann sich selbst nicht als Illusion erkennen, da sie kein Eigenleben hat. Ihr Eigenleben gleicht dem Kasper oder Gretchen, die von der Hand des Puppenspielers zum Leben erweckt werden.

Daher müssen wir den Begriff „Selbstbefreiung" in Verbindung mit dem Buddhismus auch als eine mentale Bewegung des menschlichen Geistes verstehen. Der menschliche Geist befreit sich selbst vom „Ich" und einer egozentrischen Sichtweise der Existenz. Diese Befreiung vollzieht sich in unserem Geist beziehungsweise durch die Schulung unseres Geistes im Durchschauen der von ihm selbst geschaffenen und aufrecht erhaltenen Illusion eines Ego. Damit befreit sich der Mensch auch von allen Formen eines egozentrischen Denkens, Sprechens oder Verhaltens. Das ist das Ziel aller buddhistischen Praktiken. Das berühmte Zitat von Atisha „Der gesamte Dharma ist auf ein einziges Ziel ausgerichtet" (*Kongtrul*, 1987:27), bezieht sich auf die Verwirklichung von Egolosigkeit.

Die Energie, die der Mensch für den Versuch einsetzt, sein „Selbst" als Kasper oder Gretchen am Leben zu erhalten und glücklich zu machen, wird beim Loslassen der Ich-Illusion freigesetzt. Sie verliert ihr begrenztes Objekt „Kasper" oder „Gretchen" und nimmt ihre natürliche Form einer unvoreingenommenen Gesamtsicht der Welt der Erscheinungen voller *Liebe* und *Mitgefühl* ein, einer Welt, deren Bestandteil auch wir Menschen sind. Die *Einsicht*, die mit der Verwirklichung von Egolosigkeit einhergeht, ist eine Klarheit des Geistes, die nicht mehr von Ichbezogenheit beschränkt wird. Diese Einsicht stellt sicher, daß sich die Energie der Liebe nicht zu einer blinden oder kurzsichtigen Liebe entwickelt, sondern zu einer wirklichen *verständnisvollen Liebe*.

Sobald die Illusion des „Ich" vollständig durchbrochen wurde, wird die Ebene der *Erleuchtung* oder *Befreiung* (Skt.: *nirvana*) verwirklicht. Diese Ebene kehrt sich nicht von der Welt ab, sondern hat im Gegenteil alle Neigungen der Abkehr überwunden und richtet sich daher mit einem von vollständiger Hingabe und Gegenwärtigkeit geprägten Geist auf die Welt der Erscheinungen. Der Buddhismus betrachtet das Ego *im spirituellen Sinn* als die Kraft, die ständig als Lebensangst und „Wissensverweigerung" aktiv ist und unsere Menschlichkeit, unsere Buddha-Natur, gefangen hält. Egolosigkeit ist die Geistesebene, auf der diese Kraft in das Anliegen einer klareren Sicht auf alle Dinge transformiert wird. Damit sind wir beim Thema des folgenden Kapitels angelangt, das die Bedeutung von Ego und Egolosigkeit in der buddhistischen Tradition *im psychologischen Sinne* untersucht.

Selbstbefreiung und spirituelle (Beg)leitung

In unserer modernen westlichen Kultur mit ihrem Akzent auf individueller Entfaltung und selbstbestimmtem Handeln werden Begriffe wie „Selbstbefreiung" sehr leicht mißverstanden. Man könnte annehmen, Selbstbefreiung propagiere eine Einstellung, in der kein Raum für spirituelle Begleitung ist. Möglicherweise sogar eine Einstellung, in der die *Hoffnung* vorherrscht, eine solche Begleitung sei nicht notwendig. Denn spirituelle Begleitung ist in unserer westlichen Kultur – im Gegensatz zur psychotherapeutischen Begleitung – nicht nur eine relativ unbekannte Erscheinung geworden, sondern man will auch, sei es aus Scham, Argwohn oder Arroganz, niemanden einen Einblick in seine spirituelle Entwicklung gewähren. Diese Haltung entspricht ausgezeichnet dem westlichen Individualismus, der häufig eine *geistige Privatsphäre* oder einen geschlossenen Kreis von Menschen als erstrebenswert erachtet.

Obwohl spirituelle Begleitung und religiöse Unterweisung im Christentum noch bestehen, liegt ihr Akzent vorwiegend auf der Vermittlung der Botschaft und der Anwendung der Lehre auf die Lebensprobleme der Menschen. Die spirituelle Begleitung findet eher durch Gottesdienste und priesterlicher Hilfe statt. Der Priester oder Pfarrer hat die primäre Aufgabe, die Beziehung zwischen Gott und den Gläubigen aufzubauen, zu fördern und wiederherzustellen. Die *spirituelle Beziehung selbst* und ihre Vertiefung ist eher im persönlichen Bereich zwischen Gott und dem Gläubigen angesiedelt, in den kein anderer Mensch eintreten kann und in dem sich selbst der spirituelle Begleiter zurückhält. Wenn sich in diesem Bereich dann Momente der Befreiung manifestieren, gelten diese als von Gott gewährt. Sobald aber die Entwicklung einer religiösen Haltung in bezug auf die Probleme der menschlichen Existenz im Mittelpunkt stehen, ist der Priester oder Pfarrer wieder präsent. Dieser verweist dann, falls notwendig, auf einen Psychotherapeuten (siehe viertes Kapitel).

Nach Ansicht der atheistischen Humanisten sollte der Mensch in bezug auf fundamentale Lebensprobleme nicht den Priester oder Pfarrer, sondern die Vernunft zum Führer wählen, sofern dieser Geistliche nicht die Verkörperung der Vernunft ist. Was unsere Haltung gegenüber der menschlichen Existenz betrifft, sollten Menschen diese nicht in einer unkontrollierbaren und möglicherweise imaginären Beziehung zu einem göttlichen Prinzip suchen, sondern in der Beratung durch humanistische Berater und Beraterinnen.

Beide westlichen Traditionen bieten Begleitung bei persönlichen religiösen oder fundamentalen Problemen, Geistliche und Berater helfen uns auf unserem Lebensweg. Sie sind – wie der Psychotherapeut – vornehmlich zu Problemlösern geworden, die sich aber – anders als der Psychotherapeut – stärker auf existentielle anstatt psychologische Probleme konzentrieren. Eine Begleitung jedoch, die auf das Kultivieren des menschlichen Herzens ausgerichtet ist, hat in unserer Kultur kaum noch Platz. Die Rose der Humanität bewußt *durch und in einer persönlichen Beziehung mit einem spirituellen Mentor* zur Blüte zu bringen, sieht weder das Christentum noch der Humanismus als seine Aufgabe an. Vielleicht sollte man sagen, sie betrachten es nicht (länger) als eine Aufgabe, zu der sie (be)fähig(t) oder für die sie gerüstet sind. Das entsprechende Wissen ist ebenfalls kein Bestandteil dieser westlichen Traditionen mehr und wird in der Ausbildung von Geistlichen und Beratern nicht gelehrt.

Die unmittelbare Konsequenz dieser Tatsache ist, daß sich der Akzent auf Theorie und Studium verlagert, anstatt auf spirituelle Praxis und Übungen. Es wird dem Menschen selbst überlassen, dieses *Wissen* (wieder) zu entdecken oder nicht zu entdecken und in sein Leben zu integrieren. Es gibt in jeder Generation immer wieder einzelne Menschen, die durch einschneidende Ereignisse in ihrem Leben bestimmte Teile dieses *Wissens* wiederentdecken. Diese Menschen sind dann, solange sie leben, die spirituellen Hebammen für andere. Eine systematische *Übertragung und Erweiterung* dieses *Wissens* über die Generationen findet in der westlichen Tradition jedoch nicht mehr statt.

Wir kennen in unserer westlichen Kultur die persönliche Übertragung von Wissen auf dem Gebiet der Wissenschaft und der Kunst, aber die Übertragung des geistlichen „Handwerks" auf dem Gebiet der Spiritualität und Lebenseinstellung prägt nicht länger das Gesicht der religiösen und lebensanschaulichen Traditionen. Dennoch ist die persönliche Beziehung zwischen einem spirituellen Lehrer und einem Schüler auch kennzeichnend für das frühe Christentum und die Antike, in der sich der Humanismus verwurzelt sieht. Auch dort gab es Lehrer, deren Taten und Fähigkeiten über das reine Unterrichten der christlichen oder humanistischen Lehre oder das Gewähren einer geistigen Hilfe hinausgingen. Sie wußten, wie sie das Herz ihrer Schüler dafür öffnen konnten, Menschlichkeit und Nächstenliebe (*Philanthropia*) zu kultivieren. Dieses *Wissen* bestimmte darüber hinaus den Charakter dieser Beziehung zwischen Lehrer und Schüler.

Eine nähere Betrachtung der Beziehung zwischen Lehrer und Schüler im Buddhismus vermittelt uns ein besseres Verständnis für ihren religiösen Aspekt und die Verschiedenheit dieser Beziehung zu unserer westlichen Sichtweise in bezug auf Religion und Spiritualität.

Die Beziehung zwischen Lehrer und Schüler im Buddhismus

Ein in einer *Sutra* enthaltener viel zitierter Text über die Beziehung zwischen Lehrer und Schüler gibt ein Gespräch wieder, das Buddha kurz vor seinem Ableben mit Ananda führte. Ananda, der bereits im vorherigen Kapitel erwähnt wurde, fragt Buddha besorgt, wie es nach seinem Ableben weitergehen würde. Daraufhin antwortete Buddha: „Ananda, es mag eventuell bei einem unter euch der Gedanke aufkommen, das Wort des Lehrers sei dahingegangen und ihr hättet keinen Lehrer mehr. Das aber wäre eine falsche Sichtweise. Die von mir unterwiesenen und dargelegten Lehren und Disziplinen werden nach meinem Ableben euer Lehrer sein." (Mahaparinibbanna Sutra: 6.1)

Wie ist die Aussage dieses Textes über die Beziehung von Lehrer und Schüler innerhalb der buddhistischen Tradition zu verstehen? Ist eine persönliche Beziehung zwischen Lehrer und Schüler letztendlich nicht wichtig? Wie stellt sich im Buddhismus die Beziehung zwischen Lehrer und Schüler dar?

Für die Beantwortung dieser Fragen müssen wir – in buddhistischer Art – das oben angeführte Zitat in seinen Zusammenhang bringen. In diesem Fall ist der Zusammenhang das bevorstehende Ableben von Shakyamuni Buddha oder, anders ausgedrückt, der Augenblick, in dem sich die *physische Nähe zwischen Lehrer und Schüler* dem Ende zuneigt. In diesem Zusammenhang erklärt Buddha, daß er die Lehre (Skt.: *Dharma*) und ihre Praxis (Skt.: *vinaya*) vollständig an seine Schüler übertragen habe und diese *Vertrauen in diese Tatsache haben müßten*. Sie seien dazu befähigt, den *Buddhadharma* zu praktizieren und an die folgenden Generationen weiterzugeben. Buddha, der Lehrer selbst, könne es nicht länger für sie tun.

Dieses Thema hat bis auf den heutigen Tag in verschiedenen Varianten eine Resonanz im Buddhismus. Im Mahayana und Vajrayana finden sich zahlreiche Erzählungen (Hagiographien) über Schüler, denen ihr Lehrer in einem bestimmten Moment sagte: „Ich habe dich alles gelehrt, was du für die Verwirklichung der Erleuchtung wissen mußt. Gehe nun zu diesem bestimmten Ort und praktiziere, was ich dich gelehrt habe, bis du Erleuchtung erreicht hast." Von einem bestimmten Zeitpunkt an – der meistens vom Lehrer bestimmt wird – müssen wir lernen, unserem Verständnis des Pfades des *Dharma* zu vertrauen. Diese Erzählungen haben eine vielsagende Absicht. Verwirklicht ein Schüler die Ebene der Erleuchtung und will er diese Verwirklichung seinem Lehrer mitteilen, ist dieser eventuell bereits verstorben. Letztlich muß der Schüler lernen, seiner eigenen Erleuchtung zu vertrauen, und nicht selten ist das Ableben des Lehrers dafür der Katalysator.

Der Dharma als niedergeschriebene Lehre

Der Zusammenhang dieses Zitats beinhaltet aber noch einen weiteren wichtigen und im gewissen Sinne paradoxen Aspekt, denn es sollten noch

Jahrhunderte vergehen, bevor die Lehre (und damit auch die *Sutra*, aus der dieses Zitat stammt!) schriftlich niedergelegt wurde. Buddha verweist in diesem Zitat mit Sicherheit nicht auf *Schriften* über die Lehre und ihre Disziplinen, die ihn nach seinem Ableben ersetzen könnten, denn diese Schriften gab es noch nicht. Er verweist auf *Menschen*, die den von ihm gelehrten *Dharma* verkörpern, auf seine erleuchteten Schüler, die – nach den allgemeinen Auslegungen des *Dharma* – von Buddha eine auf sie und ihre Persönlichkeit zugeschnittene Unterweisung über den *Dharma* erhalten haben. Für die nachfolgenden Generationen ist daher auch der persönliche Kontakt mit diesen Schülern Buddhas der Weg, Kenntnis vom *Dharma* zu erhalten und zu lernen, diesen zu praktizieren. Die buddhistischen Schulen weisen, auch in unserer Zeit, auf diese Art der Beziehung hin, die sich in der ungebrochenen Übertragungslinie von Lehrer und Schüler, die auf Buddha selbst zurückgeht, manifestiert.

Es sind von Buddha selbst keine Aussagen überliefert, in denen er seine Schüler auffordert, seine Lehre schriftlich niederzulegen, aber der Beginn der schriftlichen Niederlegung ungefähr im ersten Jahrhundert vor Christus hat die Beziehung zwischen Lehrer und Schüler verändert. Sie eröffnete die Möglichkeit, den *Dharma* nicht als eine bestimmte *Sichtweise* zu betrachten, die vom Lehrer auf den Schüler übertragen wird, sondern ihn mit den niedergeschriebenen Texten zu identifizieren. In einigen Zeiten und Schulen ist daher die Versuchung sicherlich groß gewesen, den *Dharma* entsprechend aufzufassen. Die Verbalisierung des *Dharma* ist aber nur ein Hilfsmittel für das Verständnis und die Verwirklichung des *Dharma*, aber sie ist nicht der eigentliche *Dharma* und kann es auch nicht sein, da seine Abfassung in Worte immer nur für Menschen in einer bestimmten Zeit oder Kultur wirksam ist. Auch die schriftliche Darstellung des *Dharma* muß immer wieder verändert werden, um verständlich zu bleiben. Daher stellt sich die Frage, wie wir aus unserem kulturellen Hintergrund heraus diese Texte lesen und verstehen müssen. Was ist die richtige Interpretation dieser Texte? Wer kann uns bei der Interpretation helfen? Diese Fragen führen uns wieder zurück zum Lehrer.

Der Lehrer als Interpret des niedergeschriebenen Dharma

Eine *richtige* Interpretation dieser Texte ist ohne persönlichen Kontakt mit einem Lehrer des *Dharma* nicht möglich. Was aber ist die *richtige*

Interpretation? Ist es die Interpretation der westlichen Philosophen, Buddhismusforscher oder Religionswissenschaftler? Sollten wir diese Frage besser der buddhistischen Tradition selbst stellen? Nach buddhistischer Auffassung ist die Interpretation die richtige, die den Schüler in die Richtung der Erleuchtung führt. Diese Interpretation ist nicht festgelegt, es gibt keine allgemeingültige absolute Interpretation, sondern höchstens eine richtige Interpretation für einen bestimmten Schüler oder eine bestimmte Gruppe von Schülern zu einem bestimmten Zeitpunkt in einer bestimmten Situation. Die *Sutras* enthalten zahlreiche entsprechende Beispiele. Die Effizienz einer Unterweisung ist abhängig von der Art des Schülers, der Lehrsituation und davon, welche Inhalte von welchem Lehrer gelehrt werden.

Der Stil der in Pali verfaßten *Sutras* spiegelt diesen Ansatz wider. Sie beginnen immer mit der Angabe, wen Buddha an welchem Ort zu welchem Zeitpunkt unterwiesen hat. Im Mahayana heißt es, eine wirksame, zur Erleuchtung führende Verbalisierung des *Dharma* sei abhängig von den als die *fünf Sicherheiten* bezeichneten Elementen: Zeitpunkt, Ort, Wesen des Schülers, Lehrer und Lehrinhalt. Diese fünf Elemente müssen für eine wirksame Unterweisung aufeinander abgestimmt sein. Ein fähiger Lehrer zeichnet sich durch seine Beachtung dieser Voraussetzungen aus. Die Fähigkeit, den *Dharma* zu lehren, basiert daher auch auf dem Unterscheidungsvermögen des Lehrers, der richtigen Person den richtigen *Dharma* zum richtigen Zeitpunkt zu lehren. Das ist vergleichbar mit einem Musiklehrer, der das Unterscheidungsvermögen unseres Gehörs darin schult, bestimmte Phrasierungen und Ausdrucksformen eines Musikstückes zu hören, vorzutragen und dieses Vermögen später anderen zu vermitteln. Der buddhistische Lehrer schult das Unterscheidungsvermögen des Schülers, durch das er später die Musik des *Dharma* hören und weitergeben kann.

Dieser Lernprozeß und die Beziehung zwischen Lehrer und Schüler läßt auch Raum für Lehren, die zwar nicht den tiefsten „absoluten *Dharma*" (Skt.: *nithartadharma*) vermitteln, aber als „vorbereitender *Dharma*" (Skt.: *neyarthadharma*) eine wertvolle Stufe auf dem Weg dorthin darstellen. Der Unterschied zwischen dem „absoluten" und „vorbereitenden" *Dharma* ist vergleichbar mit einer in der Schule gelehrten vorbereitenden, aber nicht vollständigen Naturkunde für die an der Universität gelehrte Naturkunde. Auch in diese Zusammenhang hat die Einsicht des Lehrers, was er den Schüler zu einem bestimmten Zeitpunkt lehren muß, einen Stellenwert. Vermittelt er dem Schüler ausreichende „vorbereitende" Kenntnisse für das Verständnis der Naturkundelehre auf Universitätsebene? Muß er ihn eventuell noch mehr *Neyartha* lehren? Der Lehrer des *Dharma*, der selbst einmal Schüler war (und in gewisser Hinsicht immer Schüler bleiben wird), vermittelt in gleicher Weise dem Schüler ein richtiges Verständnis der Lehre.

Der Lehrer als persönlicher Lehrer oder Mentor

Das Erwecken und Übertragen eines richtigen Verständnisses des niedergeschriebenen *Dharma* ist aber nur eine Aufgabe eines Lehrers des *Dharma*. Der Lehrer ist nicht notwendigerweise ausschließlich ein Exeget oder Katechet, auch wenn einige Lehrer nur diese Funktion ausüben, denn Verständnis allein ist nicht der entscheidende Faktor. Der berühmte tibetische Yogi Milarepa sagte: „Verwechsle Verständnis nicht mit Verwirklichung, und Verwirklichung nicht mit Erleuchtung." Wie soll man intellektuell *verstehen*, was *Dharma* und Erleuchtung sind, wenn man sich die Geistes- und Lebenshaltung Buddhas nicht zu eigen machen und den Weg Buddhas nicht tatsächlich gehen kann?

Was bedeutet es, den Weg Buddhas zu gehen? Wie bereits erwähnt, bedeutet es das Bewirken einer geistigen Transformation, das Erkennen und Kultivieren einer Lebensart, die frei ist von einer egozentrischen Sichtweise und der damit einhergehenden egozentrischen Emotionalität. Dieser Prozeß ist bedeutend einschneidender als das reine Studieren und Verstehenwollen von buddhistischen Schriften. Dieser Prozeß ist tiefgreifender als die reine Übernahme buddhistischer Sichtweisen. Das tatsächliche Betreten des Weges ist ein Prozeß, in den Herz und Seele eingebunden sind. Wir benötigen einen Lehrer, der diesen Weg aus eigener Erfahrung kennt, der die egolose Sichtweise, auf den die Schriften des *Dharma* verweisen, ausreichend verkörpert, und der uns aus dieser Perspektive auf dem Weg begleitet. Damit ist angedeutet, daß ein Lehrer des *Dharma* noch eine weitere Funktion erfüllen kann, die des *spirituellen Mentors*. In seiner Funktion als Mentor hat der Lehrer die Aufgabe, den Schüler erst zu einer *persönlichen Erfahrung* des Wesens der Erleuchtung zu führen und ihn anschließend auf dieser Grundlage zu lehren, wie er die *nicht umkehrbare Ebene* der Erleuchtung verwirklichen kann. In dieser Funktion hat die Beziehung zwischen Lehrer und Schüler auch einen anderen Charakter, denn sie wird persönlicher und direkter und basiert auf einem wachsenden gegenseitigen Vertrauen. In der Terminologie des Mahayana wird der Lehrer zu einem „spirituellen Freund" (Skt.: *kalyanamitra*).

Der *spirituelle Mentor* mag eventuell nicht der hervorragendste Gelehrte oder *Pandit* der Schriften des *Dharma* sein, aber ein Mensch, der uns durch seine Lebenshaltung die Gangbarkeit des Buddha-Wegs erkennbar aufzeigt. Der persönliche Lehrer ist ein Mentor, sofern er den *Dharma verkörpert* und das Wissen und die Fertigkeit (Skt.: *upaya*) besitzt, ein persönlicher Begleiter in der Praxis der buddhistischen Disziplinen zu sein. Diese Disziplinen beziehen sich auf die Schulung unseres Geistes durch die Meditation sowie unserer Sprache und Handlungen, und somit auf alle Aspekte unseres Lebens. Der Mentor ist die Person, die individuelle Meditationsanleitungen gibt und den Schüler auf seinem Weg begleitet.

Die Fähigkeit dieser Art von Begleitung wurde seit Buddha vom Mentor an den Schüler weitergegeben. Buddha selbst war vorrangig ein spiritueller Mentor. Diese Fähigkeit bildet, auch in unserer Zeit, den *praktischen* Reichtum der buddhistischen Schulen. „Praktisch", da dieser Reichtum sich der Zeit und dem Ort seiner Anwendung anpaßt. Er ist weitläufiger als der Reichtum der überlieferten Schriften und deren Auslegung. Hier steht nicht der *verbalisierte Dharma* im Mittelpunkt, sondern der *lebendige Dharma* und dessen Übertragung auf die folgenden Generationen der Praktizierenden. Durch den Kontakt mit diesem lebendigen *Dharma* geht die Sichtweise in bezug auf den Buddhismus über eine intellektuelle Sichtweise oder einen spirituellen Traum hinaus. Dieser Kontakt entsteht durch die persönliche Beziehung zwischen Mentor und Schüler sowie die persönliche Begleitung des Mentors bei der Praxis der spirituellen Disziplinen des Schülers.

Hingabe und Übertragung

Erkennt der Schüler, daß ihn die Befolgung der Anleitungen des Mentors der Verwirklichung seiner Buddha-Natur wirklich näher bringt, wird er sich dem Mentor gegenüber immer mehr öffnen, und damit der Mentor auch gegenüber dem Schüler. Es entwickelt sich zwischen Schüler und Mentor ein gegenseitiges Band des Vertrauens (siehe auch *De Wit*, 1998, ab Seite 251). Dieses Band kann sich schließlich zu einer beiderseitigen vorbehaltlosen Hingabe und einer *erleuchteten Beziehung* zwischen zwei Menschen entwickeln. Diese Beziehung wird nicht mehr bestimmt oder gefärbt durch Egozentrik und die damit einhergehenden Emotionen von Habgier, Aggression und Gleichgültigkeit. Der Geist des Mentors und des Schülers teilen einen gemeinsamen Raum der gegenseitigen vorbehaltlosen Hingabe. In diesem Raum findet die persönliche Übertragung des Geistes Buddhas statt, denn dieser Raum *ist* der Geist Buddhas.

Mit der Entwicklung einer vorbehaltlosen Hingabe zum Mentor ist der erste Schritt hin zu einer *vorbehaltlosen Hingabe an die Existenz* vollzogen. Der Begriff „vorbehaltlose Hingabe an die Existenz" bezeichnet die Gefühlswerte, den emotionalen Aspekt der Erleuchtung. Es ist das Anliegen des Mentors, den Schüler zu lehren, sein Herz vorbehaltlos der ihn umgebenden Welt zu öffnen. Was böte dazu einen besserer Ansatz als die Beziehung zu einem Mentor, der selbst diese vorbehaltlose Hingabe praktiziert und bis zu einer stabilen Ebene verwirklicht hat? Erleuchtung ist keine abstrakte Privatangelegenheit, sondern nach der Lehre des chinesischen Ch'an-Buddhismus eine Angelegenheit der „befreienden Intimität" („liberating intimacy", *Hershock*, 1996). Sie wird unter lebenden Menschen geschult und manifestiert sich innerhalb dieser Beziehung.

Vorbehaltlose Hingabe bedeutet nicht die Abwesenheit eines Raumes für kritische Intelligenz, Gegenargumente oder Eigeninitiative. In gleicher Weise, wie die vorbehaltlose Hingabe an die Existenz nicht bedeutet, allen Dingen ihren Lauf zu lassen, bedeutet sie zwischen Mentor und Schüler nicht, sich vollkommen kritiklos zu begegnen. Hingabe hat daher vor allem die Bedeutung von *Offenherzigkeit*. Diese Offenherzigkeit muß der Schüler durch die Meditation der klaren Einsicht erst für sich selbst entwickeln. Diese Meditation ist im Buddhismus die herausragende Disziplin, die uns lehrt, die Kapriolen unseres Geistes ohne Zurückhaltung und Voreingenommenheit zu betrachten. Vorbehaltlose Offenherzigkeit gegenüber dem Mentor eröffnet dem Schüler die Möglichkeit, dem Mentor in allen Lebenssituationen ein authentisches Bild von sich zu vermitteln. Der Schüler ist in der Lage, dem Mentor seinen Geist zu offenbaren. Der Mentor wiederum kann somit dem Schüler seinen Geist ebenfalls offenbaren. Gerade diese Voraussetzungen machen eine wirkungsvolle Begleitung und Übertragung möglich. Der Mentor kann durch diese Offenheit die Fortschritte des Schülers auf dem Weg Buddhas erkennen. Später wird der Mentor diesem Vertrauen durch die Ermächtigung des

Schülers, selbst als Mentor tätig zu werden, Ausdruck verleihen. Damit vollzieht sich die Übertragung des *Dharma* auf die nächste Generation.

Der Vajrayana-Buddhismus drückt diese Entwicklung mit folgenden Worten aus: Entwickelt sich zwischen Mentor und Schüler eine vorbehaltlose Hingabe, erkennt der Schüler *den Mentor als den Sprecher der Wirklichkeit*. In diesem Zusammenhang wird der Mentor als der „äußere Lehrer" bezeichnet. Erweitert sich diese anfänglich auf den Mentor gerichtete vorbehaltlose Hingabe auf die gesamte Existenz, beginnt der Schüler *die Wirklichkeit als den Sprecher des Mentors* zu erkennen. Das bezeichnet der Vajrayana-Buddhismus als die Erkenntnis des „inneren Lehrers". Dieser innere Lehrer ist identisch mit der eigenen Buddha-Natur, die wiederum identisch ist mit dem Geist des äußeren Lehrers. Eine klassische Formulierung dieses Aspekts lautet: „Schüler und Lehrer sind im Geist untrennbar verbunden". In den *Dohas*, den spirituellen Gedichten des Vajrayana-Buddhismus, heißt es: „Wohin ich auch schaue, sehe ich das Antlitz des Guru. Was ich auch höre, jedes Geräusch ist die Stimme des Guru. Was ich auch denke, jeder Gedanke ist der Geist des Guru."

Damit eine Erkenntnis des inneren Lehrers möglich ist, muß der Schüler erst eine konkrete Beziehung und Hingabe zu einem äußeren Lehrer entwickeln. Das bedeutet nicht, daß er sich permanent in körperlicher Nähe des Mentors aufhalten muß, sondern daß er eine konkrete geistige Beziehung zu ihm hat. Besteht diese Beziehung, kann eine permanente körperliche Nähe zum Mentor sogar zu einem Hindernis für die Entwicklung einer vorbehaltlosen Hingabe an die Wirklichkeit in ihrer Gesamtheit werden. Ananda ist dafür ein gutes Beispiel, denn er ist der Schüler, der sich der Überlieferung zufolge nahezu permanent in der Präsenz Buddhas aufhielt und die Worte Buddhas wörtlich wiedergeben konnte. Gerade er ist im erwähnten Zitat der Schüler, der Buddha die Frage stellt, wie es nach dem Ableben des Lehrers weitergehen solle, und gerade er hat, im Gegensatz zu den 499 Arhats, erst nach dem Ableben Buddhas Erleuchtung erlangt.

Die Problematik der Beziehung zum Mentor

Die Aufgabe der geistigen Privatsphäre und der Aufbau einer offenherzigen Beziehung zu einem anderen Menschen benötigt natürlich eine gewisse Zeit und wird bei jedem Schritt in diese Richtung regelmäßig als

„unangenehm" oder „bedenklich" erfahren, auch wenn man verstandesmäßig einsieht, daß eine Offenherzigkeit einer geistigen Verschlossenheit vorzuziehen ist.

Woher stammen diese Bedenken? Warum ist die Beziehung zwischen Mentor und Schüler einerseits inspirierend und andererseits unangenehm? Sie ist im Prinzip unangenehm, weil die Beziehung zwischen einer egozentrischen Mentalität und einer von Egozentrik freien Mentalität unangenehm ist. Der psychologische Raum von Egolosigkeit liegt außerhalb des Ego, daher hat das Ego auch keine Kontrolle über diesen Raum. Kontrolle ausüben und aufrecht erhalten zu wollen ist jedoch das Merkmal einer egozentrischen Lebenseinstellung. Gerade die Suche nach *absoluter Sicherheit*, nach absoluten Garantien, ist das Kennzeichen einer Mentalität voller Lebensangst und Ichbezogenheit, die immer festen Boden unter den Füßen haben will. Die Beziehung zum Mentor bietet jedoch keine absolute Sicherheit, sondern höchstens eine experimentelle und vorläufige Sicherheit, die auf der Erfahrung basiert, daß der Mentor den egolosen Raum manifestiert. Es gibt keine Garantie dafür, daß nicht der Lehrer plötzlich die egozentrische und der Schüler die egolose Partei sein wird. Gerade diese Abwesenheit einer Garantie hält den Schüler wach und vermeidet, daß er sich in der Bequemlichkeit einer blinden Unterwerfung verliert.

Die Beziehung zum Mentor ist jedoch auch inspirierend und klärend, da sie uns erfahren läßt, daß Zurückhaltung und Verschlossenheit für eine (Weiter)existenz nicht notwendig sind, sondern uns im Gegenteil verarmen, einschränken und die Rose der Humanität ersticken. Diese Beziehung zwingt uns, unsere Gedanken und Ängste in bezug auf die möglichen Risiken eines Schrittes in Richtung einer größeren Offenherzigkeit zu betrachten. Was steht auf dem Spiel? Unsere Selbstachtung? Unsere Eigenständigkeit? Unser Vertrauen gegenüber Menschen im allgemeinen? Was aber ist unsere Selbstachtung wert, wenn sie nicht auf unserer wahrhaften Menschlichkeit, sondern auf einem erfolgreichen Konkurrenzkampf mit anderen oder auf unserem eigenen Eindruck unserer Leistungen basiert? Gibt es eine individuelle Leistung? Resultiert die Schwäche oder der geringere Verdienst eines anderen Menschen aus unserer Kraft und unserem Verdienst? Was ist der Wert der Eigenständigkeit, wenn sie unsere Bereitschaft behindert, von anderen zu lernen? Ist Eigenständigkeit eine Illusion in einer Welt, in der gegenseitige Abhängigkeit eine Tatsache ist? Wie gerechtfertigt ist unser Mißtrauen, wenn ihm enttäuschte Eigeninteressen oder die Erfahrung zugrunde liegen, daß andere Menschen nicht immer und überall unsere Anliegen und Wünsche erfüllen können?

Diese und ähnliche Fragen kommen in der Beziehung mit dem Mentor gerade deshalb unweigerlich auf, weil es sich um eine Beziehung zwischen Menschen handelt, und nicht zwischen einem Menschen und einem abstrakten Prinzip in Form einer transzendenten Präsenz oder einem Lehrer, der nur als Vorstellung in *unserem Geist* existiert. Gerade die persönliche egolose Beziehung mit einem anderen Menschen aus Fleisch und Blut bietet das Klima, in dem der Lotos der Erleuchtung blüht. In dieser Beziehung kann er sich entfalten, bis er unsere gesamte Erfahrungswelt umfaßt.

Zusammenfassung

Wir haben gesehen, daß der Buddhismus keine Religion ist, die auf der Suche nach Gott oder dem Göttlichen im Menschen ist. Er ist auch keine Religion, die uns verspricht, der *Glaube* an seine Lehre – den *Dharma* – werde uns vor dem retten, wovor immer wir auch gerettet werden wollen – Leben, Tod, Einsamkeit, Unglück oder Streit mit den Nachbarn. Der Buddhismus ruft uns auch nicht zum *Glauben* auf, der Mensch sei in seinem *Wesen* gut. Denn nicht der Glaube an die wesenhafte Güte des Menschen, sondern das *Erkennen der geistigen Ursachen* unserer eigenen Hartherzigkeit und Menschenliebe, unserer geistigen Verblendung und Klarheit steht im Mittelpunkt. Der Buddhismus läßt es aber bei der Erkenntnis nicht bewenden, denn er besitzt auch das *Wissen des Geistestrainings*, das heißt das *Wissen* darüber, wie man die Ursachen von Hartherzigkeit und Verblendung beseitigt und unsere wahre Menschlichkeit zum Erblühen bringt. Der Lehrer, der im Besitz dieses *Wissens* ist, gibt es in Form seiner persönlichen spirituellen Begleitung an seine Schüler weiter und vermittelt ihnen damit die Fähigkeit, eigenständig die Ebene der Erleuchtung zu erreichen.

Das *Wissen*, über das der Lehrer verfügen muß, besteht daher in der Fähigkeit, als Lehrer des *Dharma* im richtigen Augenblick den angemessenen *Dharma* zu lehren und den Schüler als *Mentor* durch persönliche Anleitungen in der Praxis der buddhistischen Disziplinen zu begleiten. Diese Disziplinen bilden die *Praxis des Buddhismus*.

Natürlich zeigen uns diese Disziplinen auch konkret den psychologischen Aspekt des Buddhismus auf, aber der Schwerpunkt dieses Kapitels ist der religiöse *Aspekt* und nicht die *Praxis* des Buddhismus. Der Grund dafür ist die gleichwertige Verankerung der Praxis in der psychologischen und religiösen Sichtweise des Buddhismus. Daher ist es für ein gutes Verständnis der Praxis nützlicher, erst den psychologischen Aspekt des Buddhismus und seine Sichtweise in bezug auf den Geist, die Erfahrung und das Handeln des Menschen näher zu betrachten. Das folgende Kapitel wird diesen Aspekt behandeln. Im letzten Kapitel wird dann die Praxis des Buddhismus sowie seine Entwicklung der Disziplinen für die Schulung von Körper, Rede und Geist das zentrale Thema sein. In diesem Zusammenhang wird auch die ethische Sichtweise des Buddhismus behandelt.

3. Kapitel:
Der psychologische Aspekt des Buddhismus

Einleitung

Dieses Kapitel behandelt zentrale Begriffe der buddhistischen Psychologie wie Erfahrung, Geist, Bewußt- und Unbewußsein, Emotion und *natürlich* Ego. Einige dieser Begriffe sind bereits in den vorherigen Kapiteln zur Sprache gekommen. Dieses Kapitel wendet sich vor allem ihrer psychologischen Bedeutung im Buddhismus zu. Das ist – der Leser sei hiermit gewarnt! – kein einfaches Unterfangen, da die buddhistische Psychologie diese Begriffe vollkommen anders verwendet, als wir es aus der westlichen Psychologie gewohnt sind. Ihre Verwendung hat ein sehr spezielles Ziel, denn sie verfolgt die Einsicht, wie der nicht erleuchtete Geist entsteht und sich verfestigt und wie der Lotos der Erleuchtung zum Blühen gebracht werden kann. Das Verständnis dieser speziellen Verwendung zeigt uns das Gesicht der buddhistischen Psychologie und ihre Sichtweise in bezug auf die Thematik des folgenden Kapitels, die westliche Psychotherapie. Einleitend beginnen wir mit einem Thema, das in unserem Kulturkreis vorwiegend in der Philosophie und in ihr vor allem in der Seinslehre behandelt wird, dem aber im Buddhismus eine eher psychologische Bedeutung zugesprochen wird. Dieses Thema ist Schein und Wirklichkeit.

Schein und Wirklichkeit

Die drei Aspekte, die im vorherigen Kapitel zur Charakterisierung des religiösen Aspekts des Buddhismus behandelt wurden – kein Gott, kein Glaube, kein Ego – haben eine gemeinsame Wurzel. Dieser Wurzel kommen wir über eine Frage auf die Spur, die auch in der westlichen Philosophie eine klassische Frage ist: Was ist Wirklichkeit, und was ist Schein? Diese Frage ist für den Buddhismus mehr als eine rein philosophische Frage. Eine philosophische Analyse kann uns aber bei der Beantwortung dieser Frage weiterhelfen. Es handelt sich hier vor allem um eine praktische Frage, denn der Kern der buddhistischen Spiritualität dreht sich um die Erkenntnis, daß dem nicht erleuchteten Menschen die geistige Disziplin für den Umgang mit seiner eigenen Einbildungskraft fehlt. Er läßt sich von dieser Kraft überrumpeln und verliert sich immer wieder in selbstgeschaffene, ich-bezogene Vorstellungen von der Wirklichkeit. Dieser Prozeß wird im Buddhismus mit dem Begriff *Avidya* bezeichnet, der meistens mit „Unwissenheit" (siehe z.B. *Guenther*, 1976: 11; *Lhalungpa* in *Namgyal*, 1086: 427; *Narada*, 1968: 65) oder „Verblendung" übersetzt wird. Da das Handeln und Sprechen des nicht erleuchteten Menschen *in* dieser eingebildeten Wirklichkeit und *im Umgang mit* ihr stattfindet und mit der eigentlichen Wirklichkeit kollidiert, wird ein nie versiegender Strom an Leiden in Gang gesetzt. Dieses Leiden erzeugt sowohl für diesen Menschen als auch seine Mitmenschen weiteres Leiden in Form von unerfülltem Verlangen, Lebensangst und Aggression. Wenn wir diese Leiden beenden wollen, müssen wir zuerst ihre Ursachen – Verblendung, die Unwissenheit über Wirklichkeit und Illusion – beseitigen. Der Ausgangspunkt des Buddhismus ist die Möglichkeit, diese Verblendung zu beseitigen und aus diesem Traum des Lebens zu erwachen. Das drückt sich im Namen von Siddharta nach seiner Erleuchtung aus, denn die wörtliche Bedeutung von *Buddha* ist der „Erwachte".

Nicht alles ist Schein, nicht alles Wirklichkeit

Glücklicherweise erfahren wir nicht nur Schein, sondern auch Momente der Wirklichkeit. Wir stehen nicht permanent im Bann unserer eingebildeten Wirklichkeit. Wir leben und irren nicht fortwährend im Dunkeln herum. Ein Beleg dafür ist die Tatsache, daß wir den Unterschied von Illusion und Realität, Schein und Wirklichkeit kennen. Daher verwirft der Buddhismus sowohl die Auffassung, alles sei Illusion oder Schein (Skt.: *maya*), geschaffen durch unseren Geist, als auch die naiv-realistische Auffassung, *nur* unsere Erfahrung zeige uns die Wirklichkeit auf. Mit der *metaphysischen* Frage, ob alles Schein anstatt Wirklichkeit sei, beschäftigt sich der Buddhismus daher auch nicht. Der Buddhismus stellt die praktische Frage: *Wie* unterscheiden wir im täglichen Leben zwischen Schein und Wirklichkeit? *Können* wir zu diesem Zweck ein größeres Unterscheidungsvermögen entwickeln?

Für die Beantwortung dieser Frage müssen wir erst das Verständnis des Buddhismus von Schein und Wirklichkeit näher betrachten. Das vorherige Kapitel hat dieses Verständnis bereits mit der Frage angedeutet, wie wir mit unserer Gedankenwelt umgehen. Schein oder Illusion ist nach Ansicht des Buddhismus die Folge unserer Neigung, den Inhalt unserer Gedanken als das anzusehen, mit dem sich die Gedanken beschäftigen. Wir verwechseln unser Verständnis und unsere Vorstellungen von der Wirklichkeit mit der eigentlichen Wirklichkeit. In diesem Moment leben wir in einer Scheinwelt.

Was müssen wir dann unter „Wirklichkeit" verstehen? Wirklichkeit ist das, was sich in dem Moment zeigt, in dem wir uns von dieser Verwirrung oder Verblendung befreit haben. In diesem Moment sehen wir jede Form von Schein oder Illusion als das, was sie sind, nämlich Schein und Illusion. Wir sehen die Dinge so, wie sie sind. Die Begriffe „Wirklichkeit" und „Schein" weisen im Buddhismus daher auf zwei Erfahrungsebenen hin, die mit der Klarheit oder Verwirrung des Geistes einhergehen. In dem Moment, in dem wir die Scheinwelt durchschauen, sehen wir die Wirklichkeit, sehen wir *Nirvana*. Nicht, weil sich die Wirklichkeit die ganze Zeit über *hinter* der Scheinwelt verborgen hat, sondern weil das Durchschauen der Scheinwelt das Sehen der Wirklichkeit ist. *Nirvana* verbirgt sich nicht hinter *Samsara*. Noch kürzer ausgedrückt *ist* die Scheinwelt die Wirklichkeit, sobald sie durchschaut wird. Aus diesem Grund wird im Mahayana-Buddhismus gesagt, *Samsara* sei aus der Perspektive der Erleuchtung *Nirvana*, während aus der nicht erleuchteten Perspektive Welten zwischen *Samsara* und *Nirvana* lägen.

Vor lauter Wald die Bäume nicht sehen

Das Wesen dieser Verwirrung und der von ihr erzeugten Scheinwelt läßt sich an einem konkreten Beispiel verdeutlichen. Wie der im ersten Kapitel erwähnte Mönch Nagasena werden wir als Beispiel keine vorbelasteten Begriffe wie „Ich" oder „Gott" verwenden, da diese universellen Begriffe nach der buddhistischen Lehre auf Dinge verweisen, die nicht wirklich, sondern lediglich in unserer Gedankenwelt existieren. Daher ziehen wir für eine Verdeutlichung den neutraleren Begriff „Wald" heran. Wir erreichen auf einer Wanderung einen Waldrand und sehen eine große Anzahl von Bäumen. Sehen wir aber auch den Wald? Wir neigen dazu, zu antworten: „Natürlich, denn die Bäume bilden gemeinsam den Wald." Nun haben zwei Schwestern diesen Wald von ihrem verstorbenen Vater geerbt, genauer: Die eine Schwester hat die östliche und die andere Schwester die westliche Hälfte des Waldes geerbt. Beide Schwestern unterhalten sich darüber, was jede mit ihrer Waldhälfte machen wird. Die eine Schwester erwägt, ihre Waldhälfte abholzen und zu einem Baugrundstück umwandeln zu lassen. Während sie gemeinsam den Wald betrachten, sehen sie *zwei* Wälder, denn jede der beiden Schwestern sieht ihren eigenen Wald und den angrenzenden Wald der anderen Schwester. Sie sehen nicht, wie wir, *einen* Wald. Die eine Schwester sieht eventuell gar keinen Wald mehr, sondern nur viele Kubikmeter Nutzholz.

Die Ursache dafür, daß wir bzw. die Schwestern unterschiedlich viele Wälder sehen, liegt nicht in den wahrgenommenen Bäumen, denn wir sehen alle *dieselben* Bäume. Die Ursache liegt darin, wie *unser Geist* die Wahrnehmung der Bäume interpretiert. Diese Tatsache wird, von Aristoteles bis Quine, auch in der klassischen westlichen Philosophie erkannt und mit dem Begriff des *Universalen Problems* belegt. Die (kognitive) Psychologie unterstreicht ebenfalls, daß unser Sehen bestimmt wird von dem, was wir zu sehen *denken*. Sowohl der *eine Wald* als auch die *zwei aneinander grenzenden Wälder* sind von unserem Geist geformte *Vorstellungen* auf der Grundlage, daß wir *dieselben Bäume* sehen. Diese Vorstellungen existieren ausschließlich in unserem Geist, während die Bäume selbst Realität sind. Bäume, die sich im Laufe der Jahreszeiten verändern und in denen Vögel nisten. Im Wald aber, das heißt in unserer Vorstellung, können Vögel nicht leben.

Selbstverständlich führen wir uns diese Frage im alltäglichen Leben meistens nicht vor Augen und sprechen und denken daher einfach über den Wald als eine in sich bestehende Realität, die wir, wie die Bäume, wahrnehmen können. Wir neigen teilweise sogar dazu, die Bäume dem Wald „unterzuordnen". Wir stellen fest, daß der Wald *aus Bäumen besteht*, als wäre der Wald zuerst dagewesen und hätte sich erst später mit Bäumen „gefüllt". Es heißt immer, man könne vor lauter Bäumen den Wald nicht sehen, aber es ist eher umgekehrt, denn wir glauben, einen Wald zu sehen, und sehen daher die Bäume nicht mehr. Daraus ergibt sich die Schlußfolgerung, daß der Wald eine nicht konkret existierende Abstraktion unseres Geistes ist, in der allein die Bäume konkret sind.

Geist, Wirklichkeit und Begriffswelt

Was sagt uns dieses Beispiel? Es sagt uns etwas über unseren Geist und insbesondere unsere Denkweise – wie unser Denken und Fühlen unsere Wahrnehmung durchdringen – und etwas über unser Bewußtsein – das Phänomen, daß wir uns des Einflusses unseres Denkens auf unsere Wahrnehmung nicht bewußt sind. Nach der buddhistischen Lehre, wie sie von Dignaga und Dharmakirti entwickelt wurde (siehe *Stcherbatsky*, 1962; *Dreyfus*, 1997) arbeiten wir mit einer Vielzahl von Begriffen, die mit dem Begriff „Wald" vergleichbar sind. Diese Begriffe fassen eine Reihe einzelner Phänomene – in unserem Beispiel „Bäume" – unter einem Begriff – in unserem Beispiel „Wald" – zusammen. Der Begriff „Ich" ist, wie wir später im Detail sehen werden, im Buddhismus ebenfalls ein Beispiel für diese Vorgehensweise. Wenn der menschliche Geist dem Ich-Konzept eine konkrete Existenz zugesteht, wird damit das Fundament einer ichbezogenen Erlebnis- und damit Gefühlswelt gelegt.

Das Zusammenfassen verschiedener Phänomene unter einem Begriff ist an sich nicht problematisch, aber unser Geist neigt immer wieder dazu, noch einen Schritt weiterzugehen und dem, was wir mit diesem Begriff andeuten wollen, eine *objektive Existenz* einzuräumen. Das ist der Punkt, an dem uns unser Geist an der Nase herumführt und unserer alltäglichen Erfahrung ein verfälschtes Bild vermittelt. In diesem Fall sehen wir nicht mehr die einzelnen Bäume. In dieser Weise können wir auch einen Menschen – einschließlich uns selbst – als Angehörigen einer Gruppe, einer Religion, eines Volkes oder eines Fußballvereins betrachten und uns eine entsprechende Meinung bilden. Das Erkennen der individuellen Qualitäten dieses Menschen und der individuelle Kontakt mit ihm werden beeinträchtigt, da wir diesen Menschen als den Vertreter einer bestimmten Kategorie sehen, die ausschließlich in unserem Geist und, nach dem Prinzip der größeren Stärke durch Gemeinsamkeit, eventuell noch im Geist unseres Nachbarn besteht. Wie die Geschichte gezeigt hat, ist diese Kategorisierung nicht ungefährlich.

Wenn wir das, was uns begegnet, auf diese Weise wahrnehmen, nehmen wir eigentlich unsere eigenen Vorstellungen, unseren eigenen Geist wahr. Unsere alltägliche Erfahrung basiert damit auf der Art, wie wir diese Erfahrung geistig in Begriffe fassen oder, mit einem Fachbegriff aus der Psychologie ausgedrückt, wie wir diese Erfahrung *konzeptualisieren* (siehe *De Wit*, 1991, ab S. 79). Von unseren eigenen Gedanken berauscht leben wir in der Welt, die unsere Gedankenwelt uns vorspiegelt. Diese Tatsache drückt der Buddhismus mit der Aussage eines Lebens in einer Scheinwelt oder Illusion aus. Es handelt sich um eine Form der Verblendung mit ernsthaften psychologischen und gesellschaftlichen Konsequenzen, die allein durch das Entfernen der Ursache – des Glaubens an die *Realität* unserer selbstgeschaffenen Wirklichkeit – vermieden werden können. In diesem Sinne führt der spirituelle Weg Buddhas zu einer „radikalen Ungläubigkeit" oder anders ausgedrückt, zu einer Art der Erfahrung, die nicht von unserer Begriffs- und Vorstellungswelt kontrolliert wird. Diese Ebene der radikalen Ungläubigkeit ist die erwachte Ebene, auf der die Wirklichkeit so wahrgenommen wird, wie sie ist. Diese Wirklichkeit wird auch als „absolute Wirklichkeit" oder „absolute Wahrheit" (Skt.: *paramarthasatya*) bezeichnet und der von unserer Begriffs- und Vorstellungswelt geformten „relativen Wirklichkeit" oder „relativen Wahrheit" (Skt.: *samvritisatya*) gegenübergestellt.

Aus diesen Erläuterungen sollte deutlich hervorgehen, daß sich der Buddhismus nicht gegen den *Gebrauch* von Begriffen an sich wendet, sondern gegen das, was aus seiner Sicht Formen des *Mißbrauchs* von Begriffen sind. Der Buddhismus achtet daher sorgfältig darauf, auch seine eigenen Begriffe nicht zu mißbrauchen. Diese Wachsamkeit gilt in der Sichtweise des Buddhismus auch für seine eigene Lehre. Der *Dharma* und alle seine universellen Begriffe sind keine absolute, sondern eine relative Wahrheit. Der *Dharma* hat das Ziel, uns anfänglich aus der Befangenheit durch Begriffe, die uns immer mehr in die relative Wahrheit verstrickt und uns diese als scheinbar absolute Wahrheit erleben läßt, zu befreien. Das abschließende Ziel ist die Befreiung aus der Befangenheit durch die Begriffe des *Dharma* selbst.

Die buddhistische Lehre sieht den positiven Zweck ihrer eigenen Begriffe darin, daß sie uns die Richtung aufzeigen. Die buddhistischen Begriffe mit einer eher psychologischen Ausrichtung erfüllen, wie wir nun näher betrachten werden, ebenfalls diese Funktion.

Buddhistische und westliche Psychologie

Die Psychologie ist eine westliche Wissenschaft, die es in dieser Form im Buddhismus nicht gibt. Die *Sutras* und *Shastras* (von späteren buddhistischen Lehrern verfaßte Kommentare) konfrontieren uns aber mit einer weitläufigen Skala von Gedanken und Theorien, die sich auf das Gebiet der westlichen Psychologie beziehen. In diesem Sinne können wir, obwohl es ein Anachronismus ist, von einer „buddhistischen Psychologie" sprechen. Wie das fünfte Kapitel deutlich machen wird, sind die psychologischen Begriffe des Buddhismus eng mit der Praxis der Meditation der klaren Einsicht verbunden. Diese Meditation ist eine Form der Untersuchung, einer systematischen Eigenschau. Alle buddhistischen Theorien entstammen mit Sicherheit dieser Meditation und basieren auf ihr. Im Sinne dieser Psychologie verweisen Begriffe wie „Geist", „Achtsamkeit", „Emotion", „Einsicht", „Motivation" und „Wahrnehmung" auf die Phänomene, die systematisch unter dem „Mikroskop" der Meditation der klaren Einsicht erforscht werden.

Im zweiten Kapitel wurde auf den empirischen Charakter des Buddhismus als Religion hingewiesen. Aus der buddhistischen Perspektive ist die eigene psychologische auch eine empirische Terminologie, da sie nicht auf Glauben, sondern auf Erforschung basiert. Dennoch ist die Bedeutung von „empirisch" unterschiedlich zur Bedeutung in der westlichen wissenschaftlichen Psychologie. In der westlichen Psychologie bezieht sich der Begriff „empirisch" ausschließlich auf das, was wir direkt oder indirekt mit unseren fünf Sinnesorganen wahrnehmen können. Damit werden die Phänomene, die nicht mit unseren Sinnesorganen, sondern nur in der Eigenschau wahrgenommen werden können, ausgeschlossen.

So wurde die empirische Psychologie zu einer Wissenschaft, in der ein Forscher das (körperliche und sprachliche) Verhalten der Menschen studiert, das (direkt oder indirekt) in seiner Umgebung beobachtet werden kann. Dieser Ansatz hat die Bedeutung westlicher Begriffe beeinflußt, die sich auf den Geist oder die *Psyche* beziehen. Die moderne kognitive Psychologie studiert vor allem den Prozeß des Denkens und Wahrnehmens in Begriffen der Verarbeitung von Informationen, lehnt jedoch weiterhin (in Nachahmung des inzwischen nahezu veralteten *Behaviourismus*) die Eigenschau als Untersuchungsmethode ab. Werden in dieser Psychologie Begriffe wie „Denken", „Bewußtsein", „Fühlen" oder „Wille" verwendet, beziehen diese sich nicht auf eine persönliche Erfahrung des Denkens, Fühlens und so weiter, sondern auf begrenzte Verhaltensformen, von denen angenommen wird, sie lieferten Hinweise auf theoretisch angenommene mentale Prozesse.

Es liegt also eine große Kluft zwischen der wissenschaftlichen Psychologie des Westens und der buddhistischen Psychologie. Diese

Kluft läßt sich nur überbrücken, wenn man einerseits die Grundlagen und Konzepte der wissenschaftlichen Psychologie einer erneuten Untersuchung unterzieht und andererseits eine psychologische Sprache entwickelt, die als Brücke zwischen beiden Psychologien dienen kann. Der immer intensivere Dialog zwischen Buddhismus und westlicher Psychologie und Psychotherapie bietet dazu Ansätze (siehe *Guenther*, 1976; *Kalupahana*, 1987; *Komito*, 1987; *Kwee* und *Holdstock*, 1996; *De Wit*, 1990 und 1993; *Epstein*, 1997). Dieser Dialog hat sich während der letzten zwanzig Jahre immer mehr vertieft, wodurch auch wissenschaftlich orientierte Buddhismusforscher realisiert haben, daß die Praxis der buddhistischen Meditation sie im Verständnis des empirischen Gehaltes der buddhistischen Psychologie unterstützt. Aus diesem Grund entwickelte sich bei ihnen ein immer stärkeres Interesse, den Buddhismus durch die Praxis der Meditation unter Anleitung eines erfahrenen buddhistischen Meditationsmeisters zu studieren, wie es Cobb (1982) und Knitter (1986) vorgeschlagenen haben. Dieser Ansatz hat schließlich auch zur Übersetzung von buddhistischen Begriffen in eine vermehrt psychologische Richtung geführt.

Kontemplative Psychologie

Der interreligiöse Dialog zwischen Christentum und Buddhismus (siehe z. B. *Cobb*, 1987; *De Wit*, 1991; *Masao Abe*, 1985; *Walker*, 1987) ist ein weiterer Faktor, der zu einem besseren Verständnis der buddhistischen Psychologie beigetragen hat. Dieser Dialog belegt einmal mehr das Bestehen einer gemeinschaftlichen *psychologischen* Grundlage innerhalb der großen Religionen, die auf das Finden einer spirituellen Methode für den Umgang mit unserem Geist, unseren Mitmenschen und unserer Umwelt abzielt. Alle diese Traditionen sind mit denselben menschlichen Problemen konfrontiert. Es erweist sich auch, daß der dabei verwendete Begriffsrahmen nicht nur theologische, sondern auch psychologische Interpretationen und Funktionen hat. Diese Interpretationen und Funktionen stammen jedoch nicht aus der westlichen Psychologie, sondern direkt aus der kontemplativen Tradition. Sie scheinen eine eigene und eigengeartete Psychologie zu besitzen. Das Wesen und die allgemeine Struktur dieser „kontemplativen Psychologie" habe ich in anderen Veröffentlichungen ausführlich beschrieben (*De Wit*, 1991 und 1998). Eine kurze Beschreibung von vier Aspekten dieser Psychologie, die sich von unserer allgemeinen Psychologie unterscheiden, unterstützt uns darin, dem psychologischen Ansatz des Buddhismus eine Perspektive zu verleihen.

Als ersten Aspekt beinhaltet die kontemplative Psychologie eine „Psychologie der ersten Person", in der auch die Phänomene des Studienobjektes einbezogen werden, die sich *mir* (der ersten Person) darstellen. Darunter fallen mentale Phänomene, die nicht immer direkt von Dritten beobachtet werden können. Die westliche empirische Psychologie beschränkt sich auf die Beobachtung von anderen Personen sowie ihrer körperlichen und sprachlichen Verhaltensweise. Damit ist sie eine „Psychologie der dritten Person".

Als zweiten Aspekt akzeptiert die kontemplative Psychologie bestimmte spirituelle Disziplinen als eine zuverlässige Methode für die Beobachtung und Erforschung mentaler Phänomene. Wie bereits erwähnt, lehnt die westliche empirische Psychologie die Möglichkeit einer zuverlässigen Eigenschau von mentalen Phänomenen ab.

Als dritten Aspekt haben die aus religiösen Traditionen hervorgegangenen kontemplativen Psychologien die Vertiefung der Frage gemeinsam, was der Ursprung unserer selbstgeschaffenen Wirklichkeitswelt und egozentrischen Lebenseinstellung ist und auf welche Weise wir diesen Ursprung beseitigen und uns aus dieser Scheinwelt befreien können. In der westlichen Psychologie ist diese Frage kein oder ein nur seltenes Thema.

Als vierten Aspekt ist jede kontemplative Psychologie in eine kontemplative/religiöse Tradition eingebettet und von ihr gefärbt, während sich die westliche Psychologie nachdrücklich von jedem religiösen Zusammenhang distanziert. Die Funktion einer kontemplativen Psychologie unterscheidet sich daher auch von der westlichen Psychologie. Ihre Funktion ist es, einen praktischen Einblick zu vermitteln, auf welche Weise und zu welchem Zeitpunkt bestimmte spirituelle Disziplinen die Transformation eines Praktizierenden unterstützen können. Diese Transformation zielt auf eine Selbstbefreiung des Praktizierenden aus der Befangenheit seiner selbstgeschaffenen und egozentrischen „Wirklichkeit" ab. Obwohl es in unterschiedlicher Weise ausgedrückt wird, ist das Ziel dieser Transformation, Verblendung und das daraus entstehende Leiden zu überwinden und eine wahre Menschlichkeit zu realisieren, die sich vorbehaltlos in Gedanken, Worten und Taten manifestieren kann.

Der Buddhismus scheint eine bemerkenswert ausgefeilte kontemplative Psychologie im Sinne der obigen Beschreibung entwickelt zu haben. Die wesentlichen Aspekte dieser Psychologie werden wir in den folgenden Abschnitten näher untersuchen.

Die kontemplative Psychologie des Buddhismus

Wie im ersten Kapitel beschrieben, begannen die Schüler Buddhas nach seinem Ableben, dessen Lehren, die er in den verschiedenen Abschnitten seines Lebens gegeben hatte, zu ihrer Bewahrung für zukünftige Generationen zu sammeln und zu systematisieren. Mit diesem Ziel wurden mehrere Konzile abgehalten, in deren Rahmen diese Lehren in drei Abschnitte oder drei „Körbe" (Skt.: *tripitaka*) unterteilt wurden. Der erste Korb umfaßt die *Sutras*, der zweite den *Vinaya*, die Schriften, in denen die Anleitungen für die kontemplativen Übungen und das Kultivieren von Körper, Rede und Geist enthalten sind. Der dritte Korb umfaßt den *Abhidharma*, einen systematischen Überblick über alle Kernbegriffe des *Dharma*. In diesem Korb finden wir Auflistungen von Begriffen, die Bezug nehmen auf das Wesen des Geistes und der Erfahrung des Menschen. Dieser Korb, das Ergebnis des Bestrebens, den *Dharma* in einer enzyklopädischen und systematischen Form zu präsentieren, wird das „höchste" (Skt.: *abhi*) *Dharma* genannt. Auf diesen Korb verwies Rhys Davids (1914) mit dem Begriff „Buddhistische Psychologie".

Die bekanntesten der zahlreichen Schriften des *Abhidharma* sind das *Abhidharma Kosa* von Vasubandhu (1971) und *Abhidharma Samucchaya* von Asanga (1980), die beide Ende des 4. Jahrhunderts n. Chr. in Indien verfaßt wurden. Im Verlauf der Geschichte des Buddhismus wurden bis auf den heutigen Tag Kommentare verfaßt, die diese „Buddhistische Psychologie" weiter durchdenken und auslegen (z. B. *Narada*, 1973; *Kalupahana*, 1987; *Rabten*, 1992). Diese aktuelleren Kommentare erläutern den Menschen der Gegenwart und aus anderen Kulturen den *Abhidharma* teilweise mit anderen Begriffen, denn keine psychologische Überlieferung – sei sie wissenschaftlich oder kontemplativ – kann die Tatsache ignorieren, daß die *Verbalisierung* ihrer Theorien auf einer bestimmten Ebene veraltet sein kann oder kulturell gebunden ist. Daher müssen immer wieder neue Ausdrucksformen gefunden werden.

Die Thematiken selbst des *Abhidharma* sind jedoch mehr oder weniger festgelegt, denn sie gehen zurück auf eine seit 2500 Jahren bestehende Methode der buddhistischen Erforschung des menschlichen Geistes und der menschlichen Erfahrung, der Praxis der Meditation. Daher kann der *Abhidharma* als eine systematische Aufzeichnung von und eine gedankliche Auseinandersetzung mit den psychologischen Erkenntnissen betrachtet werden, die sich aus der Praxis der Meditation der klaren Einsicht ergeben. Die Meditation der klaren Einsicht basiert nicht auf der Anwendung unserer intellektuellen analytischen Fähigkeiten, sondern auf Achtsamkeit (siehe fünftes Kapitel). Diese Achtsamkeit beruht auf einem geistigen Unterscheidungsvermögen (Skt.: *prajna*), mit dem wir Schein und Wirklichkeit unterscheiden können. Der *Abhidharma* ist die Niederschrift dieses Unterscheidungsvermögens. Mit anderen Worten ausgedrückt, befreit uns *Prajna* von *Avidya*, der Verblendung oder Unwissenheit. Die Praxis der Meditation der klaren Einsicht ist die Methode, mit der *Prajna* geweckt, entwickelt und angewandt wird. *Prajna* klärt das Wesen des menschlichen Geistes und der menschlichen Erfahrung, vor allem das Wesen von *Avidya* sowie dessen Ursache und Auswirkungen auf unseren Geist und unsere tägliche Erfahrung. Wir werden die buddhistische Psychologie anhand der Frage des Wesens von *Avidya* untersuchen.

Das Wesen von Avidya oder Unwissenheit

Was sagt die kontemplative Psychologie des Buddhismus über den menschlichen Geist und die menschliche Erfahrung? Die buddhistischen Traditionen haben mehrere Psychologien, wir werden uns aber in diesen Zusammenhang auf die Begriffe beschränken, die für das Verständnis der psychologischen Bedeutung von *Avidya* relevant sind, und stellen damit die Hauptlinie und das Hauptziel des *Abhidharma* in den Mittelpunkt.

Avidya wird (vor allem im Mahayana) als die Folge von zwei mentalen Bewegungen betrachtet, der kognitiven und emotionalen Entwicklung, die gemeinsam unseren Blick auf die Wirklichkeit verschleiern. Sie werden als „kognitive Schleier" (Skt.: *jneyavarana*) und „emotionale Schleier" (Skt.: *kleshavarana*) bezeichnet. *Jneya* bedeutet „Verstehen", *Klesha* bedeutet wörtlich „Gift". Im *Abhidharma* ist das eine Anspielung auf egozentrische Emotionen, die unseren Geist und unsere Menschlichkeit ersticken. Der Begriff *Avarana* bedeutet wörtlich „Schleier" oder „Bedeckung". Diese beiden Schleier sind die Ursache von *Avidya* und unserem Leben in *Samsara*. Wir werden an Stelle des Begriffs „Schleier" im folgenden den Begriff „Verwirrung" verwenden und von *kognitiver Verwirrung* und *emotionaler Verwirrung* sprechen.

Wir beginnen die nähere Betrachtung dieser beiden Schleier mit *Jneyavarana*, dem kognitiven Schleier, der uns sowohl eine *selbstgeschaffene* als auch *egozentrische* Wirklichkeit vorspielt. Wir untersuchen als erstes, auf welche Weise und in welchem Sinne unsere Alltagswirklichkeit der buddhistischen Psychologie zufolge unsere eigene Schöpfung ist, wie diese Schöpfung zustande kommt und wie sie sich aufrecht erhält. Dazu müssen wir die buddhistische Psychologie in bezug auf Erfahrung, Geist, Bewußtsein und Verständnis verstehen. Anschließend erläutern wir, in welchem Sinne unsere gewöhnliche Erfahrung egozentrisch ist. Damit schließen wir die Betrachtung von *Jneyavarana* als Ursache von *Avidya* ab. Als nächsten Schritt unterziehen wir die zweite Ursache von *Avidya*, den emotionalen Schleier, beziehungsweise *Kleshavarana*, der sich auf das Gefühlsleben innerhalb der egozentrischen Perspektive bezieht, einer näheren Untersuchung. Im folgenden Kapitel werden wir die Ergebnisse in den Dialog mit der westlichen Psychotherapie einbeziehen. Beginnen wir mit den Begriffen Erfahrung, Geist und Bewußtsein im buddhistischen Sinne, die uns einen Einblick in die Bedeutung der kognitiven Verwirrung gibt.

Der Begriff „Erfahrung" im Abhidharma

Der Kern der Praxis der buddhistischen Meditation ist das Schärfen unseres Unterscheidungsvermögens und die Ausrichtung dieses Vermögens auf das, was wir als *gesamtes Erfahrungsfeld* bezeichnen werden. Dieses gesamte Erfahrungsfeld schließt alles ein, was wir wahrnehmen können, visuelle Erfahrungen, Geräusche, Geschmackseindrücke, physische Wahrnehmungen, Gedanken, Emotionen, (Tag)träume und andere Dinge, die unseren Geist bewegen. Kurz ausgedrückt schließt dieses gesamte Erfahrungsfeld alle Phänomene ein, die wir gewöhnlich als „außerhalb von uns", und alle Phänomene, die wir als „in uns" erfahren. In der Meditation wird dieses Erfahrungsfeld systematisch beobachtet. Daher wird die Form der Achtsamkeit der Meditation der klaren

Einsicht auch als *panoramisches Bewußtsein* bezeichnet (*Trungpa*, 1978). Diese Achtsamkeit ist in den Augenblicken aktiv, in denen wir von unserer Erfahrung *nicht befangen sind*. In diesen Augenblicken sind wir frei von der Neigung, uns mit bestimmten Phänomenen innerhalb unseres Erfahrungsfeldes zu identifizieren. Unsere Achtsamkeit ist frei von jeder geistigen Manipulation *durch* unsere Erfahrung, und wir können die Wechselwirkung zwischen den Phänomenen und unserem Erfahrungsfeld gut beobachten. Wir können ihren Zusammenhang (Skt.: *pratiyasamutpada*) und ihre kausale Verkettung erkennen. Wie bereits erwähnt, bildet diese Erkenntnis den wesentlichen Anteil des *Abhidharma*.

Dharmas als Erfahrungsmerkmale

Der Begriff „Erfahrungsfeld" bezeichnet die Gesamtheit der Erfahrung in einem Augenblick. Die Zeit steht aber nicht still, auf jeden Augenblick folgt ein weiterer Augenblick, und unser Erfahrungsfeld befindet sich permanent in Bewegung. Daher spricht der *Abhidharma* in bezug auf „Erfahren" auch von einem Fluß (Skt.: *santana*), der von der Abfolge von Augenblicken gebildet wird. Jeder Augenblick innerhalb dieses Flusses hat seine eigenen „Erfahrungsmerkmale", womit gemeint ist, daß sich in jedem Augenblick mehrere Phänomene wie beispielsweise körperliche Wahrnehmungen, Eindrücke unserer Umgebung, Gefühle und Gedanken gleichzeitig manifestieren. Jeder Erfahrungsmoment setzt sich zusammen aus mehreren Erfahrungsmerkmalen. Diese werden als *Dharmas* (hier im Plural) bezeichnet. Der Begriff *Dharmas* hat in diesem Zusammenhang nicht die Bedeutung von *Dharma* als Bezeichnung der buddhistischen Lehre.

Alle *Dharmas* sind in jedem Augenblick die Ursache der Abfolge des Erscheinens und Verschwindens anderer *Dharmas*. Sie sind vergänglich und kausal miteinander verbunden, ihre Dauer ist begrenzt, denn sie erscheinen, verweilen und lösen sich durch die (Ein)wirkung anderer *Dharmas* wieder auf. Zusammengefaßt ausgedrückt sind *Dharmas vergängliche* und *wirksame* Erfahrungsmerkmale, die direkt auf *unser eigenes Erfahren* einwirken. Das letztgenannte Merkmal spiegelt den auf die erste Person bezogenen Ansatz der buddhistischen Psychologie wider.

Dharmas sind somit keine objektiven, von der menschlichen Wahrnehmung losgelösten Einheiten von Objekten (obwohl die frühere Unterschule der Vaibashikas diese als solche ansah). Eines der charakteristischen Merkmale der buddhistischen Psychologie ist, wie wir später im Detail darlegen werden, die sorgfältige Vermeidung der Annahme des Bestehens von Objekten und Subjekten. Sie geht auch nicht von Objekten aus, die *außerhalb oder hinter* unserem Erfahrungsfeld existieren und die Ursache der Phänomene sind, die sich in diesem manifestieren. Wie die frühe westliche Bewußtseinspsychologie von Wilhelm Wundt (1896) und die westliche Phänomenologie (Merlau-Ponty, 1943) verneint sie die Existenz unabhängiger, eigenständiger Objekte oder Subjekte. Das hat einige Übersetzer von buddhistischen Schriften wie beispielsweise Guenther (1975) dazu veranlaßt, teilweise auf die Terminologie der phänomenologischen Philosophie zurückzugreifen.

Der solipsistische Charakter der Erfahrung

Wir glauben aber dennoch, in unserer Alltagserfahrung einzelne Objekte und Erscheinungen wahrzunehmen. Was ist der Grund dafür? Sowohl Wundt als auch die Meister des *Abhidharma* gehen davon aus, daß diese (scheinbar) entstehen, da unser Geist die Phänomene innerhalb unseres Erfahrungsfeldes mental verarbeitet und uns diese Phänomene in Form von Objekten und Gegenständen präsentiert. Aus buddhistischer Sicht „existieren" Objekte daher ausschließlich als geistiges Konstrukt. Wenn wir diese Objekte als wirklich existent betrachten, leben wir in einer *von unserem Geist erschaffenen Welt* und somit in einer Welt, die allein (Lat.: *solus*) dann besteht, solange wir selbst (Lat.: *ipse*) bestehen, und die mit unserem Vergehen ebenfalls vergeht. Mit einem Begriff aus der westlichen Philosophie ausgedrückt, leben wir in einer *solipsistischen* Welt, einer illusionären Welt aus selbstgeschaffenen Objekten. Anstatt die Tatsache dieser Illusion zu erkennen, erkennen wir diese Illusion als Tatsache an. Diese Form der *kognitiven Verwirrung* ist das Merkmal des nicht erleuchteten Geistes. Er erkennt die Verarbeitung der Phänomene zu Objekten und Gegenständen nicht als seine eigene Aktivität. In diesem Sinne kennt sich dieser Geist auch selbst nicht. Das ist ein Aspekt, der im Buddhismus mit *Avidya* ausgedrückt wird.

Die sechs Erfahrungsquellen

Der *Abhidharma* will uns einen Einblick geben, welche Erfahrungsmerkmale oder *Dharmas* in unseren Erfahrungsmomenten anwesend sind. Er klassifiziert – in Übereinstimmung mit zahlreichen anderen kontemplativen Psychologien (siehe *De Wit*, 1998: 76) – zuerst die Erfahrungsmerkmale nach der Quelle ihres Ursprungs. Hierbei unterscheidet er zwischen sechs Ursprungsquellen, von denen fünf auf Sinnesorganen basierende Erfahrungsströme sind, das heißt die Erfahrung des Sehens (Formen und Farben), des Hörens (Geräusche), des Riechens (Gerüche), des Schmeckens (Geschmack) und des Berührens (körperliche Wahrnehmungen). Diese fünf Erfahrungsströme bilden unsere gewöhnliche „Außenwelt der Sinnesorgane". Diese ist nicht die Welt der Physis, sondern die Welt der Erscheinungen der „ökologischen Physis", um es mit den Worten von Gibson (1979) auszudrücken. Es ist die physische und materielle Welt, wie sie durch die Sinnesorgane wahrgenommen wird. Der *Abhidharma* enthält eine ausführliche Analyse der Erfahrungsmerkmale dieser „Gibsonschen Welt", auf die wir aber hier nicht näher eingehen werden.

Die sechste Erfahrungsquelle ist keine sinnliche, sondern eine mentale Ursprungsquelle. Dieser Quelle entspringt der Strom mentaler Phänomene wie Gedanken, Konzepte, Emotionen, Erinnerungen, Pläne, Phantasien, kurz gesagt, aller mentalen Ereignisse. Sie enthält die sogenannten geistigen *Dharmas* (Skt.: *chaittadharmas*), das heißt alle geistigen Phänomene, die ausschließlich für uns selbst direkt wahrnehmbar sind. William James hat diesen Strom treffend als „stream of thoughts" (Gedankenstrom) bezeichnet. Im Rahmen der Klassifizierung des *Abhidharma* ist dieser der größte der sechs Ströme, denn der Hauptanteil der *Dharmas* befinden sich in diesem Strom. Daher hat er die größten Auswirkungen auf die Erlebnisqualität eines jeden Erfahrungsmoments. An diesem Beispiel können wir deutlich ablesen, wie stark der *Abhidharma* einen psychologischen Ansatz verfolgt.

Der Begriff „Geist" im Abhidharma

Die buddhistische Bezeichnung für diesen sechsten Strom ist *Chitta*, ein Sanskritwort, das in den westlichen Sprachen – aus Mangel an einer besseren Alternative – meistens als „Geist" übersetzt wird. Dabei müssen wir aber bedenken, daß *Chitta* lediglich eine Bezeichnung für die Gesamtheit der mentalen Phänomene (Skt.: *chaittadharmas*) ist, die wir von Moment zu Moment erfahren. Das Wort „Geist" verweist nicht auf einen Gegenstand, ein Organ oder eine Instanz, sondern auf den geistigen Gehalt eines jeden Erfahrungsmoments. Die Beziehung zwischen *Chitta* und seinen *Chaittadharmas* ist identisch mit dem zwischen Wald und Bäumen oder eines Konglomerats (im wissenschaftlichen Sinn) und den Elementen dieses Konglomerats. In der Terminologie der westlichen Psychologie hat *Chitta* lediglich eine *nominale Bedeutung*. Wir können daher zwar sagen, daß die *Chaittadharmas* gemeinsam einen Geisteszustand bestimmen, müssen aber darauf achten, „Geist" nicht als eine Instanz oder Entität zu verstehen, die diese *Chaittadharmas* besitzt oder erzeugt (so wie wir darauf achten müssen, das Konzept „Wald" nicht als eine Entität aufzufassen, die Bäume besitzt).

Im westlichen Kulturkreis verwenden wir den Begriff „Geist" in einem anderen Sinn. Wir betrachten den menschlichen Geist als eine nicht körperliche, geistige Entität oder Instanz, die auf bestimmte Weise den Strom der mentalen Erfahrungen trägt oder besitzt und losgelöst ist vom Strom der sinnlichen Wahrnehmungen. Das führt leicht zu der Idee, der menschliche Geist sei etwas, das sich *über die Sinnesorgane in Kontakt mit der Umwelt befindet*. Damit öffnet sich die Sackgasse zum (paradoxen) *mind-body problem* (Geist-Körper-Problem) der modernen Philosophie. Wie kann der Geist, wenn er von der Erfahrung durch die Sinnesorgane losgelöst ist, die sinnliche, materielle Welt wahrnehmen und zu einer verläßlichen Darstellung oder Vorstellung verarbeiten?

Nach den Lehren des *Abhidharma* ist dieses Problem und die sich aus ihm ergebende Frage die Folge – und der Beweis – einer falschen Interpretation des Wesens des Geistes. Die Grundlage dieser falschen, nicht nominalen Interpretation ist der Verlust des Verständnisses, daß der Geist keine Entität ist, der im menschlichen Körper wohnt, und die von ihm erfahrenen Objekte keine objektive Realität sind, sondern mentale Konstrukte auf Basis von Phänomenen. Geht dieses Verständnis in unserer alltäglichen Erfahrung verloren, sind die Konsequenzen größer, als vor lauter Wald die Bäume nicht zu sehen. Wenn wir an die objektive Existenz der von unserem Geist geformten Produkte glauben, werden wir unser Lebensglück im Erlangen der Objekte suchen, von denen wir eine Befriedigung unseres Verlangens erwarten, sowie in der Vermeidung oder Vernichtung der Objekte, die unserer Ansicht nach unserem Glück im Wege stehen. In diesem Fall werden diese Objekte der Brennpunkt von Habgier, Aggression oder Desinteresse. Im Kielwasser dieser drei unheilsamen *Dharmas* folgen nach Aussage des *Abhidharma* in unserem Geistesstrom die anderen unheilsamen (Skt.: *akusala*) *Dharmas* wie beispielsweise Eifersucht, Arroganz und Zorn. Das Handeln auf der Grundlage dieser *Dharmas* scheint einen Weg zum Glück zu suggerieren, da dieser Weg aber daraus besteht, illusorischen Objekten nachzujagen, vor diesen zu flüchten oder diese zu vernichten, führt er nicht zu einem glücklichen und geistig gesunden Leben, sondern intensiviert ein leidvolles und destruktives Leben für uns und andere. Diese Art des Lebens wird als „Leben in *Samsara*" bezeichnet.

Geist und Erfahrung

Die Konsequenz einer nominalen Definition des Begriffes „Geist", wie wir sie in der buddhistischen Psychologie finden, ist eine Untrennbarkeit der beiden Begriffe „Geist" und „Erfahrung", und zwar aus mehreren Gründen.

Der erste und fundamentale Grund ist, daß unsere alltäglichen Erfahrungen, auch die durch die fünf Sinnesorgane, in dem Sinne geistig sind, als sie sich für eine geistige Verarbeitung auch in unserem Geist (d. h. in unserem mentalen Strom) manifestieren müssen. Mit anderen Worten, gerade weil unsere Erfahrung – als subjektive Erfahrung – auf der ersten Person beruht, manifestiert sich für uns die Welt der Phänomene ausschließlich als der Inhalt unseres Geistes oder Bewußtseins. Wir werden in diesem Kapitel noch näher auf diesen Aspekt eingehen. Unser Geist wohnt sozusagen nicht in unserem Körper, sondern es verhält sich eher umgekehrt. Alle von uns erfahrenen Phänomene, einschließlich unserer körperlichen Wahrnehmungen, befinden sich in unserem Geist. Wo aber befindet sich unser Geist? Dort, wo sich unsere Erfahrung der Phänomene befindet, und dabei macht es keinen Unterschied, ob es sich um sinnliche oder mentale Phänomene handelt.

Der zweite Grund ist nach dem *Abhidharma* die Erfahrbarkeit der mentalen *Dharmas*. Sie manifestieren sich, gemeinsam mit den durch die Sinnesorgane erfahrenen *Dharmas*, in unserem *Erfahrungsfeld*. Allgemein ausgedrückt, wir können unseren Geist erfahren. Präziser ausgedrückt, unser *Bewußt-Sein* kann unsere geistigen Inhalte wahrnehmen. „Geist" ist hier also zu einem allgemeinen Begriff mit einem empirischen (ehrfahrbaren) Inhalt geworden und bezeichnet den Inhalt des Geistesstroms selbst.

Der dritte Grund für die Untrennbarkeit der beiden Begriffe „Geist" und „Erfahrung" ist die Tatsache, daß sich die sechs Erfahrungsströme beim nicht erleuchteten Menschen ständig miteinander vermischen und jeder geistige Erfahrungsmoment von mentalen *Dharmas* durchdrungen und gefärbt ist, ohne daß sich der Mensch dessen bewußt ist. Wie bereits erwähnt, spielen dabei vor allem die mentalen *Dharmas* in Form von Konzepten und Vorstellungen eine zentrale Rolle. Nur wenn wir „unseren Kopf verlieren", verlieren wir auch das Bewußtsein für ihren mentalen Charakter. Dann wird unsere Erfahrung von den Konzepten (einschließlich der psychologischen Konzepte) gefesselt und eingeengt, die sich zufällig in unserem Geist festgesetzt haben. In diesem Fall verwandelt sich unser Erfahrungsstrom in eine „konzeptualisierte Erfahrung" (*De Wit*, 1998: 208). Wir verwechseln dann die geistigen Bilder und Vorstellungen, die wir von uns, unseren Mitmenschen und der Welt haben, mit dem Abbild diese Bilder und *erfahren dann ausschließlich das, was wir (glauben zu) kennen*. In diesem Moment hat sich die Frische und Klarheit der Erfahrung aufgelöst. Dieses ist eine andere Möglichkeit, *Avidya* zu beschreiben.

Bewußt-Sein als Definition von Geist

Im Rahmen dieses Buches können wir nur einige Hauptlinien der buddhistischen Sichtweise in bezug auf Bewußtsein und Geist aufzeigen, und von diesen Hauptlinien auch nur diejenigen, die für den Dialog mit unserem westlichen Verständnis von Geist und Bewußtsein relevant sind. Zahlreiche Einzelheiten und nicht zuletzt auch die unterschiedlichen Interpretationen des *Abhidharma* innerhalb der buddhistischen Schulen (z. B. der Vaibhasika, Sautrantika und Yogachara) müssen unerwähnt bleiben. Neben der oben beschriebenen nominalen Interpretation des

Begriffes *Chitta* oder *Geist* finden wir in der buddhistischen Psychologie noch eine zweite Interpretation, die für unseren Dialog von Bedeutung ist. In dieser Interpretation wird *Chitta* als Synonym des Begriffes *Vijnana* verwendet. Seit Stcherbatsky (1923, Ausgabe 1970) wird *Vijnana* gewöhnlich mit „Bewußtsein" übersetzt. Wenn wir untersuchen, welche Bedeutung „Bewußtsein" in der Psychologie und Philosophie in der Zeit von Stcherbatsky hatte, ist diese im Kern das Vermögen, sich mentale und sinnliche Phänomene *bewußt zu machen*. Dieses ist eine Form des Wissens, die sich dem Konzept *„knowledge by acquaintance"* von Bertrand Russel annähert. Wir finden diesen Begriff auch im Werk von Wilhelm Wundt (1896), dem Gründer der wissenschaftlichen Psychologie, wieder.

In der buddhistischen Psychologie verweist der Begriff *Vijnana* ebenfalls auf die geistige Aktivität des Bewußtwerdens. Es gibt aber im Vergleich zur Verwendung des Begriffs „Bewußtsein" im Westen zwei Unterschiede in der Bedeutung.

Der erste Unterschied ist, daß sich *Vijnana* ausschließlich auf das Bewußtsein des nicht erleuchteten Menschen, der in *Avidya* lebt, bezieht. Kennzeichnend für diesen Menschen ist sein dualistisches, gebrochenes Bewußtsein, das er nur zum Teil kennt. Das bringt die Vorsilbe „*Vi*" in *Vijnana* zum Ausdruck, deren Bedeutung „trennen" ist. *Vijnana* ist daher kein absolut klares Bewußtsein, aber auch kein absolutes Unbewußtsein. Es ist ein dualistisches Bewußtsein, das sich des Erfahrungsfelds in seiner ungebrochenen Gesamtheit *nicht bewußt* ist. In diesem Sinn ist *Vijnana* auch *Unbewußt-Sein*. Es ist das Bewußtsein eines vagen Gefühls von „dies" gegenüber „das" und somit auch die Bewußtseinsbasis des Ego. Wir werden später näher auf diesen Aspekt eingehen. Dieser Dualismus ist der Aspekt der Verblendung von *Vijnana*, durch die wir bestimmte Dinge nicht sehen, uns dieser nicht bewußt sind, und die uns eine eingeschränkte Sicht vermittelt. In einigen buddhistischen Analysen – beispielsweise in denen der Lehre des *Tahtagathagarba* (siehe *Hookham*, 1991: 95) – wird das gesamte Erfahrungsfeld *Alaya* und das Bewußtsein, das dieses gesamte Erfahrungsfeld in dualistischer Weise erfährt, *Alayavijnana* genannt. In anderen Analysen – insbesondere in denen des Yogachara – wird *Alayavijnana* als die dynamische Ursprungsbasis aller dualistischen Erfahrungen betrachtet.

Als zweiten Unterschied verweist *Vijnana* auf eine geistige Aktivität, nicht auf eine geistige Fähigkeit oder auf *das* Bewußtsein, wie es in der westlichen Psychologie verstanden wird. *Vijnana* bezeichnet *die Art und das Ausmaß* unseres Bewußtwerdens der Phänomene, die sich in den sechs Erfahrungsströmen manifestieren. Diese geistige Aktivität vollzieht sich auf mehreren Ebenen und in verschiedenen Formen. Daraus folgt, daß die buddhistische Psychologie nicht von einem Bewußtsein des Menschen ausgeht. Können wir den Begriff *Vijnana* dann noch als Interpretation für den Begriff „Geist" verwenden, wie wir ihn im alltäglichen und westlichen Denken verstehen? Betrachten wir dazu näher, in welcher Weise die Schulen des *Abhidharma* über Bewußtsein sprechen.

„Bewußt-Sein" im Abhidharma

Vijnana ist im Buddhismus mehr ein Verb als ein *Substantiv*. In der Übersetzung dieses Begriffs werden wir diesen Aspekt durch das Einfügen eines Bindestriches zwischen diesen beiden Wortstämmen unterstreichen: *Bewußt-Sein*. Gerade im Dialog mit der westlichen Tiefenpsychologie und -psychotherapie, in denen das „Bewußte" und „Unbewußte" im Mittelpunkt steht, ist eine nähere Betrachtung der Analyse des Prozesses des Bewußtwerdens und (un)bewußten Erfahrens in der buddhistischen Psychologie aufschlußreich. Dabei sollen uns zwei Fragen leiten: Wie entsteht bei einem gewöhnlichen (nicht erleuchteten) Menschen und wie bei Buddhas der Moment eines bewußten Erfahrens, und um welche Art des Bewußt-Seins handelt es sich in beiden Fällen?

Die Wirkung des Bewußt-Seins nach dem Abhidharma

Die Analyse des *Abhidharma* der Wirkung des menschlichen Geistes ist fast wie *kognitive Psychologie*. Der buddhistische Sanskrit-Begriff für diese Psychologie ist *Pramana*, der meistens als „gültige Wahrnehmung" (*valid cognition*, siehe u. a. *Dreyfus*, 1997) übersetzt wird. Was ist eine gültige und was eine verläßliche Wahrnehmung? Wie sind die psychologischen Prozesse, die zu ihr hin- oder von ihr hinwegführen, beschaffen?

Diese Kernfragen stellt auch die westliche kognitive Psychologie. Im Dialog mit dieser Psychologie können wir daher auch einige ihrer

Begriffe verwenden. Wir werden an Stelle des Begriffs „Wahrnehmung" – der vor allem philosophisch verstanden wird – den Begriff „Kognition" verwenden. Für die aktive Wahrnehmung, die sich auf eine Erfahrung durch die Sinnesorgane bezieht, werden wir den Begriff „perzeptuelle Kognition" wählen. Das Ergebnis der perzeptuellen Kognition werden wir „Perzeption" nennen. Das kognitive Ergebnis auf der Grundlage von Begriffen und Vorstellungen – wie beispielsweise dem Nachdenken – werden wir als „konzeptuelle Kognition" bezeichnen.

Wir beginnen mit der Frage, wie ein bewußter Erfahrungsmoment entsteht. Die Antwort auf diese Frage zeigt uns auf, in welchem Sinne die Begriffe „Geist", „Bewußt-Sein" und „Erfahrung" im *Abhidharma* verwendet werden und in welcher Beziehung sie zueinander stehen. Ohne hier in Details zu gehen, die zu weit führen würden, unterscheidet die kognitive Psychologie des Buddhismus zwischen zwei Phasenebenen, die zu einem Moment des Bewußt-Seins führen (eine detailliertere Ausführung geben u. a. *Narada*, 1968; *Rabten*, 1992 und *Stcherbatsky*, 1970). Betrachten wir diese beiden Ebenen einmal näher.

Die erste Ebene bezieht sich auf die Wahrnehmung über die Sinnesorgane. Auf dieser Ebene erfolgt die *perzeptuelle Kognition*. Diese Ebene unterscheidet zwischen drei Facetten, deren Vorhandensein die Vorbedingung für das Entstehen einer perzeptuellen Kognition ist. Die erste Facette ist das Vorhandensein eines mit den Sinnen wahrnehmbaren *Dharmas*, beispielsweise als Form oder Farbe, denn für eine perzeptuelle Kognition muß etwas Wahrnehmbares vorhanden sein. Im Fall einer visuellen Kognition ist das eine Form oder Farbe. Die zweite Facette ist das Vorhandensein eines Wahrnehmungsvermögens dieses *Dharmas*, das für Form oder Farbe empfänglich ist. Im *Abhidharma* bezieht sich die „Wahrnehmung" nicht auf das physische Wahrnehmungs*organ*, sondern auf die Wahrnehmung selbst, das heißt nicht auf die Augen, sondern das Sehvermögen, beziehungsweise nicht auf die Ohren, sondern das Hörvermögen. Die dritte Facette ist das *Bemerken* beziehungsweise *Registrieren* dieser Wahrnehmung. Diese Facette wird, wenn sie bei einer Erfahrung durch die Sinnesorgane vorhanden ist, *Bewußt-Sein der Sinnesorgane* (Skt.: *pravrrtivijnana*, wörtlich: aktives Bewußt-Sein) genannt. Es gibt fünf *Pravrrtivijnaya*, die sich auf das Bewußt-Sein durch eines der fünf Sinnesorgane beziehen, das heißt jeder perzeptuellen Kognition ist ein Bewußt-Sein zugeordnet.

Ist eine dieser Facetten nicht vorhanden, ist keine Perzeption möglich. Wenn keine hörbaren Geräusche vorhanden sind, das Hörvermögen nicht funktioniert oder das auditive Bewußt-Sein fehlt, findet auch keine (in diesem Fall auditive) Perzeption statt, denn es wurde nichts gehört. Trifft aber ein *Geräusch* auf das *Hör-Vermögen* und fällt dieses Ereignis mit einem *auditiven Bewußt-Sein* zusammen, findet eine auditive Perzeption statt. Dieses Prinzip gilt auch für die anderen vier Ströme der perzeptuellen Kognition, das heißt Sehen, Riechen, Schmecken und Tasten.

Gemeinsam bilden diese fünf Ströme mit ihren fünf Wahrnehmungsvermögen und entsprechenden fünf Bewußt-Seinen der Sinnesorgane unsere fünf Arten der *Perzeption*. In welcher Art und Weise aber sind diese Perzeptionen bewußt? Der *Abhidharma* stellt diese Frage, da uns Perzeptionen nicht qua Definition *geistig bewußt* sein müssen. Hören ist nach seiner Analyse noch nicht *bewußtes Hören*. Anders ausgedrückt, die Bewußtseinsqualität der Bewußt-Seine der Sinnesorgane (Skt.: *pravrtivijnana*) ist zwar ein Registrieren, aber noch nicht vollständig, um als Perzeption auch *geistig bewußt* zu sein, denn dafür ist noch eine weitere Bewußtseinsqualität erforderlich.

Damit leiten wir über auf die zweite Phase des Prozesses, die bewußten Erfahrungsmomente. In dieser Phase ist dem *Abhidharma* zufolge ein Bewußt-Sein wirksam, das einen Sekundenbruchteil nach der ersten Phase einsetzt. Es wird gesagt, ein in der Meditation erfahrener Praktizierender erkenne diesen Moment. Unerfahrene Praktizierende erkennen meistens nur die Folgen dieses Moments, das Sich-tatsächlich-bewußt-Werden ihrer Perzeptionen. Dieses Bewußt-Sein wird in Sanskrit als *Manovijnana* bezeichnet und im allgemeinen als „Bewußt-Sein des Geistes" oder „Geistiges Bewußt-Sein" übersetzt. „*Mano*" ist eine Deklination des Wortes *Manas*, das „Geist" bedeutet. *Manovijnana* ist das Bewußt-Sein für die sich im Geistesstrom manifestierenden Phänomene.

Damit wird auch deutlicher, welche Funktion die Bewußt-Seine der Sinnesorgane erfüllen, sie versorgen das *Manovijnana* mit Material. Die Bewußt-Seine der Sinnesorgane öffnen die Tore zum Raum des mentalen Stroms. In der Terminologie der sechs Erfahrungsströme ausgedrückt bedeutet das, sobald eine Perzeption stattfindet, kann diese in den Geistesstrom geraten. Diese Bewußt-Seine der Sinnesorgane haben also eine sehr spezifische, wenn auch beschränkte Funktion. Sie *registrieren* Sinneseindrücke und verdienen somit, da sie eine Art der Achtsamkeit sind, die Bezeichnung „Bewußt-Sein", obwohl sie nicht über ein Registrieren hinausgehen. Perzeptionen sind nur ein Bestandteil unseres Geistesstromes, in den diese auch unbemerkt einfließen können. Sie sind, mit anderen Worten ausgedrückt, noch kein Bestandteil unserer *bewußten* Erlebniswelt dieses Moments, denn dafür bedarf es der zweiten Phase des Bewußtwerdens.

Durch *Manovijnana* werden wir uns unserer Perzeption tatsächlich bewußt, denn wir hören oder sehen bewußt etwas. *Manovijnana* ist daher eine Qualität des menschlichen Geistes, wie es zum Beispiel auch die Klarheit des Geistes ist. Da aber in der buddhistischen Psychologie die Begriffe „Geist" und „Erfahrung" so nah beieinander liegen, können wir *Manovijnana*, wie der Klarheit des Geistes, eine Erfahrungsqualität zusprechen.

Manovijnana erkennt nicht nur Perzeptionen, denn der Geistesstrom, in den diese Perzeptionen einfließen, enthält auch die direkt aus der geistigen Quelle einfließenden Phänomene, die geistigen *Dharmas* beziehungsweise *Chaittadharmas*, das heißt geistige Muster (Skt.: *samskara*) wie beispielsweise Gedankenmuster, Interpretationen, Vorstellungen, Erinnerungen, Konzepte und Emotionen. Der Geistesstrom enthält also sowohl das, was in unserem Geist entsteht, als auch das, was durch das Tor der Bewußt-Seine der Sinnesorgane in ihn einfließt. In gleicher Weise, wie die Bewußt-Seine der Sinnesorgane die Funktion der *Registrierung* der von den Sinnesorganen wahrgenommenen Phänomene übernehmen, erfüllt *Manovijnana* die Funktion, die Phänomene innerhalb des Geistesstromes *in ihrem Zusammenhang zu erkennen*. Daraus ergeben sich sechs Arten des Bewußt-Seins, die fünf Bewußt-Seine der Sinnesorgane und ein Bewußt-Sein des Geistes.

Unwissenheit als verwirrtes Bewußt-Sein

Im *Manovijnana* beginnt sich das Problem von Klarheit und Verwirrung, Schein und Wirklichkeit zu manifestieren. Beim Bewußt-Sein der Sinnesorgane der ersten Phase tritt dieses Problem noch nicht auf. Aber auch wenn sich das *Manovijnana* auf die sich im Geistesstrom manifestierenden Perzeptionen richtet, ist das nicht unbedingt negativ, denn es ist trotz seiner Dualität von seinen Wesen her klar. Die geistig bewußten Perzeptionen des *Manovijnana* werden in einigen buddhistischen

Schriften auch als „nackte Wahrnehmung" oder „gültige perzeptuelle Kognition" bezeichnet, da sie noch frei von geistiger Verarbeitung und (noch) nicht durch unbewußte Einflüsse der aus der geistigen Quelle stammenden Phänomene verformt sind. Die Funktionsweise des *Manovijnana* entspricht dem, was Wundt als *Apperzeption* bezeichnet hat. In der Terminologie der Meditationspraxis ist dieses *Vijnana* auch die Aktivität der Achtsamkeit (Skt.: *smrti*).

In bezug auf das geistige Bewußt-Sein, das sich jeden Moment gleichzeitig im Geistesstrom manifestiert – die Kombination der *Perzeptionen* und *mentalen Dharmas* – entstehen jedoch Probleme, denn hier fällt die Entscheidung, ob der menschliche Geist *Samsara* oder *Nirvana* erzeugt. Wenn das *Manovijnana* auf die *Gesamtheit des Geistesstromes* ausgerichtet ist, kann sein Wesen Klarheit oder Unklarheit sein. Ist sein Wesen vollständige Klarheit, funktioniert es als „panoramisches Bewußt-Sein". Ist sein Wesen Unklarheit, manifestiert sich dieses Bewußt-Sein als *Klistavijnana* (auch als *Kleshavijnana* oder *Kleshamanas* bezeichnet). Diese Bezeichnung läßt sich mit „vergiftetes Bewußt-Sein" übersetzen. In späteren Interpretationen des *Abhidharma* (vor allem der Yogachara) wird das vergiftete Bewußt-Sein als ein eigenes siebtes Bewußt-Sein eingestuft.

In welchem Sinn ist das Bewußt-Sein vergiftet? Das Wort „Vergiftung" bezieht sich in diesem Zusammenhang auf eine Art des Bewußt-Seins, das kein *Prajna* besitzt und daher zwischen geistigen Phänomenen und Perzeptionen nicht unterscheiden kann. Es findet die „Vermischung von geistigen Bildern mit Perzeptionen" statt, die die Ursache einer falschen konzeptuellen (d. h. „mentalen", Anm. HdW) Kognition ist (*Komito*, 1987, S. 41). *Klistavijnana* ist daher eine Art geistigen Bewußt-Seins, das gleichzeitig erkennt und nicht erkennt. Es ist gleichzeitig eine Form des Bewußt-Seins, aber Nicht-Bewußt-Sein. Es dringt in die Wolkenformationen der dualistischen Gedanken, Bilder und anderen Phänomene mentalen Ursprungs ein und hüllt somit unsere Erfahrungswelt der Sinnesorgane in Nebel. In seinen Abhandlungen über den *Abhidharma* charakterisiert Trungpa dieses siebte Bewußtsein mit dem Begriff „cloudy mind" (vernebelter Geist) und sagt: „Dieser vernebelte Geist (d. h. Bewußtsein, Anm. HdW) durchdringt alle sechs Bewußtseine. Alle Bewußtseine der Sinnesorgane sind mit dieser nebligen Situation, in der wir nicht mehr wissen, was wir tun, verbunden. Das Kennzeichen des siebten Bewußtseins ist die Abwesenheit von Präzision. Es ist vollkommen blind." (*Trungpa*, 1975: 9) *Klistavijnana* ist daher das Bewußtsein, in dem wir mentale Phänomene *unbewußt* mit den Perzeptionen durch die Sinnesorgane verschmelzen. Das Endergebnis dieser Verschmelzung ist unsere Erfahrungswelt des gegebenen Augenblicks. Dieses Bewußtsein erkennt nicht und kann nicht unterscheiden, *in welchem Maße* dieses Endergebnis das Produkt unserer eigenen Einbildungskraft ist. Es erfährt dieses Ergebnis einfach als Realität.

Es gibt einen weiteren Aspekt, den das *Klistavijnana* nicht mit Klarheit sieht. Im Sinne der Metapher des Geistesstroms ist es die *mentale Quelle selbst*, der dieser Geistesstrom entspringt. Eine Abwesenheit der Klarheit, da das *Klistavijnana* diese Quelle als eine Entität auffaßt, einen Kern des menschlichen Geistes, den es „Ich" nennt. Das *Klistavijnana* stellt diesem *Subjekt* die *Objekte* gegenüber, die es aus den im Geistesstrom erkannten Perzeptionen formt. Damit verfestigt das *Klistavijnana* die dualistische Erfahrungsweise, in der „hier ich" und „das da" objektive Realitäten zu sein scheinen, obwohl beide ausschließlich innerhalb unseres Geistesstroms ihre imaginäre Existenz besitzen.

Was aber ist diese Quelle, die vom *Klistavijnana* als Ego angenommen wird? Diese Quelle enthält – in Form eines Keimes – alle mentalen Reaktions- und Gewohnheitsmuster, die sich in unserer Erfahrungswelt gebildet haben, das heißt sowohl zur Erleuchtung führende positive als auch negative Muster. Diese Quelle ist in einem bestimmten Sinn ein neutraler Speicherort aller dieser Muster. Daher wird sie im späteren Mahayana auch mit dem Begriff *Alayavijnana* bezeichnet, der häufig mit „Speicher-Bewußtsein" übersetzt wird. Die geistigen Reaktionsmuster, die als Keim in diesem achten *Vijnana* vorhanden sind, werden aktiviert durch die Erfahrungen, die in einem bestimmten Moment mit den Sinnesorganen gemacht werden. In diesem Moment ergeben sich zwei Möglichkeiten.

Die erste Möglichkeit ist, daß unser geistiges Bewußt-Sein als *Klistavijnana* aktiv wird. In diesem Fall betrachtet dieses Bewußt-Sein das vom *Alayavijnana* gelieferte Material als Realität und verwendet es, gemeinsam mit den Perzeptionen, als Bausteine für seine Konstruktion der „Wirklichkeit". Auf diese Weise wird das Material aus dem *Alayavijnana* erneut „aktualisiert" und noch tiefer verankert. Das führt uns zurück zur „solipsistischen Erfahrung", eine Art der Erfahrung, in der wir die Vorstellung, die wir uns von unserer Erfahrung machen, mit der Wirklichkeit unserer Erfahrung verwechseln. Die geistige Verwirrung des *Klistavijnana* sollte nicht auf die leichte Schulter genommen werden. Wir sind selbstverständlich nicht besorgt, wenn ein Kind den Weihnachtsmann sieht, obwohl dieser nicht existiert. Der Fall wird aber ernsthafter, wenn unsere Perzeption in bezug auf einen Mitmenschen eine geistige Aggression oder Angst hervorruft. Das *Klistavijnana* läßt dieses mentale Ereignis zusammenfließen. Wir „sehen" einen Feind und haben das Gefühl, dieser Feind existiere irgendwo außerhalb von uns. Wir könnten auf den Gedanken kommen, dieser Feind bedrohe uns (oder unser Glück), und entsprechende Maßnahmen beschließen, wie ihn zu meiden, ihm Leid zuzufügen oder ihn sogar zu vernichten. In dieser Weise erschaffen wir eine Welt, in der die Erfahrung voller Leiden ist, und versinken immer tiefer in *Samsara*.

Die zweite Möglichkeit ist, daß unser geistiges Bewußt-Sein als *Manovijnana* aktiv wird. In diesem Fall sehen wir die aktivierten Muster als das, was sie sind, als Schöpfungen unseres Geistes (oder in unserem Geist), mentale Formationen ohne Wirklichkeitswert. In diesem Moment verlieren sie ihre Kraft, unserer eingebildeten Wirklichkeit eine Form zu geben oder sie zu stützen. Diese Muster manifestieren sich zwar, aber wir sind nicht mehr an sie gebunden und verankern sie nicht tiefer in unserem Geist. Mit dem *Manovijnana* fließen Perzeption und geistige Ereignisse nicht zusammen, und wir sehen zwei Dinge, einen Menschen und unsere Aggression oder Angst, aber keinen Feind. Es ist wahrscheinlich, daß wir dann vollkommen anders handeln werden als unter dem Bann des *Klistavijnana* und uns so immer mehr aus *Samsara* befreien werden.

Die als Keime im *Alayavijnana* vorhandenen egozentrischen Muster bilden also in sich selbst, auch wenn sie aktiviert werden, kein unvermeidliches Problem. In diesem Sinn ist das *Alayavijnana* ein „neutrales" Bewußt-Sein. Die Muster entwickeln sich erst zu Problemen, wenn sie vom *Klistavijnana* genutzt werden. Lägen diese Keime nicht im Boden des *Klistavijnana*, sondern in der freien Natur der Achtsamkeit des *Manovijnana*, in der die Sonne des *Prajna* scheint, würde diese Sonne ihre Keimkraft verbrennen. Je heller und wärmer diese Sonne scheint, desto besser wären diese Keime zu sehen, und desto schneller würden sie verbrannt.

Manovijnana und *Klistavijnana* sind beides Funktionsweisen des geistigen Bewußt-Seins. Die erste ist zwar fundamental dualistisch, aber in der Hinsicht klarer, so daß sie aus sich selbst heraus keine Verwirrung sät. Das *Manovijnana* sieht den Nebel, den das *Klistavijnana* über unser

Erfahrungsfeld legt. Das *Klistavijnana* dagegen sät Verwirrung und läßt uns im Nebel umherirren. Eine andere verbreitete buddhistische Metapher für diese beiden geistigen Funktionsweisen ist die eines Spiegels. Geistiges Bewußt-Sein ist wie ein Spiegel, in dem unser Erfahrungsfeld in seiner Gesamtheit sichtbar ist. Ein verunreinigter Spiegel ist das Symbol für das *Klistavijnana*. Unser gewohnter Erfahrungsstrom wird fast ständig von Momenten gebildet, in denen das *Klistavijnana* aktiv ist. Ein reiner Spiegel steht als Symbol für das *Manovijnana*. In der Terminologie der hier gewählten Metapher ist das Geistestraining, das zu einer erwachten Ebene des Geistes bzw. zur Buddhaschaft führt, vergleichbar mit dem Reinigen des Spiegels des geistigen Bewußt-Seins. Ist der Spiegel gereinigt, können wir in ihm zum ersten Mal sehr gut sehen und erkennen, daß das (obwohl nun klarere) Erfahrungsfeld in diesem Spiegel von *Vijnana* nicht das eigentliche Erfahrungsfeld ist. Diese Erkenntnis versetzt uns in die Lage, uns um 180 Grad zu drehen und die Wirklichkeit direkt zu sehen. Mit dieser Drehung findet *Vijnana*, das dualistische Bewußt-Sein, sein Ende. In der Terminologie des Trimshatika des *Abhidharma*-Meisters Vasubandhu ist das der Moment, in dem die Arhatschaft beziehungsweise Erleuchtung verwirklicht wird (Vasubandhu Trimshatika 5, Kochumuttom, 1982). In diesem Moment realisieren wir *Jnana*, das absolut klare, nicht dualistische Bewußt-Sein oder Erfahrungsfeld eines Buddha, in dem es keinen Wahrnehmenden und keine Wahrnehmung mehr gibt. Damit diese Bewußtseinsanalyse für die westliche Psychologie einschätzbar wird, betrachten wir zuerst den zweiten Aspekt des nicht erleuchteten Bewußt-Seins. Dieser zweite Aspekt ist aus der Sichtweise des Buddhismus die Strukturierung der Wirklichkeit durch das nicht erleuchtete Bewußt-Sein auf eine *egozentrische Weise*.

Das Konzept des Selbst oder „Ego"

Bis hierhin haben wir das Wesen von *Avidya* anhand der Aussagen des *Abhidharma* über Erfahrung, Geist und Bewußtsein des nicht erleuchteten Menschen untersucht. Wir haben dabei vor allem die Frage vertieft, warum die buddhistische Psychologie davon ausgeht, die Alltagserfahrung des nicht erleuchteten Menschen sei „solipsistisch" und eine Form der *kognitiven Verwirrung* beziehungsweise *Jneyavarana*.

Wie bereits im ersten Kapitel erwähnt, ist die zweite Form des *Jneyavarana*, der kognitiven Verwirrung, *der Glaube an die Existenz eines „Ich"* oder *„Ego"* (Skt.: *atman*). Dieser Glaube ist nicht nur die Ursache des solipsistischen Charakters unserer Erfahrung, sondern auch ihrer Verfälschung durch Egozentrik und Egoismus. In dieser Hinsicht ist uns der *Abhidharma* eine psychologische Erklärung schuldig, wie dieser Glaube im menschlichen Geist entsteht, insbesondere da uns nach Aussage des *Abhidharma* dieser Glaube nur Leid und Kummer bringt.

In den buddhistischen Schulen ist der Begriff *Ego* nicht identisch mit dem, was das Personalpronomen „ich" andeutet. Mit dem Personalpronomen „ich" verweist ein Mensch lediglich auf sich als Sprecher. Damit ist nicht das Ego gemeint, wie Freud es definierte (siehe *Epstein*, 1997). Mit *Egolosigkeit* ist auch nicht gemeint, ein Sprecher könne oder dürfe nicht auf sich selbst verweisen, oder das Ego, wie Freud es verstand – als Realitätsprinzip – habe keine Funktion. Welche Bedeutung haben dann *Ego* und *Egolosigkeit*?

Im vorherigen Kapitel wurde die Bedeutung von *Ego* als das Ergebnis der *mentalen Aktivität* angedeutet, die in unserem Geist eine *von Gedanken gebildete Entität* erzeugt und „am Leben erhält". Unser Geist bezeichnet diese Entität als „ich".

Auf die Frage, was diese Entität ist, bieten sich zwei Antworten an. Die eine ist, daß der menschliche Geist das „Ich" als ein Phänomen unter allen anderen Phänomenen beziehungsweise *Dharmas* innerhalb seines Erfahrungsfeldes ansieht. In diesem Fall wäre das „Ich" per Definition vergänglich und dem kausalen Einfluß unterworfen, den die *Dharmas* aufeinander ausüben. Andere *Dharmas* hätten dann die Kraft, das „Ich" aufzulösen, zu verändern oder aufrecht zu erhalten. Das „Ich" wäre somit keine in sich selbst unveränderliche Entität.

Die zweite Antwort ist, daß der Geist dieses „Ich" als eine Entität *außerhalb* seines Erfahrungsfeldes ansieht. Damit wäre es keines der *Dharmas* und somit per Definition nicht der Wechselwirkung der *Dharmas* unterworfen. Es wäre dadurch weder Ursache noch Konsequenz der Ereignisse innerhalb des Erfahrungsfeldes. In diesem Sinn wäre das „Ich" sowohl unverwundbar als auch machtlos, sowohl unvergänglich als auch unbeweglich.

Die buddhistische Lehre verwirft beide Möglichkeiten und geht davon aus, daß ein „Ich" weder innerhalb noch außerhalb der Welt der Erscheinungen existiert. Da dieses aber die beiden einzigen Möglichkeiten sind, ist auch die Möglichkeit hinfällig, daß zwischen diesem „Ich" und den *Dharmas* eine Beziehung bestehen kann, die mehr ist als eine Beziehung zwischen einer Fata Morgana und der Wüste. In unserem Vergleich zwischen Wald und Bäumen ist das, was wir als „Ich" bezeichnen, weder ein (wahrnehmbarer) Baum inmitten anderer (wahrnehmbarer) Bäume noch der Wald. Betrachten wir einmal näher die Gründe für diese Schlußfolgerung.

Ist das „Ich" erfahrbar?

In unserer gewöhnlichen Denkweise gehen wir davon aus, daß Erfahrung einen „Erfahrenden", ein erfahrendes „Ich", impliziert. Nach der buddhistischen (und westlichen) Psychologie beweist der Gedanke „Ich erfahre etwas" noch nicht die *Existenz* eines Erfahrenden, denn dazu bedarf es weiterer Elemente, die als erstes natürlich die Definition von „Existenz" in diesem Zusammenhang voraussetzen. Diese Definition bezieht eine Reihe von philosophischen Betrachtungen ein, die wir in diesem Zusammenhang unbeachtet lassen, da hier vor allem die kontemplativ psychologische Bedeutung des Begriffes „Existenz" im Vordergrund steht. Das wirft die Frage auf, wann der Mensch den Gedanken hat, daß etwas existiert.

Die Antwort zahlreicher buddhistischer Schulen spiegelt ihren empirischen Ansatz wider. Wenn wir behaupten, etwas *existiert*, dann müssen wir dieses Etwas auch (auf die eine oder andere Art) *wahrnehmen* und *identifizieren* können. Dieser Ansatz nähert sich dem an, was der klassische westliche Philosoph Berkley im 18. Jahrhundert mit *esse est percipi*, Sein ist wahrgenommen werden (können), ausdrückte. Im Buddhismus fließt jedoch noch die wesentliche Forderung ein, daß wir unterscheiden können müssen zwischen dem, *was wir wahrnehmen*, und dem, *was wir wahrzunehmen glauben und denken*. Die Fähigkeit dieser Unterscheidung (Skt.: *prajna*) ist die Basis des *Abhidharma*.

In unserem Erfahrungsfeld manifestieren sich die *Dharmas*. Ist ein Erfahrender oder Denkender einer dieser *Dharmas*, ein wahrnehmbares Phänomen? Wenn ein Erfahrender existiert, müssen wir in der Lage sein, diesen wahrnehmen beziehungsweise identifizieren zu können. Können wir einen Erfahrenden wahrnehmen, müßte sich dieser per Definition innerhalb des Erfahrungsfeldes befinden. In diesem Fall wäre der sogenannte „Erfahrende" jedoch etwas, was wahrgenommen wird. Wer aber nimmt den Erfahrenden wahr? Das Wahrgenommene kann nicht gleichzeitig auch der Wahrnehmende sein.

Ergibt sich daraus die Schlußfolgerung, der Wahrnehmende befände sich nicht innerhalb des Erfahrungsfeldes? Welche Begründungen blieben uns in diesem Fall aber noch für die Existenz dieses Wahrnehmenden? Es bleibt uns nichts anderes übrig, als die Existenz eines Wahrnehmenden vollständig zu verwerfen. Kurz gesagt ist der sogenannte „Erfahrende" entweder erfahrbar, aber damit kein Erfahrender mehr, oder er ist lediglich ein Gedanke, ein theoretisches Konzept, der beziehungsweise das in unserem Erfahrungsstrom vorhanden ist oder nicht. In beiden Fällen haben wir außerhalb oder gegenüber diesem Erfahrungsfeld keine Entität finden können. Es gibt niemanden, der Erfahrung *macht* oder das Erfahrungsfeld „von außen" sieht.

Ist das „Ich" der Denkende?

Das Aufkommen von Gedanken wie „Ich erfahre" oder „Ich nehme wahr" in unserem Gedankenstrom ist eine Tatsache. Wenn wir akzeptieren, daß diese Gedanken nicht die Existenz eines Erfahrenden oder Wahrnehmenden beweisen, könnten wir dann nicht unterstellen, das „Ich" denke diese Gedanken , das „Ich" sei also der Denkende? Diese Unterstellung finden wir auch in Descartes' *cogito ergo sum* (ich denke, also bin ich). Diese Aussage ist ebenfalls eine zweifelhafte Unterstellung, wenn wir das „Ich" als Bezeichnung für unseren Geistesstrom verstehen. In diesem Fall aber hat der Begriff „Ich" erneut nur eine nominale Bedeutung, denn allein die sich in unserem Geistesstrom manifestierenden *Dharmas* sind erfahrbar, nicht aber der Geistesstrom. Dieser ist *nur eine Bezeichnung* der Gesamtheit von erfahrbaren mentalen *Dharmas*. Der Gedanke *cogito ergo sum* beweist lediglich das Erscheinen dieses Gedanken in unserem Geistesstrom, nicht aber die Existenz des „Ich" als Denkenden. Die buddhistische Sichtweise steht in einem vollkommenen Gegensatz zu diesem Descartes'schen Glaubensbekenntnis. Das *ergo* (also) ist eine voreilige und ungerechtfertigte Schlußfolgerung.

Läßt sich das „Ich" finden?

Nach Auffassung der buddhistischen Psychologie ist das „Ich" als Subjekt nicht in unserer Erfahrung auffindbar, sondern lediglich als Inhalt eines Gedankens, in dem das Konzept eines „Ich" vorhanden ist. Gedanken mit einem solchen Inhalt manifestieren sich häufig in unserem Gedankenstrom. Wenn wir den Inhalt dieser Gedanken als Realität ansehen, entsteht auch der Glaube an das „Ich" als Realität. In diesem Augenblick übt *der Glaube* – nicht das „Ich" – einen Einfluß auf unsere Worte und Taten aus.

Dieser Einfluß unterscheidet sich nicht davon, an Zwerge und Einhörner zu denken und sie als Wirklichkeit anzusehen, denn in diesem Moment glauben wir an die Existenz von Zwergen und anderen mythologischen Schöpfungen des menschlichen Geistes. Wir glauben fast, im Zwielicht des Waldes einen Zwerg hinter einer alten Buche verschwinden zu sehen. So scheint sich auch unser „Ich" ständig an anderen Orten zu befinden. Die von diesem „Ich" geschaffene geistige Aktivität zeigt einen ständig wechselnden Inhalt an und läßt uns Bäume miteinander verwechseln. Es sind jedoch die *Dharmas*, die unsere Körperlichkeit formen, die wir als „Ich" bezeichnen, so, als würden wir sagen „Danke, ich habe genug gegessen". Dann wiederum ist dieses „Ich" alles außer unserem Körper, so als würden wir sagen: „Ich muß meinen Körper besser pflegen". Manchmal identifizieren wir das „Ich" mit unseren sinnlichen Fähigkeiten („Ich sehe und ich höre dich") und häufig wiederum mit unseren Emotionen („Ich bin fröhlich"), aber ebenso häufig wiederum gerade nicht („Ich bin von Gefühlen übermannt"). Unsere Gedanken bilden einerseits den Inhalt dessen, was wir als „Ich" bezeichnen („Ich dachte darüber nach"), und andererseits auch nicht („In mir kam der Gedanke auf"). Schließlich ist es auch unser Bewußt-Sein, in dem wir unser „Ich" manchmal lokalisieren und manchmal nicht. Im Sinn unserer Metapher von Wald und Bäumen identifizieren wir unser „Ich" im täglichen Leben immer wieder mit einem anderen Baum. Es besteht auch die Möglichkeit, daß wir das „Ich" in einem Gedanken den Baum fünf Mal wechseln lassen: „Als *ich* an den Strand dachte, wurde *mir* plötzlich bewußt, daß *ich* ärgerlich war, da *ich* für lange Wanderungen nicht mehr gut genug auf den Beinen bin." In dieser Aussage bezieht sich der Begriff „Ich" jedesmal auf einen anderen Inhalt, auf stets andere Phänomene, auf stets andere *Dharmas*. Denn wir werden doch beispielsweise nicht behaupten wollen, unser Körper sei aufgrund seines eingeschränkten Laufvermögens ärgerlich gewesen. Teilweise sehen wir das aber wieder vollkommen anders: „Da kam in mir der Gedanke an den Strand auf und machte mir bewußt, daß Ärger mich längere Zeit im Griff hielt, Ärger über die Tatsache, daß mir der Anblick des Strandes nicht mehr vergönnt war, da mir mein Körper lange Wanderungen unmöglich macht." Im Sinn der Metapher von Wald und Bäumen identifizieren wir das „Ich" mit dem Wald, der jedoch lediglich als Gedankeninhalt besteht.

Die Unbeschränktheit und Unbeschränkbarkeit dessen, was wir im alltäglichen Leben mit „Ich" bezeichnen, zeigt auf, daß der Glaube an ein „Ich" als *eine in sich selbst existierende und sich selbst bleibende Entität* keine Grundlage in unserer Erfahrung hat. Der Glaube an die Existenz einer derartigen Entität ist erneut ein Ausdruck von *Avidya*, das weitgreifende psychologische Konsequenzen auf unsere Art des Seins hat.

Das „Ich" als geträumtes Ich

Wie ist die Unauffindbarkeit des „Ich" möglich, obwohl wir es doch ununterbrochen als Basis unserer Erfahrung und unseres Denkens wahrzunehmen meinen? Weist dieses Tatsache nicht trotzdem auf eine Existenz des „Ich" in einem bestimmten Sinne hin? Der Buddhismus gibt darauf eine bestätigende Antwort, indem er sagt, das „Ich" existiere tatsächlich als Illusion, denn die Existenz von Illusionen sei eine Tatsache. Belegt wird diese Aussage durch die empirische Tatsache der Fähigkeit des Geistes, ein „Ich" zu erschaffen. Diese Schöpfung können wir in Träumen beobachten. Das klassische Beispiel des Traumes, in dem wir in einem Urwald von einem Tiger verfolgt werden, zeigt die Fähigkeit unseres Geistes auf. Sowohl die Ich-Figur als auch das Umfeld des Traumes ist eine Schöpfung unseres Geistes. In unseren Träumen sind wir nicht der Träumende, sondern das *geträumte Ich*. Dieses Traum-Ich verflüchtigt sich beim Erwachen. Wir denken eventuell noch einen kurzen Augenblick: „Entkommen! Glücklicherweise war es nur ein Traum!" Aber auch dann sind wir nicht mehr der Träumende, sondern bereits ein anderes vom Geist erschaffenes Ich, das eventuell noch schweißgebadet zwischen den Laken liegt und in das Zwielicht des Morgengrauens blickt. Unser Geist erschafft dieses Ich als *mentalen*

Inhalt in bezug zur Welt der Sinnesorgane. Ob wir träumen oder wach sind, unser Geist erschafft in beiden Fällen ein *Ego*, ein Ich-Bewußtsein. Diese Schöpfung wird im Buddhismus mit *Atman* bezeichnet. Dieses Beispiel zeigt auf, daß nicht ich einen Geist besitze, sondern der Geist mich besitzt. Das Beispiel des Traumes zeigt aber auch auf, daß unser „Ich-Bewußtsein" nicht unbedingt ein Beweis für ein Wirklichkeitsbewußtsein ist. Wir werden diesen Aspekt im folgenden Kapitel im Zusammenhang mit dem Thema Hypnose näher behandeln.

Die emotionale Seite des Ego: Angst vor Leiden

Bisher haben wir vor allem die kognitive Seite des Ego und die Frage untersucht, in welcher Hinsicht der Glaube an die Existenz eines Ego eine Form von *Jneyavarana*, einer kognitiven Verwirrung, ist. Dieser Glaube hat aber auch eine vollkommen andere Seite, die emotionale Seite des *Kleshavarana*. Diese Seite beantwortet die Frage, warum der Gedanke eines Ego in unserem Geist aufkommt, obwohl uns dieses Konzept so unglücklich macht. Der Grund ist, daß Ego mehr als ein reines Konzept ist. Aus buddhistischer Sicht ist es auch die gefühlsmäßige Reaktion auf unser Erfahrungsfeld, die mentale Bewegung des geistigen, auf Angst basierenden Zurückschreckens.

Basierend auf welcher Angst? Der Angst vor dem Verlust der Kontrolle, dem Unvorhersehbaren, dem Unbekannten, der Angst vor Gewalt, der Angst, nicht zu wissen, wer oder was wir sind, der Angst, vom Leben oder Tod überwältigt zu werden, der Angst, in unserer Erfahrung zu ertrinken, der Angst, bloßgestellt zu werden oder unvorbereitet zu sein. Kurz ausgedrückt ist das Erscheinen des Ego der Ausdruck von Lebens- und Todesangst. Diese beiden Ängste lassen sich auf einen Nenner bringen, denn in ihrer Tiefe sind beide *Angst vor dem Leiden*. Damit ist nicht nur die Angst vor zukünftigen Leiden gemeint, sondern auch die Angst, die wir bei einer tatsächlichen Konfrontation mit unserem Leiden oder dem Leiden anderer verspüren. Die Angst vor Leiden ist daher die Angst vor tatsächlichen und zukünftigen Leiden von uns und anderen. Sie beinhaltet auch die ängstliche Scheu, die uns befällt, wenn jemand uns sein Leiden aufzeigt. Letzlich ist die Angst vor dem Leiden anderer Menschen die Angst vor dem eigenen Leiden. Diese Angst ist ihrerseits ebenfalls eine Form des Leidens. Es ist dieses Leiden, das unsere

Menschlichkeit erstickt. Sie treibt Menschen, Eltern und Kind, Bruder und Schwester, Gemeinschaften und Völker auseinander.

Welche Folgen hat die Angst vor dem Leiden? Wenn wir unsere konkreten Erfahrungsmomente aus der Perspektive dieser Angst betrachten, wollen wir immer einen „Sicherheitsabstand" aufbauen und versuchen daher, uns selbst geistig von diesem Erfahrungsfeld abzugrenzen. Es bleibt aber bei diesem Versuch, denn wir können uns von diesem Erfahrungsfeld nicht lösen, sondern lediglich in uns die Illusion wecken, ein „Sicherheitsabstand" sei eine Möglichkeit der Abgrenzung, und dann an diese Illusion glauben. Das ist der Augenblick der Geburt des *Ego*, und die Lebenseinstellung einer ängstlichen Abgrenzung ist sein emotionaler Kern. Die Abwesenheit dieser Lebenseinstellung, die wir als vollkommene Hingabe an diesen Moment bezeichnen können, ist die emotionale Qualität der *Egolosigkeit* oder dessen, was als Erleuchtung bezeichnet wird.

Die folgende Metapher macht die gefühlsmäßige Seite des *Ego* vielleicht deutlicher. Die Bewegung des Geistes, der ein *Ego* erschafft, ist vergleichbar mit einem Schwimmer, der plötzlich von der Angst befallen wird, nicht schwimmen zu können und zu ertrinken (siehe auch *De Wit*, 1998: 100). In dieser Metapher steht der Schwimmer für unseren Geist, der im Ozean der Erfahrung schwimmt. In Panik ergreift der Schwimmer ein „glücklicherweise" in der Nähe befindliches Treibholz, das ihm seiner Meinung nach „sein Leben rettet". In Wirklichkeit ist aber kein Treibholz vorhanden. In seiner Panik hielt der Schwimmer eine seiner Gliedmaßen für ein Treibholz. Sobald er sich daran festhält, legt sich die Panik, denn der Schwimmer ist der Überzeugung, seine Fähigkeit, sich am Treibholz festhalten zu können, bewahre ihn vor dem Ertrinken. Schwimmen ist aber schwierig, wenn man gleichzeitig eine seiner Gliedmaßen festhält, und der Schwimmer leidet fortwährend unter dieser Schwierigkeit. Da er nicht mehr an seine Fähigkeit des Schwimmens glaubt, will er sein „Treibholz" auch nicht loslassen, denn es bewahrt ihn vor der Panik. Er wird alles, was ihm dieses Treibholz fortnehmen will, mit aller ihm noch zur Verfügung stehenden Kraft bekämpfen, wenn es sein muß, auch auf Leben und Tod. In dieser Metapher steht die Bewegung des Ergreifens für das Entstehen von Ego und das nicht vorhandene Treibholz für das Ego selbst. Das Ergreifen der eigenen Gliedmaßen ist das Bild für das Entstehen eines dualistischen Bewußt-Seins (Skt.: *vijnana*). Der Geist ergreift (einen Teil) seines Selbst und trennt somit das Erfahrungsfeld in „Ich" und „Nicht-Ich". Das Schwimmen steht für die Manifestation erleuchteter Energie. Durch Angst wird diese Energie an die Handlung des Ergreifens des Treibholzes gebunden. Die Angst vor dem Ertrinken ist die Angst vor Leiden, die plötzlich aufkommende Angst, aus der Tiefe des Ozeans könne jederzeit ein unerwarteter Strudel von Leiden auftauchen, der uns mitreißt und uns schließlich in einem Ozean von Leiden ertrinken läßt. Wir trauen dem Wasser *aus Prinzip* nicht, sondern wollen in jedem Moment prüfen, ob man dem Wasser trauen kann oder nicht. Wir prüfen, welche Aspekte unseres Erfahrungsstromes sicher und angenehm und welche bedrohlich und leidvoll sind. Wir bemühen uns dann, uns in der guten Strömung zu bewegen. Somit wird das Leben zu einem *egozentrischen Leben*, in dem wir das annehmen, was „gut" für uns ist und unser „Ich" stärkt, und ablehnen, was „schlecht" für uns ist und unser „Ich" schwächt. Was weder „gut" noch „schlecht" für uns ist, ignorieren wir einfach. Wir nähern uns dann jeder Situation mit drei „Emotionen", die in der buddhistischen Psychologie die „drei Geistesgifte" (Skt. *klesha*) genannt werden. Nach dem *Abhidharma* sind diese drei Emotionen die Grundemotionen des Ego. Sie legen den Schleier des *Kleshavarana* über unsere Erfahrung und lösen *Avidya* aus. In den Schriften sind diese drei Geistesgifte Begierde (Skt.: *raga*), Aggression (Skt.: *dvesha*) und Verblendung (Skt.: *moha*).

Diese drei Emotionen manifestieren sich im Handeln als Strategien, die darauf ausgerichtet sind, unser Selbst „zu retten". Diese drei Strategien sind jedoch in sich selbst ebenfalls Quellen des Leidens. Nicht nur, da wir nicht immer das bekommen können, was (unserer Meinung nach) gut für uns ist, und vermeiden oder vernichten können, was (unserer Meinung nach) schlecht für uns ist, sondern auch, weil diese Strategien aus einer Quelle der Angst gespeist werden, der Angst vor Leiden.

Was gewinnen wir durch diese Strategien? Nicht mehr als eine Illusion der Sicherheit. Wir haben (zu Unrecht) das Gefühl, zu wissen, wie wir das Leben angehen müssen. Durch ein Leben nach der Strategie dieser drei Geistesgifte haben wir es im Griff. Wir haben, wie der Schwimmer, „unsere Existenz im Griff". In einem Griff, der uns von der ursächlichen Angst ablenkt. Obwohl dieses auf Angst basierende Leben seine eigene Form des Leidens mit sich bringt, fühlen wir diese tiefere Ursache nicht mehr so intensiv. Die Angst, im Ozean der Erfahrung zu ertrinken, liegt an der Basis der drei Geistesgifte. Diese Angst wird gegen eine scheinbare Sicherheit „eingetauscht", aber die einzige Sicherheit ist, daß wir unter unserer Begierde, unserer Aggression, unserer Verblendung und der Welt, die wir durch sie erschaffen, werden leiden müssen. Unsere Sichtweise des Lebens hat sich auf eine egozentrische Sichtweise reduziert, nach der die Suche des Angenehmen und das Vermeiden des Unangenehmen der Weg zum Lebensglück zu sein scheint.

Angeborenes und anerzogenes Ego

Die Bewegung unseres Geistes, die wir anhand der Metapher des Schwimmers dargestellt haben, hat einen scheinbar zwanghaften, fast instinktiven Charakter. Im Mahayana-Buddhismus wird sie daher auch als das *angeborene Ego* bezeichnet (Skt.: *sahaja atmagraha*, wörtlich angeborene oder gemeinsam entwickelte [*sahaja*] Fixierung [*graha*] auf ein Ego [*atma*]). Es wird hier der Begriff „angeboren" verwendet, da *gemeinsam* mit der Geburt der dualistischen Sichtweise des *Vijnana* die *Entwicklung* eines Geistes ermöglicht wird, der sich selbst betrügt oder, besser ausgedrückt, wie der Schwimmer *selbst auf den Arm nimmt*. Die Bewegung, uns aus dem Erfahrungsfeld zurückziehen zu wollen, verursacht als erstes den Bruch in unserem Bewußt-Sein einer vagen Ahnung von Dualität. Die nächste Bewegung ist die Suche nach einem Anhaltspunkt in diesem Erfahrungsfeld, nach einem Phänomen, mit dem wir unser „Ich" identifizieren können. Wie bereits erwähnt, kann dieser Anhaltspunkt alles sein, unsere Körperlichkeit, unsere Wahrnehmung sowie auch die Phänomene innerhalb unseres Geistesstromes wie Emotionen oder Gedankenbilder.

Diesen beiden abrupt aus Panik geborenen Bewegungen liegt noch kein Denken zugrunde, sie vollziehen sich ohne den Einfluß unseres konzeptuellen Denkens. Unser Denken setzt erst in der folgenden dritten mentalen Bewegung ein, dem Denken (Nachdenken, Erinnern und Phantasieren) über uns selbst. Mit Hilfe unserer Erinnerungen, Erfahrungen und Erwartungen formt diese Bewegung ein *Selbstbild* von uns. Im Sinne unserer Metapher des Schwimmers ist dieses Selbstbild das Bild, das sich der Schwimmer (unser Geist) über die Eigenschaften – die Möglichkeiten und Unmöglichkeiten, die Verdienste und Versäumnisse – seines Treibholzes (Ego) im Ozean macht. Dieses Selbstbild entsteht auf der

Grundlage eines (dualistischen) Bewußt-Seins der Welt, die uns umgibt und für das uns die Bewußt-Seine der Sinnesorgane das Material liefern. Dieses Bild wird damit zu einem Bestandteil unseres Geistesstroms.

Da wir uns als vierte Bewegung mit diesem Bild identifizieren, glauben wir *zu sein*, was wir *denken* zu sein. Diese dritte und vierte Bewegung führen gemeinsam zu dem, was der Buddhismus als das *anerzogene Ego* (Skt.: *vikalpita atmagraha*) bezeichnet. Es ist unser Selbstbild, das unser Geist nun als „Ich" ansieht. Der Schwimmer (unser Geist) glaubt, selbst das Treibholz (Ego) zu sein, und fühlt sich nun in absoluter Sicherheit, denn Treibholz kann nicht sinken!

In der buddhistischen Psychologie hat „Ego" sowohl einen instinktiven/zwanghaften als auch anerzogenen Aspekt. Die dem Ego zugrunde liegenden mentalen Bewegungen sind auch außerhalb der buddhistischen Tradition bekannt. Ich habe sie bereits früher in der allgemeineren Terminologie der kontemplativen Psychologie behandelt (*De Wit*, 1998: 3. Kapitel). Das anerzogene Ego ist der kognitive und emotionale Überbau eines tieferen und primitiveren Prozesses, durch den das instinktive Ego entsteht. Daher geht es bei der Verwirklichung von Egolosigkeit auch um eine Transformation, die weitläufiger und tiefgreifender ist als das reine Loslassen der Identifikation mit unserem Selbstbild. Diese Transformation berührt unsere nackte Lebens- und Todesangst, das heißt unsere Angst vor Leiden. Es kann auf tiefer Ebene ein Prozeß in Gang gesetzt werden, der uns in die Lage versetzt und uns sogar dazu zwingt, unsere egozentrische Lebenseinstellung aufzugeben, in der die Suche nach dem Angenehmen und das Ablehnen oder Vermeiden des Unangenehmen der Weg zum Glück zu sein scheint.

Glück

Viele Darlegungen des *Dharma* beginnen mit der Feststellung, daß „wir und alle fühlenden Wesen, nicht nur die Menschen, glücklich sein und nicht leiden wollen" (*Dalai Lama*, 1996: 14). Sollte man auf der Grundlage dieser einfachen Wahrheit nicht erwarten können, daß diese universelle Motivation eine unwiderstehliche Kraft in Richtung auf das Glück bildet und wir überall Glück sehen? Warum manifestiert sich dieses starke universelle Verlangen nach Lebensglück nicht in unserem Leben?

Die Antwort des (Mahayana-)Buddhismus auf diese Frage ist einfach. Wir haben falsche Vorstellungen vom Wesen des Glücks beziehungsweise von dem, was uns glücklich macht. Diese Vorstellungen pervertieren unser fundamentales menschliche Verlangen nach Glück zu einer negativen emotionalen Kraft, die in Leiden endet. Die Kraft, die uns nach dem Glück suchen läßt, wird somit die Ursache von Unglück und Leiden (Skt.: *duhkha*). Müssen wir daher diese Kraft zähmen oder den Wunsch nach Glück aufgeben oder unterdrücken? Müssen wir schwermütige Menschen werden, die keine Lust verspüren wollen, die nichts genießen können oder dürfen? Mit Sicherheit nicht, denn das tiefe Verlangen nach Glück – obwohl durch kognitive und emotionale Schleier deformiert – ist unser Lebensantrieb, die Inspiration unserer Existenz. Dieses Verlangen ist darüber hinaus die Kraft, die uns – wenn sie mit Einsicht einhergeht – antreibt, uns von den beiden Schleiern Verblendung und Hartherzigkeit und dem von ihnen bewirkten Verständnis von Glück als der Befriedigung des egozentrischen Verlangens zu befreien.

Wie müssen wir unser *Prajna*, unser geistiges Unterscheidungsvermögen, schulen, damit wir diese tief verwurzelten Vorstellungen erkennen, wenn sie sich in unserem Geist manifestieren? Auf der emotionalen Ebene müssen wir uns darin üben, uns nicht von der Angst vor Leiden leiten zu lassen. Das erfordert Mut. Wie können wir diesen Mut entwickeln? Durch die Aufrechterhaltung des Kontakts mit und das Festhalten an unserem tiefen Wunsch, glücklich zu sein und Glück um uns herum zu sehen und zu verbreiten, sowie durch das Bewußtsein, welcher Weg zur vollständigen Untersuchung unserer Angst vor Leiden führt. Denn Lebensmut ist *der Mut, unserer Angst vor Leiden ins Gesicht zu sehen*. Wenn wir das tun, schwindet auch die Kraft der drei *Kleshas*, der egozentrischen Emotionen und Strategien, da sie im Ego, in der Angst vor Leiden, verwurzelt sind und durch die Entziehung ihres Nährbodens verdorren. Auf diese Weise öffnet sich ein egoloser Raum, in dem Menschlichkeit erblühen kann. Nach der Lehre des Buddhismus kann die Suche nach Glück nicht das Streben nach unseren Vorstellungen von Glück, nicht das Streben nach einem Schlaraffenland himmlischer grüner Wiesen sein. Diese Suche basiert vielmehr auf der Erforschung unseres *Avidya*, unserer eigenen Verblendung, sowie einem Geistestraining, das uns von diesem *Avidya* befreit. Die Praxis der Meditation der klaren Einsicht, das Studium und ein rechtschaffenes Leben unterstützen diese Suche (siehe fünftes Kapitel).

Die Psychologie der Buddhas

Der *Abhidharma* ist vorwiegend eine Psychologie, die das Verhalten des nicht erleuchteten Menschen beschreibt. Der Buddhismus verwendet darüber hinaus aber auch eine Terminologie, die den Geist der Buddhas beschreibt, auf die wir hier kurz näher eingehen.

Wie die Begriffe *Avidya* und *Vijnana* die Psychologie von nicht erleuchteten Menschen beschreiben, wird mit den Begriffen *Vidya* und *Jnana* die Psychologie von erleuchteten Menschen beschrieben. Nicht *Avidya*, sondern *Vidya*, häufig übersetzt mit „Weisheit", zeichnet Buddhas aus. *Vidya* ist frei von solipsistischer Verblendung, die geistige Konstrukte der Realität für die Realität selbst hält. Welche Art des Bewußt-Seins besitzen die Buddhas? Anstatt des dualistischen (*Vi-*) Bewußt-Seins des *Vijnana* besitzen sie *Jnana*. Dieser Begriff wird – aus Ermangelung eines besseren Begriffs – ebenfalls häufig mit „Weisheit" übersetzt, bezieht sich aber eigentlich auf eine Art von Bewußt-Sein. Diese Art von Bewußt-Sein ist die Frucht der Kultivierung unseres Unterscheidungsvermögens, unseres *Prajna*. Dieses Vermögen transformiert *Vijnana* in *Jnana*. *Jnana* ist ein nicht-dualistisches, vollständig klares Bewußt-Sein, das unser Erfahrungsfeld nicht in „Ich" und „Nicht-Ich" spaltet. Dadurch fehlen auch die geistige Aktivität der Identifizierung bestimmter Phänomene als „Ich" und „Nicht-Ich" sowie die Projektion bestimmter mentaler Ereignisse auf das, was „Nicht-Ich" ist. Der Geist eines Buddha projiziert nicht. Für das nicht dualistische Bewußt-Sein gibt es keinen „Jemand", der etwas weiß oder erkennt, sondern es weiß und erkennt alles ohne falsche Interpretation. In diesem Sinne wird der Geist der Buddhas als *allwissend* bezeichnet. *Jnana* überschaut und versteht vollständig die Dynamik eines jeden Erfahrungsmoments. *Jnana* versteht, wie der Erfahrungsstrom verfälscht werden kann, wie daraus die Erfahrung des Leidens geboren wird, und wie dieser Strom gereinigt werden kann. Das bedeutet, daß der Geist der Buddhas den Weg zur Erleuchtung kennt und Menschen auf diesem Weg führen kann.

Sowohl Buddha als auch andere, die sich von ihrer Lebensangst befreit und das Treibholz losgelassen haben, vermitteln uns mit immer wieder neuen Worten, wie herrlich das Schwimmen ist. Nicht nur für uns, weil wir uns frei bewegen können, sondern weil wir auch auf andere Menschen zuschwimmen können, die sich krampfhaft an ihr Treibholz klammern und darunter leiden. Diesen können wir aufzeigen: „Schau, du kannst schwimmen, genau wie ich. Du glaubst es mir nicht? Das, woran du dich festhältst, das ist kein Treibholz! Es rettet nicht dein Leben, es ist nur eine Quelle des Leidens. Laß es los!"

Mit anderen Worten ausgedrückt, geht der Buddhismus davon aus, daß menschliche Wesen *ohne Ego* leben können, das heißt ohne zu versuchen, *jemand* zu sein, ohne (Identifizierung mit ihrem) Selbstbild. Wir können sein, ohne „ich" zu sein. Wir werden deshalb nicht ertrinken. Aus buddhistischer Sicht sind menschliche Wesen fähig, im Ozean der Erfahrung zu schwimmen. Sie sind fähig, auch in Momenten intensivster Panik zu überleben und weiterzuschwimmen. Wir können ohne defensive und aggressive Strategien leben, die darauf ausgerichtet sind, die (illusorische) Existenz eines Ego aufrecht zu erhalten. Darüber hinaus befreit uns diese egolose Art des Seins von allen aus diesen Strategien hervorgehenden Leiden. Darum wird diese egolose Art des Seins als *Befreiung* bezeichnet und ist dieser *egolose Geist*, der sich nicht an die Illusion eines Ego klammert, der Geist der Buddhas.

Dieser Geist erfährt Glück, da er ein klarer Geist ist, der sich vollständig mit dem tief verwurzelten Wunsch aller lebenden Wesen nach Glück identifizieren kann und *aus diesem Wunsch heraus lebt*. Dieses Glück ist vollkommen anders und nicht abhängig von einer erfolgreichen Befriedigung des immer wechselnden Verlangens des Ego. Durch seine Klarheit und sein Mitgefühl kann dieser Geist alle Situationen, selbst die dunkelsten und mißratensten, bewältigen. Dieses auch zu tun ist die Freude des egolosen Geistes der Buddhas. Auf diese Weise zu leben und zu handeln ist die natürliche und selbstverständliche Lebensweise der Buddhas. Sie leben in dieser Weise, weil sie nichts Besseres zu tun haben und nicht anders leben können. Diese Lebensweise wird nicht (länger) geleitet durch fromme oder gute Vorsätze, sondern vom Herzen der Humanität, dem Wunsch, daß alle Wesen glücklich und frei von Leiden sein mögen. Diesem egolosen Geist entströmen spontan intelligente und wirksame Aktivitäten der Liebe und des Mitgefühls.

Die emotionale Energie, die innerhalb einer egozentrischen Perspektive die Form von Begierde, Aggression und Verblendung annimmt, ist hier von dieser Perspektive befreit und kann sich in ihrem wahren Wesen manifestieren. Damit wird Begierde – das Streben nach dem, was uns (vermeintlich) glücklich macht – in ein Streben nach dem Wohl der gesamten Situation, in der wir uns befinden, transformiert. Aggression –

das Streben nach einer gewaltsamen Verteidigung gegen das, was uns (vermeintlich) bedroht – wird transformiert in das Beschützen des Wohles der gesamten Situation. Die Verblendung wird transformiert in Milde und unparteiische Betroffenheit. Nicht unser „Ich", sondern die gesamte Situation, deren Bestandteil wir als menschliche Wesen sind, ist damit zur Basis unserer Emotionalität geworden.

Auch wenn Buddhaschaft ein fast utopisches Ideal zu sein scheint und sich Buddhas selten in der Welt manifestieren, sollte das uns nicht von der Praxis der Disziplinen und Methoden abhalten, die in diese Richtung führen. Jeder Schritt in Richtung einer egolosen Perspektive vergrößert unsere Fähigkeiten, dieser Welt nicht mit Lebensangst, sondern Lebensfreude und Mut zu begegnen.

Soweit die Einführung in den *Abhidharma* anhand der Frage nach dem Wesen und den psychologischen Ursachen der nicht erleuchteten und erleuchteten Geistesebene.

Buddhistische Psychologie als Psychologie der Prozesse

Die buddhistische Analyse der Begriffe „Geist", „Erfahrung" und „Bewußt-Sein" mag in den Ohren rechtschaffener westlicher Psychologen etwas „esoterisch" klingen. Der Grund dafür ist, daß ein Teil dieser buddhistischen Analyse nicht aus der bei uns gebräuchlichen Perspektive der dritten Person, sondern aus der Perspektive der ersten Person erfolgt. Aus der Perspektive der dritten Person werden für die Beschreibung des (bewußten) Wahrnehmens drei vollkommen unterschiedliche Grundkategorien verwendet. Es ist die Sprache von *Objekten*, die (in der Außenwelt) wahrgenommen werden, von *Organen*, wie unser wahrnehmendes physisches Auge, und von der *Aktivität* des Wahrnehmens, die unserem Geist die Außenwelt als das Wahre vermittelt. Diese drei Kategorien werden als empirische Realitäten dargestellt. Als Forscher sehen wir, daß Menschen Augen haben und somit sehen. In Analogie zu der Tatsache, daß wir selbst Objekte sind beziehungsweise glauben, Objekte zu sein, nehmen wir das auch von den anderen Menschen an.

Im Ansatz der ersten Person des *Abhidharma* sind die Objekte und ihre gegenseitigen Beziehungen keine Kernbegriffe. Wir erfahren unsere eigenen Augen nicht (höchstens das Blinzeln unserer Augenlider), bemerken aber unser Sehen und erfahren das Gesehene, das heißt den Inhalt unseres Sehens. Daher beschreibt der *Abhidharma* die Wahrnehmung nicht als Objekte, sondern Prozesse. Sein Ansatz der ersten Person bietet uns eine Möglichkeit, über den aktuellen Erfahrungsstrom zu sprechen, dem wir täglich von Augenblick zu Augenblick unterworfen sind. Die buddhistische Psychologie ist, um es mit Whitehead (1969) auszudrücken, eine *Psychologie der Prozesse*, während unsere herkömmliche westliche Psychologie eine *Psychologie der Objekte* ist. Wir sind jedoch mit dem Denken in Prozessen anstatt Objekten nicht vertraut. Wir neigen dazu, eine sich (fast) nicht verändernde Erscheinung als ein *Ding* und nicht als einen (fast) statischen *Prozeß* aufzufassen. Wir neigen darüber hinaus dazu, sich gemeinsam in eine Richtung bewegende Erscheinungen als ein Objekt anzusehen. Der Prozeßcharakter ist der Grund, warum der *Abhidharma* nicht von der Unterscheidung zwischen Geist als Subjekt und Erfahrung als Objekt als Grundannahme ausgeht. Das läßt diese Psychologie auf den ersten Blick als esoterisch und schwer verständlich erscheinen.

Der Wert dieses Prozeßansatzes ist, daß er sich gut mit dem flüchtigen und „nicht substantiellen" Charakter unserer Erfahrungen auseinandersetzen kann, die wir in der Meditation unverkennbar machen. Aus buddhistischer Sicht bestehen in unserer Erfahrung keine statischen Prozesse, denn alles ist veränderlich. In der Wirklichkeit gibt es keine Unveränderlichkeit, denn gerade Veränderlichkeit ist das Merkmal der Wirklichkeit. Unveränderlichkeit gibt es nur als Gedanken in unserer Phantasie.

Der Ansatz der ersten Person und der Prozesse des Abhidharma haben sehr große Auswirkungen auf die Interpretation unserer (scheinbar) bekannten psychologischen Terminologie, denn sie bestimmen erheblich die Art der Verwendung dieser psychologischen Kernbegriffe wie „Geist", „Erfahrung" und „Bewußtsein". Wie verhalten sich diese und andere hier verwendete Begriffe zur westlichen Auffassung der Psychotherapie?

4. Kapitel:
Der therapeutische Aspekt des Buddhismus

Psychotherapie und die buddhistischen Disziplinen

Obwohl sich die buddhistischen und psychotherapeutischen Disziplinen sehr voneinander unterscheiden und ihr eigenes *Fachwissen* haben, sind beide auf die Beeinflussung des Geistes und der Erfahrung des Menschen ausgerichtet. Daher haben sie auch eine Reihe von Prinzipien gemeinsam, obwohl der Umgang mit diesen Prinzipien ebenfalls sehr unterschiedlich ist. Es wurde mittlerweile eine umfangreiche Literatur zu diesem Thema veröffentlicht (z.B. *Claxton*, 1986; *Kwee* und *Holdstock*, 1996; *Epstein*, 1995). In diesem Kapitel können wir lediglich einige allgemeine und häufig behandelte Punkte anführen, die den Unterschied und die Übereinstimmung zwischen diesen beiden Disziplinen beleuchten und den therapeutischen Aspekt des Buddhismus im Spiegel der westlichen Psychotherapie für uns erkennbar machen sollen.

„Ego" in der Psychotherapie und im Buddhismus

Zahlreiche psychotherapeutische Ansätze stimmen in bezug auf den solipstistischen Charakter unserer alltäglichen Erfahrung und die ungesunden Auswirkungen dieses Charakters auf den Geist mit dem Buddhismus überein. In der Frage des Ego scheinen die Ansätze der buddhistischen Psychologie und westlichen Psychotherapie andere Wege zu gehen. Zahlreiche westliche Psychologen betrachten die mentale Bewegung, die zu *dem führt, was sie „Ego" nennen*, nicht nur als eine unvermeidliche Tatsache, sondern auch als eine gesunde Entwicklung. Sie betrachten diese Bewegung mit Sicherheit nicht als den Ausdruck von *Avidya*, als Lebensangst, oder die fundamentale Ursache von Leiden. Sie befürchten, daß mit dem Loslassen des „Ego", von dem der Buddhismus und viele andere spirituelle Traditionen sprechen, die Einzigartigkeit der Persönlichkeit des Menschen beeinträchtigt werden könnte.

Aus buddhistischer Sicht ist diese Befürchtung unbegründet. Erstens ist der Versuch unnötig, einzigartig zu sein oder zu bleiben, da jeder

Mensch bereits einzigartig ist. Wir haben keinen Einfluß darauf und können es nicht ändern, alle vollkommen unterschiedlich zu sein. Jemand wird gerade dann einzigartig sein, wenn er in jeder Hinsicht jemand anderem gleicht! Warum glauben Menschen dann, sich so darum bemühen zu müssen, einzigartig zu sein oder zu bleiben? Wenn von unseren Bemühungen nur der Effekt zu erwarten ist, vollständig einzigartig zu sein, werden wir uns durch dieses gemeinsame Streben immer ähnlicher.

Zweitens ist uns unsere einzigartige Persönlichkeit vorgegeben. Sie löst sich auch mit der Verwirklichung von Egolosigkeit nicht auf. Der Buddhismus sieht in unserer Persönlichkeit und der Art und den Eigenschaften unseres Körpers das Material unserer individuellen Existenz. Im Buddhismus steht die Tatsache im Vordergrund, daß wir dieses Material auf zwei Arten nutzen können, und zwar auf egozentrische oder egolose Weise. Anders ausgedrückt können wir das Material dazu verwenden, unsere Egozentrik zu festigen oder nicht. Somit können wir stolz auf unsere Unsensibilität sein oder uns für unsere Sanftmut schämen und umgekehrt. Wir können unsere Persönlichkeit, unseren „Charakter", in alle Richtungen entwickeln.

Der Gedanke, eine eigene Identität sei für unsere geistige Gesundheit wichtig, ist in unserem täglichen Leben, aber auch in der Entwicklungspsychologie und klinischen Psychologie eine Selbstverständlichkeit. Wie im täglichen Leben verweist der Begriff „Ego" auch in der Psychologie auf ein sicheres Vertrauen oder Selbstvertrauen, auf das Gefühl, sich nicht für unsere Existenz, die Tatsache unseres Lebens oder für jeden anderen Grund entschuldigen zu müssen. In diesem Sinn bezieht sich der Begriff „Ego" auf etwas sehr Positives.

Der Buddhismus stuft dieses Vertrauen ebenfalls als wichtig und positiv ein. Er sieht ihn aber nicht als einen Aspekt dessen, was diese Tradition als „Ego" ansieht, sondern auf den Aspekt der Egolosigkeit. Denn der Begriff „Ego" verweist im buddhistischen Sinn, wie bereits erwähnt, gerade auf die fundamental überflüssige Krampfhaftigkeit, deren Ursache die Angst ist. Die Angst, nicht im Ozean der Existenz schwimmen zu können. Der Begriff „Ego" bezeichnet die Nervosität und Unsicherheit in bezug auf unsere Identität und die Art des Umganges mit „uns". Der Buddhismus bezeichnet also mit Ego genau das, was unser fundamentales Vertrauen in unsere Existenz unterminiert.

Daher hat „Ego" nach westlichem Verständnis eine vollkommen andere Bedeutung als nach buddhistischem Verständnis. Präziser ausgedrückt meinen spirituelle Traditionen mit „Ego" etwas anderes als die Psychotherapie (*De Wit*, 1998: 94). Daher ist es irreführend und ein grundlegendes Mißverständnis des Wesens der Psychotherapie als auch der Spiritualität zu sagen, „man müsse für das Loslassen (oder Überwinden) des Ego erst ein Ego entwickeln" (*Engler*, 1988: S. 1). Der in diesem Zitat zweimal verwendete Begriff „Ego" hat beide Male eine unterschiedliche Bedeutung.

Es kann jedoch auf dem Weg zu diesem absoluten, vorbehaltlosen Vertrauen, das der Buddhismus mit Egolosigkeit bezeichnet, nützlich und notwendig sein, ein „relatives Vertrauen" zu entwickeln. Mit „relativem Vertrauen" ist in diesem Zusammenhang das Vertrauen in unsere *Vorstellung* von uns, in unser Selbstbild, gemeint. Ist unser Selbstbild sehr negativ und destruktiv und können wir dieses nicht aus eigener Kraft ändern, kann uns die Psychotherapie darin unterstützen, unser Selbstbild und die Art, wie wir über uns selbst denken und fühlen, in eine positive Richtung zu lenken. Das ist dann hilfreich (und möglich), solange wir dazu neigen, uns (unser Ego) mit unserem Selbstbild zu identifizieren und aus dieser Identifikation heraus zu handeln, denn die Folge dieser Identifikation ist Leiden bei einem negativen und Freude bei einem positiven Selbstbild.

Zeigt uns aber die Ursache dieser Freude und dieses Leidens nicht gleichzeitig auch auf, wie sehr wir unter dem Bann unserer eigenen Gedanken leben? Unterscheidet sich dieses Leiden und Glück wesentlich vom Leiden und Glück, das wir im Traum erfahren? Aus buddhistischer Sicht kann die Veränderung der Inhalte unserer Träume uns vorübergehend etwas Erleichterung verschaffen. Die letztliche Lösung oder Befreiung ist jedoch, aus diesem Traum, aus der Verfangenheit in unseren Gedanken, zu erwachen. Hierin liegt das Ziel der buddhistischen Meditation.

Warum müssen oder wollen wir erwachen? Damit wir durch Erwachen vorbehaltloses Vertrauen entdecken, ein Vertrauen in unser „Dasein", das von nichts abhängig ist, weder von unserem Gefühl für das Ich als einer Entität noch von unserer Vorstellung von uns, unserem positiven oder negativen Selbstbild. Dieses vorbehaltlose und damit unzerstörbare Vertrauen ist verwurzelt in unserer (nicht konzeptuellen) *Buddha-Natur*. Es entsteht gemeinsam mit der Erkenntnis, daß jedes von uns entwickelte Selbstbild nur eine Vorstellung, eine Luftspiegelung ist. Sobald wir in Kontakt mit der Wirklichkeit unseres Menschseins stehen, benötigen wir nicht länger ein Bild, das wir immer wieder erneut von uns zeichnen müssen. Durch die Entwicklung von *Prajna* – unserer klaren und ungehinderten Sicht auf unseren Erfahrungsstrom – lernen wir ein Leben in dieser Wirklichkeit.

Diese Entwicklung geht weit über den Versuch hinaus, „mit uns selbst in Kontakt zu treten", denn es gibt keine Spur mehr von einem Selbst, das mit irgend etwas in Kontakt steht. Daher wird diese Art des Seins, zu dem diese Entwicklung führt, im Vajrayana-Buddhismus als „reines Sein" (Skt.: *dharmakaya*) bezeichnet. Die emotionale Qualität dieser Seinsweise wird als Lebensfreude (Skt.: *sambhogakaya*) erfahren, deren Manifestation (Skt.: nirmanakaya) Mitgefühl ist.

Bewußtsein in der Psychotherapie

Einer der zentralen Ausgangspunkte der klassischen Tiefenpsychologen und Psychoanalytiker war die Erkenntnis, daß ein Bewußtmachen unbewußter Verlangen, Triebe, Ängste oder unrealistischer Denkmuster zur Heilung von neurotischen Leiden beitragen könne. Der frühe Freud war sogar der Ansicht, schon allein ein Bewußtmachen sei für eine Heilung dieser Leiden ausreichend.

Spätere Psychoanalytiker und Psychotherapeuten betrachten das Bewußtmachen zwar als eine notwendige, aber nicht ausreichende Voraussetzung für eine Heilung, denn unrealistische Denkmuster und Illusionen scheinen sich dadurch nicht immer aufzulösen. Der Klient muß natürlich lernen, unrealistische Denkmuster und Illusionen zu erkennen, sich aber anschließend einer langen Therapie unterziehen, in der eine andere Art des Denkens, Bewußt-Seins und Handelns eingeübt wird.

Die Bewußtwerdung mentaler Muster ist und bleibt jedoch ein wesentlicher Aspekt der Psychotherapie. Die dazu angewandten Methoden stützen sich stark auf die Bildung von Vorstellungen und das konzeptuelle Denken. Sie zielen vor allem darauf ab, ein *präziseres, realistischeres Bild* von uns und unserer Umgebung zu formen. Alle Psychotherapien, sowohl Gesprächs- als auch Verhaltenstherapien, arbeiten natürlich auch mit mentaler Achtsamkeit, sofern – und in der Hoffnung, daß – der Klient über diese verfügt. Eine systematische Schulung in mentaler Achtsamkeit erfolgt jedoch nicht. Da hierzu das *Fachwissen* fehlt, glaubt man im allgemeinen auch nicht daran, eine Schulung der Achtsamkeit sei möglich.

Hier liegt ein wesentlicher Unterschied zum Buddhismus, in dem das Kultivieren von Achtsamkeit und eines egolosen Bewußt-Seins als Weg zu einer *präzisen und realistischen Sichtweise* in bezug auf uns selbst und unsere Umgebung praktiziert wird. Eine *gute Sichtweise* wird als wirksamer betrachtet als ein *gutes Bild*. Eine gute Sichtweise ist das Vermögen, nicht im nachhinein, sondern *in jedem Augenblick* uns der Bewegungen unseres Geistes bewußt zu sein.

Der Fokus der Meditation unterscheidet sich ebenfalls von den in der Psychotherapie angewandten Techniken des Bewußtmachens. Die buddhistische Meditation der klaren Einsicht will tiefer gehen als das Bewußtwerden der *illusorischen Schöpfungen* unseres Geistes. Sie richtet sich darauf, die *Illusionen erzeugende Bewegung* unseres Geistes selbst im Augenblick ihres Entstehens zu erkennen und diese Bewegung selbst in eine andere Richtung zu lenken oder aufzulösen. In dieser Weise wird dem Aufkommen von Illusionen, Ängsten und Selbstbetrug der Weg abgeschnitten. Diese Methode ist keine Form der Unterdrückung, sondern einer geistigen Hygiene. Unsere Achtsamkeit arbeitet in unserem Geist wie ein Gärtner in seinem Garten, der alles sorgfältig betrachtet und das sprießende Unkraut jätet. Er wartet damit nicht, bis der gesamte Garten von Unkraut überwuchert ist. Da er das Unkraut bereits in seiner frühen und noch schwachen Form sieht und erkennt, kann er seine Arbeit auf diese Weise durchführen. Er schafft somit Raum, in dem die Rose und der Lotos blühen können, deren spirituellen Qualitäten der Gärtner erkennen und kultivieren kann. Diese Vorgehensweise trägt nach Ansicht des Buddhismus mehr zu unserer geistigen Gesundheit und fundamentalen Menschlichkeit bei als ein realistisches Selbst- oder Weltbild. Ein realistisches Selbst- oder Weltbild ist natürlich nicht schädlich, sofern es nicht als Freibrief dient, die Achtsamkeit zu vernachlässigen.

Damit ist nicht gesagt, Meditation solle eine Alternative zur Psychotherapie sein, sondern daß Meditation – die Schulung in Achtsamkeit und Bewußt-Sein – einen Beitrag zu einer erfolgreichen Therapie leisten kann. Denn auch für die Entwicklung eines präzisen Bildes unseres Geistes/unserer Erfahrung müssen wir diesen Geist/diese Erfahrung so achtsam wie möglich betrachten (können). Die Fähigkeit zu dieser Achtsamkeit wird durch Meditation vergrößert und damit eventuell auch die Zeit verkürzt, in der eine Therapie Früchte trägt.

Hypnose, Traumbewußtsein und Wachbewußtsein

Es ist eine weit verbreitete westliche Meinung über Meditation und andere spirituelle Praktiken, die auch viele Psychotherapeuten vertreten, diese seien eine Form der Selbsthypnose. Denn versuchen Menschen nicht, mit Hilfe von spirituellen Techniken ihren Geist zu manipulieren? Die gezielte Anwendung von Hypnose ist in der Psychotherapie sicherlich kein Tabu, denn sie ist mindestens so alt wie die Psychotherapie selbst. Wir wissen, daß mit Hypnose eine Bewußtseinsveränderung herbeigeführt werden kann, die bestimmte Bewußtseinsinhalte mehr oder weniger zugänglich macht und eventuell die Therapie fördert. Bei einer näheren Betrachtung der Technik der Hypnose scheint in dieser das Wiederholen und Abschwächen der Empfindlichkeit gegenüber (bestimmten) Eindrücken eine wirksame Rolle zu spielen. Es ist daher nicht so abwegig, spirituelle Techniken mit Formen der Selbsthypnose zu vergleichen. In der buddhistischen Tradition findet man – wie in anderen Religionen – tatsächlich Techniken, die auf Autosuggestion und Selbsthypnose basieren. Es gibt beispielsweise Techniken, mit denen man ein bestimmtes Bild permanent im Geist aufrecht erhält, fortlaufend einen Text oder ein *Mantra* rezitiert oder über lange Zeit eine sensorische Deprivation anwendet. Kennzeichnend für diese Techniken ist, daß sie unser Bewußt-Sein mit Hilfe von Konzentration (die unser Bewußtsein für unsere Umgebung einschränkt) in eine Richtung lenken, die der Ebene der Erleuchtung näher ist. Der Buddhismus betont jedoch trotz seiner Anwendung dieser Techniken, daß diese zwar eine bessere Sicht auf die Erleuchtung vermitteln, aber in sich selbst keine Erleuchtung bieten können. Im Sinne der Hypnose ausgedrückt ist Erleuchtung nach der buddhistischen Bedeutung gerade die vollkommene *Abwesenheit* aller Formen der Selbsthypnose und die *Anwesenheit* einer Wachheit, die das Entstehen jeder Form von Selbsthypnose unmöglich macht. Daher warnt der Buddhismus auch vor jeder Form der Spiritualität, die nur und ausschließlich auf die Manipulation des menschlichen Geistes in Form von hypnotischen Zuständen von Glückseligkeit oder Unverwundbarkeit ausgerichtet ist. Es gibt zahlreiche spirituelle Techniken, die präzise dieses Ziel anstreben und in diesem Sinne auf die Angst vor Leiden und den Wunsch, sich aus ihm zu befreien, eingehen. Buddha hat diese Techniken den *Sutras* zufolge selbst praktiziert, erforscht und festgestellt, daß sie nicht zur Erleuchtung führen. Sie befreien uns nicht aus den Träumen, sondern schenken uns glückselige Träume.

Der Weg Buddhas, des Erwachten, kann auch als der Weg umschrieben werden, der aus dem Traum hinaus führt und uns von unserem fortwährenden Zustand der (Selbst)hypnose, das heißt *Samsara*, befreit. Es mag extrem klingen zu behaupten, der Mensch lebe in einem fortwährenden Hypnosezustand, aber es gibt dafür empirische Beweise. Den Beweis finden wir im *Placebo-Effekt*. In der Medizin ist ein Placebo (meistens) eine Tablette, die nach Ansicht des Patienten einen Wirkstoff enthält, was aber nicht der Fall ist. Bei einigen Krankheiten scheinen diese Tabletten jedoch bei ungefähr dreißig Prozent der Patienten zu wirken. Woher kommt diese Wirkung? Nicht von der eingenommenen Tablette, sondern von der Tablette, die wir *denken* eingenommen zu haben, also aus unserem Geist. Die Tablette wirkt in der Welt, in der wir zu leben glauben, aber nicht in der Welt, in der wir wirklich leben. Dieses Thema ist uns mittlerweile vertraut. Anders ausgedrückt wirkt die Tablette, *gerade weil* wir in einem Zustand der Hypnose leben.

Der Placebo-Effekt beschränkt sich nicht auf das Einnehmen von „Tabletten", es gibt auch Psychotherapien, die auf ihm beruhen. Sie sind wirksam, weil Patient und Therapeut (glücklicherweise?) stark von ihrer Wirkungskraft überzeugt sind. Aus buddhistischer Sicht ist das keine herabsetzende Anmerkung über Psychotherapie, sondern die einfache Feststellung einer Tatsache. Da der Mensch in einem Zustand der Selbsthypnose oder Autosuggestion lebt, sind hypnotische oder autosuggestive Techniken auch wirkungsvoll. Daher sind einige buddhistische Lehrer zu dem Versuch bereit, bei Gelegenheit durch das Rezitieren eines für das Austreiben von bösen Geistern bestimmtes *Mantras* „böse Geister" aus einer Person zu vertreiben, denn Geister sind in der Welt, in der wir zu leben denken, eine Realität! Bestimmte spirituelle Praktiken sind aus diese Grund wirksam, denn sie manipulieren unseren selbsthypnotischen Zustand in eine Richtung, in der die Möglichkeit eines vollständigen Erwachens aus unserer Selbsthypnose vergrößert wird. Dieses vollständige Erwachen ist die Ebene der Erleuchtung.

Wie bereits erwähnt, nähert sich der Begriff *Klistavijnana* am meisten dem an, was wir in unserer westlichen Kultur als „Unbewußtsein" bezeichnen. An dieser Stelle können wir diese Interpretation noch erweitern. *Klistavijnana* ist Unbewußtsein in der Form von Selbsthypnose. Es heißt an anderer Stelle auch, *Klistavijnana* sei die Art des Bewußtseins in unseren Träumen. Somit können wir *Klistavijnana* auch unser Traumbewußtsein nennen. Dieses Traumbewußtsein erzeugt fortwährend das weiter oben erwähnte Traum-Ich. Es ist also nicht nur in unseren Träumen aktiv, in denen wir von Tigern verfolgt werden, sondern auch während unseres Wachzustandes.

Was ist der Unterschied zwischen unserem Wachbewußtsein und unserem Traumbewußtsein? Im Sinn der acht Bewußt-Seine (Skt.: *vijnana*) ist *Klistavijnana* unser Traumbewußtsein und *Manovijnana* unser Wachbewußtsein. Was geschieht im Schlaf in unseren Träumen? Unsere Bewußt-Seine der Sinnesorgane (Skt.: *Pravrttivijnana*) sind nicht oder nur eingeschränkt aktiv. Da das *Manovijnana* sein Material vor allem durch die Bewußt-Seine der Sinnesorgane erhält, ist dieses Bewußtsein ebenfalls nur eingeschränkt inaktiv. Abgesehen von den seltenen Momenten, in denen wir (*Manovijnana*) uns in unserem Traum unseres Traumzustandes bewußt sind, ist unser Traumbewußtsein (*Klistavijnana*) als einziges aktiv und holt sich vom Speicherboden unseres Geistes (*Alayavijnana*) alles gewünschte Material. Bevor wir uns versehen, werden wir dann wieder vom Tiger verfolgt. In dieser Weise erzeugt das Traumbewußtsein unser Traum-Ich und unsere Traum-Umgebung. Sobald wir aus dem Schlaf erwachen, aktivieren sich unsere Bewußt-Seine der Sinnesorgane und damit auch unser Wachbewußtsein (*Manovijnana*).

Wir werden aber, und das ist der wesentlichste Punkt dieser buddhistischen Psychologie, *nur teilweise wach*, den das *Klistavijnana* bleibt weiterhin aktiv. Der einzige Unterschied ist, daß es nicht mehr das einzige aktive Bewußt-Sein ist und sein Wirkungskreis somit von den Bewußt-Seinen der Sinnesorgane eingeschränkt wird. *Wach sein* bedeutet, die dualistische Sicht wird erneut von den Eindrücken der Sinnesorgane gebildet. Wir erwachen also in Hinsicht auf den Strom der Phänomene der Sinnesorgane, nicht aber in Hinsicht auf unseren Geistesstrom. Das vom *Klistavijnana* in unserem Wachzustand gebildete „Ich" mag sich vom „Ich" in unseren Träumen unterscheiden, es bleibt jedoch weiterhin ein Traum-Ich, ein Element unseres Geistesstromes. Unser Wachbewußtsein beziehungsweise *Manovijnana* funktioniert also nur halb, denn durch die fortwährende Aktivität des *Klistavijnana* gehen wir tagträumerisch, halbbewußt und halbwach durch das Leben und leiden unter den Folgen dieser Halbwachheit.

In diesem Sinne richtet sich die buddhistische Meditation auf ein vollständiges Erwachen, auf eine vollständige Beendigung der Aktivitäten des *Klistavijnana*. Die Meditation erreicht dieses Ziel durch eine Technik, die uns – sofern sie richtig angewendet und gut begleitet wird – im tiefsten und radikalsten Sinn enthypnotisiert. Diese Meditationstechnik ist die Praxis von *Shamata-Vipashyana* (siehe auch letztes Kapitel). Diese Form der Meditation ist daher das Gegenteil der Praxis der Selbsthypnose. Daher verringert der Weg der Erleuchtung immer mehr die Empfänglichkeit des Geistes für Therapien, Schulungen oder Lebensführungen, die – seien sie religiöser oder nicht-religiöser Art – auf Autosuggestion, Selbsthypnose oder dem Glauben an die scheinbare Wirklichkeit unserer Vorstellungen basieren.

Konzeptuelle Ansätze in der Psychotherapie und im Buddhismus

Der konzeptuelle Schleier (Skt.: *jneavarana*), durch den die Menschen in einer solipsistischen Wirklichkeit leben – ohne deren Ausmaße zu erkennen – wird auch im westlichen Denken, sowohl von der Philosophie (der Wissenschaften) als auch der klinischen Psychologie und Psychotherapie, anerkannt. Das gleiche gilt für den konzeptuellen Schleier der egozentrischen Emotionen (Skt.: *kleshavarana*). Die Beseitigung dieser Schleier wird in zahlreichen Psychotherapien auch als Weg zur Heilung neurotischer Leiden angesehen. Ein Schulbeispiel dafür ist die von Albert Ellis und anderen entwickelte RET-Therapie (rational-emotionale Verhaltenstherapie), in der wir den Verweis auf diese Schleier wiederfinden. Der Akzent liegt bei der RET-Therapie jedoch sehr stark auf dem konzeptuellen Aspekt, der Elimination von irrationalen Verhaltens- und Denkweisen durch eine konzeptuelle Analyse. Dieser Vorgehensweise liegt die Erkenntnis zugrunde, daß der Schleier irrationaler Ansichten (Skt.: *jneyavarana*) auch die Ursache destruktiver Emotionen (Skt.: *kleshavarana*) ist.

Diese Erkenntnis finden wir auch im Buddhismus. Neben der Meditation der klaren Einsicht wird auch im Vajrayana-Buddhismus eine Methode der konzeptuellen Analyse eingesetzt, die unter der Bezeichnung *Madhyamaka* bekannt ist. Das Ziel der *Madhyamaka*-Methode ist, den Geist durch das Unterminieren und Abbrechen (Dekonstruktion) von destruktiven Gedanken und Ansichten zu öffnen. Die dazu angewandten Mittel sind Beweisführung und Gegenargumente. Eine der bekanntesten

Abhandlungen über diese Methode enthält das von Shantideva verfaßte *Bodhicharyavatara* (7. Jahrhundert, 1997). In ihr zeigt er uns unter anderem auf, daß die Art und Weise, in der wir meistens ein Objekt für unsere Emotionen auswählen, nicht so rational ist, wie wir häufig denken. In bezug auf Zorn führt er das Beispiel einer Person an, die uns aus Haß mit einem Stock schlägt. Ist es rational, zornig auf den Schlagenden zu werden? In einem seiner Verse schreibt Shantideva:

Wenn ich zornig auf den werde, der den Stock in seinem Griff hat, muß ich, auch wenn ich tatsächlich vom Stock getroffen wurde, zornig auf den Haß werden, da sich derjenige, der den Stock führt, seinerseits im Griff des Hasses befindet.

(Shantideva, 1997, Kap. 4, Vers 41).

In den meisten Fällen richtet sich unser Zorn aber nicht auf den Haß, der unseren Widersacher im Griff hat, sondern auf den Widersacher selbst. Der Buddhismus war nie Anhänger des Gedankens, eine rationale Art des Denkens über unseren Geist und unser Erfahrungsfeld sei *in sich selbst* ausreichend für die Veränderung unseres Erlebens der Wirklichkeit. Mittlerweile vertreten auch in unserer Zeit zahlreiche Psychotherapeuten nicht mehr diese Ansicht. Sie stimmen mit Shantideva darin überein, ein Lernen einer rationaleren Denkweise über uns und unser Umfeld sei zwar notwendig, aber nicht unbedingt der einzige Schritt. Eine Therapie muß sich auf das *Denken und Handeln* richten (*Kwee*, 1990). Bewußtwerdung, das Lernen einer rationalen Denkweise und *Verhaltensänderungen* sind gemeinsam für die Behandlung von Neurosen notwendig. Die multi-modalen Psychotherapien (z. B. *Lazarus*, 1988) sind auf diese Vorgehensweise ausgerichtet. Dieser breitgefächerte und integrierte Ansatz ist auch ein Merkmal der buddhistischen Spiritualität. Daher ist das wachsende Interesse von psychotherapeutischer Seite an buddhistischen Disziplinen nicht verwunderlich (siehe *Kwee* und *Holdstock*, 1996).

Das Aufheben von neurotischen und existentiellen Leiden

Trotz dieser Übereinstimmungen weisen die psychotherapeutischen und buddhistischen Disziplinen aber auch wesentliche Unterschiede auf, die sich vor allem auf die Zielsetzung dieser Disziplinen beziehen. Die

Psychotherapie strebt ein anderes und viel bescheideneres Ziel an als die buddhistische Spiritualität. In der Terminologie des Buddhismus ausgedrückt, ist das Ziel der Psychotherapie nicht die Verwirklichung von *Nirvana*, der Erleuchtungsebene, sondern das Leben in *Samsara* (und die sich daraus ergebenden Leiden) für die hoffnungslos in *Samsara* verstrickten Menschen erträglich zu machen.

Das Ziel der buddhistischen Meditation liegt jedoch, wie wir in den vorigen Abschnitten sehen konnten, auf einer anderen Ebene als der der reinen Befreiung aus eigenen neurotischen Problemen. Das Ziel der Meditation ist nicht, das Leben in *Samsara* erträglich zu machen, denn vom buddhistischen Standpunkt aus ist *Samsara* emotional ungesund, fundamental irrational und erfüllt von Leiden. Ihr Ziel ist es, *Samsara* vollständig zu überwinden und den menschlichen Geist aus seiner irrationalen, solipsistischen und egozentrischen „Wirklichkeit" zu befreien. Es wird deutlich werden, daß dieses Ziel *beyond therapy* (jenseits von Therapie) liegt (*Claxton*, 1986).

In der klassischen Formulierung ihrer Zielsetzung, der Aufhebung von Leiden, scheinen sich aber beide Traditionen wieder anzunähern. Das ist das Ziel der Psychotherapie, und in einer der Pali-*Sutras* sagt Buddha: „Ich richte mein Ziel auf eine einzige Sache, Leiden und das Aufheben von Leiden." Daraus ergibt sich die Frage, ob beide Traditionen über ein identisches Leiden sprechen. Wenn Buddha sagt, der von ihm gefundene Weg führe zur Aufhebung des Leidens, von welchem Leiden spricht er dann? Die klassische Antwort auf diese Frage ist, das Leiden von *Geburt, Alter, Krankheit und Tod*. Er spricht also vom Leiden, die der menschlichen Existenz inhärent sind. Eine andere klassische Unterteilung von *Duhkha* erwähnt drei Arten von Leiden. Das erste Leiden ist das *Leiden unter Veränderung* (Skt.: *viparinamaduhkhata*). Damit ist das Leiden unter den Schwierigkeiten des Umganges mit Veränderungen gemeint. Das zweite Leiden ist das *Leiden unter Konditionierungen* (Skt.: *samskaraduhkhata*), das auch als durchdringendes Leiden bezeichnet wird, das den samsarischen Konditionierungen inhärent ist und das wir hier als Lebensangst bezeichnet haben. Das dritte Leiden ist das *Leiden unter Leiden* (Skt.: *duhkhaduhkhata*), mit dem das Leiden unter Schmerzen gemeint ist. Diese beiden Unterteilungen weisen in die Richtung von Leiden, die der menschlichen Existenz in *Samsara* inhärent sind. Wir werden diese Leiden als *existentielle Leiden* bezeichnen. Es ist dieses Leiden, von dem Buddha sagt, es könne aufgehoben werden.

Werden, wie Buddha behauptet, mit der Aufhebung der existentiellen Leiden auch *alle anderen* Leiden aufgehoben? Betrachten wir für die Beantwortung dieser Frage einmal die Leiden näher, deren Aufhebung die Psychotherapie anstrebt. Auch hier ist die Antwort einfach, es handelt sich um *neurotische Leiden*. Eine Klassifizierung der Arten von neurotischen Leiden ist nicht auf wenigen Seiten möglich (siehe auch *Gleitmann*, 1986, Kap. 19), aber allgemein gesprochen handelt es sich um das Leiden unter Gedanken- und Verhaltensstörungen als Reaktion auf nicht bewältigte Erlebnisse, die das Leben erschweren. Diese Störungen drücken sich beispielsweise aus in Angstanfällen, Zwangshandlungen, Phobien, Depressionen und emotionalen Problemen.

Buddha bezieht seine Aussage in erster Instanz mit Sicherheit nicht auf neurotische Leiden, aber möglicherweise in zweiter Instanz, denn existentielle und neurotische Leiden sind miteinander verknüpft. Wir können *neurotische Leiden* als *eine Reaktion auf ein existentielles Leiden*, das als nicht zu bewältigen erfahren wurde, definieren. Wir können beispielsweise darunter leiden, alt zu sein. Das ist eine Form des existentiellen Leidens. Wird dieses Leiden für uns aber so unerträglich, daß wir Situationen aus dem Weg gehen, die uns (vermeintlich) mit diesem Leiden konfrontieren, und meiden wir somit die Gesellschaft von jungen Menschen oder beschäftigen uns so obsessiv mit unserem äußeren Erscheinungsbild, bis uns keine Zeit mehr für andere Dinge bleibt, ist das eine Form des neurotischen Leidens. Die Psychotherapie kann daran etwas ändern, nicht aber die Praxis der Meditation. Sie kann bestenfalls einen unterstützenden Einfluß auf die Therapie ausüben. Die buddhistische Meditation kann aber an existentiellen Leiden etwas ändern, was die Psychotherapie wiederum nicht kann. Freud war sich der Tatsache bewußt und schrieb bereits am Anfang seiner Studie über Hysterie, „daß viel damit gewonnen ist, wenn es uns gelingt, hysterisches Elend (d. h. neurotisches Leiden, H. F. d. W.) in gemeines Unglück (d. h. existentielles Leiden, H. F. d. W.) zu verwandeln." (Freud, 1952, I: 312) Die identische Ansicht finde wir interessanterweise auch in der buddhistischen Theorie der Neurose, die als die *sechs Bereiche* bekannt sind, auf die wir hier kurz eingehen werden.

Eine buddhistische Theorie der Neurose

Die kontemplative Psychologie des Buddhismus enthält eine Theorie, die neurotische Geisteszustände als die *sechs Pfeiler* oder die *sechs Bereiche* (Skt.: *loka*) beschreibt. Die wörtliche Bedeutung von *Loka* ist Ort oder Platz. Diese *Lokas* sind „psychologische Welten", in denen wir verfangen sind. Sie werden auch als „Pfeiler der Gefangenschaft" bezeichnet (*Trungpa*, 1989). Die Theorie dieser sechs Bereiche ist eine detaillierte Beschreibung von *Samsara*. Sie beschreibt sechs neurotische Betrachtungsweisen der Welt. Jeder Bereich ist gekennzeichnet von einer eigenen emotionalen und kognitiven Beziehung zwischen dem *Ego* und seiner Umgebung. Hier eine kurze Beschreibung dieser Bereiche.

Im Zentrum eines Rades, um das sich die *sechs Bereiche* gruppieren, liegen die bereits erwähnten drei Geistesgifte (Skt.: *klesha*) Begierde, Aggression und Verblendung, die auch im psychologischen Ansatz von Freud, Adler und Jung einen zentralen Platz einnehmen. In einer dualistischen Erlebniswelt können diese drei *Kleshas* als zur eigenen Person oder zur Umgebung gehörig erlebt werden. Sie können (scheinbar) von der eigenen Person oder der Umgebung ausgehen. Ich kann Täter oder Opfer sein. Auf diese Weise entstehen dreimal zwei Erlebniswelten. Sie stellen eine Neurose dar, da sie das Ziel haben, unsere existentiellen Leiden aus unserem Gesichtsfeld zu verbannen, damit wir sie nicht betrachten müssen. Wir wehren unsere existentiellen Leiden durch eine intensive Fixierung auf eines der *Kleshas* ab. Wie sind diese neurotischen Lebenspfeiler beschaffen?

Ist unser Erleben der Wirklichkeit durchdrungen vom Gefühl einer überwältigenden aggressiven Umgebung, gegen die wir kämpfen müssen, leben wir im *Bereich der Höllen*. Wie auch die Bezeichnungen der anderen Bereiche ist die Bezeichnung „Bereich der Höllen" metaphorisch zu verstehen. Sie bezieht sich nicht auf etwas außerhalb von uns, kann aber dennoch wörtlich aufgefaßt werden, denn ein Leben in diesem geistigen Bereich ist die Hölle. Die überwiegende Emotion ist Aggression, und die mit ihr verbundene Realität ist eine feindliche Welt. Wir sind Opfer von Aggression und stehen mit dem Rücken an der Wand. Von allen *sechs Bereichen* ist dieser Bereich die schmerzhafteste Art, unsere existentiellen Leiden nicht erkennen zu wollen.

Im *Bereich der eifersüchtigen Götter* haben wir nicht das Gefühl, uns fortwährend gegen Aggressionen verteidigen zu müssen, sondern betrachten Aggression als die beste Art und Weise, um sich durch das Leben zu schlagen. Diese Lebensstrategie manifestiert sich in einem ständigen Konkurrenzkampf mit anderen. Der Erstschlag ist lohnenswert, da jeder in erster Linie unser Konkurrent ist. Die Welt ist ein Schlachtfeld, in dem Macht über andere und die Entthronisierung und Überwindung der „Götter", die unserem Gefühl nach über uns stehen, der Lebenszweck sind. Dieser Bereich wird regiert von Machtentfaltung, Mißtrauen und Ambition sowie unserem Streben, die Welt unserem Willen zu unterwerfen und auf diese Weise unsere existentiellen Leiden zu umgehen. Die dominierende Emotion ist Eifersucht.

In den Bereichen der Höllen und der eifersüchtigen Götter ist daher das *Klesha* der Aggression die treibende Kraft.

Ist unser Wirklichkeitsbild durchdrungen von dem Gefühl, es breite sich eine reiche Welt vor uns aus, in der jeder außer uns seine Leidenschaften ausleben und seine Lust und Begierde befriedigen kann, leben wir im *Bereich der hungrigen Geister*. Hier ist die Strategie zur Vermeidung unseres existentiellen Leidens die Einkapselung in das Gefühl einer ständigen Benachteiligung. Was immer wir auch erhalten, es ist niemals genug und befreit uns niemals wirklich vom Gefühl der Armut. Was andere zu befriedigen scheint, befriedigt uns nicht. Wir fühlen uns bodenlos arm. Die dominierende Emotion ist Begierde in Form von Hunger, und die Welt wird zu einem Ort deformiert, der für uns vollkommen unbefriedigend ist.

Wenn unsere grundsätzliche Lebenseinstellung die ist, wir könnten durch das Befolgen unserer Begierde alles erreichen, was wir verlangen, leben wir im *Bereich der Menschen*. Die dominierende Emotion ist Begierde in Form von Leidenschaft. Wir sehen die Welt als ein Feld mit endlosen Auswahlmöglichkeit für Freude und Genuß. Gehen wir intelligenter vor und treffen die richtige Wahl, können wir sogar das Schlaraffenland erreichen. Es ist das Reich der Hedonisten und Feinschmecker. Das Leiden dieses Bereiches ist die ständige Steigerungsfähigkeit, durch die wir ständig auf der Suche nach noch größeren Genüssen sind. Dieses neurotische Leiden lenkt uns jedoch vom existentiellen Leiden ab, das sich dahinter verbirgt.

In diesen beiden Bereichen ist das *Klesha* der Begierde die treibende Kraft.

Wenn unsere bevorzugte Lebensstrategie darin besteht, so wenig wie möglich aufzufallen und uns nur um das zu kümmern, was direkt vor uns liegt, leben wir im *Bereich der Tiere*. Die dominierende Emotion ist Verblendung in Form von Borniertheit. Unser Bild der Wirklichkeit wird zu einer uninteressanten, langweiligen und humorlosen Welt verfälscht, in der das Leben zum Überleben geworden ist. Die sicherste Art des Überlebens ist, sich um so wenig wie möglich zu bemühen und so wenig wie möglich zu wissen. Es gilt das Sprichwort „Was ich nicht weiß, macht mich nicht heiß".

In diesem Bereich ist das *Klesha* der Verblendung die treibende Kraft.

Ist unser Wirklichkeitsbild geprägt von dem Gefühl, wir befänden uns auf dem Gipfel der Welt und diese Welt bestünde ausschließlich dazu, uns zu dienen, zu bewundern und auf olympische Höhen zu erheben, leben wir im *Bereich der Götter*. In diesem Bereich haben wir uns über die Welt der „gewöhnlichen Menschen" erhoben. Wir vergessen „die armen Menschen da unten", die leiden und keine Kenntnis von und keinen Zugang zu dem Bereich haben, in dem wir – aufgrund unserer selbstverständlichen Überlegenheit – leben. Wir sehen die anderen Menschen nicht mehr und kommen auch nicht mit ihnen in Berührung. Wenn wir in diesem Bereich leben, verstehen wir auch nicht den Grund ihres Leidens und denken, sie hätten es wohl verdient. Das *Klesha* der Verblendung manifestiert sich in diesem Bereich als Stolz, und die Wirklichkeit wird verfälscht in eine selige, perfekte Welt.

Natürlich ist das nur eine sehr kurze Darstellung der Sechs Bereiche, über die es ausführliche Abhandlungen gibt (siehe *Trungpa*, 1973; *Gampopa*, 1995), aber das Verhältnis zwischen diesen sechs neurotischen Reaktionen und den existentiellen Leiden wird anhand dieser kurzen Darstellung deutlich. Wir leben nicht unbedingt immer im selben Bereich, sondern setzten nur immer wieder eine andere neurotische Strategie ein und wechseln – innerhalb von Minuten und dann wieder innerhalb einiger Tage oder selbst Jahre – von einem Bereich in den anderen. Wir nehmen eventuell unseren Wechsel von der Armutshaltung des Bereichs der hungrigen Geister zum Stolz des Bereiches der Götter und von dort in den Bereich der Höllen wahr. Es gibt aber häufig einen Bereich, in dem wir uns am heimischsten fühlen.

Diese neurotischen Pfeiler sind eine Art des egozentrischen Anpassungsverhaltens. Es sind Strategien für die Bewältigung und Stärkung des Ego, Strategien zur Bekämpfung dessen, was das Ego bedroht, Strategien zur Verführung dessen, was das Ego liebt, und Strategien zur Ablehnung dessen, was dem Ego lästig fällt.

Der Überlieferung nach besteht zwischen dem Bereich der Menschen und den anderen fünf Bereichen eine besondere Beziehung. Die Möglichkeit der Befreiung von diesen neurotischen Pfeilern ergibt sich aus der Abnahme der Intensität des Bereichs, in dem man sich befindet. Die Intensität des Leidens in den niederen Bereichen, in denen man ein Opfer der drei *Kleshas* ist – die Bereiche der Höllen, hungrigen Geister und Tiere – ist der Überlieferung nach sehr groß, und wir können diesen Bereichen selten aus eigener Kraft entkommen. Mag der Wunsch, aus diesen Bereichen zu entkommen, auch noch so groß sein, so ist dieser Wunsch machtlos gegenüber der Aggression, der Begierde und der Verblendung dieser Bereiche. In den höheren Bereichen der Götterwelt, der eifersüchtigen Götter, ist die Intensität von Erfolg und Befriedigung beziehungsweise der Hoffnung auf Erfolg und Befriedigung so groß, daß der Wunsch eines Verlassens dieser Bereiche weniger stark ist. Nur im Bereich der Menschen überwiegt dieser Wunsch die Intensität von Lust und Unlust. Der Grund dafür ist, daß die Möglichkeit des Folgens unserer Begierde (der dominanten Emotion im Bereich der Menschen) ein gewisses Unterscheidungsvermögen erfordert, eine Intelligenz, die uns erkennen läßt, ob wir in die richtige oder falsche Richtung gehen. Diese Intelligenz läßt uns den Zusammenhang der Dinge, die Verbindung von Ursache und Wirkung, erkennen. Dieses Unterscheidungsvermögen ermöglicht uns eine klarere und realistischere Sichtweise in bezug auf unsere Existenz. In diesem Bereich sind wir bereit, unsere *existentiellen Leiden* zu erkennen und uns zu fragen, wie wir diese aufheben können. Hier setzt die buddhistische Meditation an und kultiviert dieses Unterscheidungsvermögen nicht, um dem Ego ein besseres Werkzeug zur Verfügung zu stellen, sondern um uns die Illusion des Ego der sechs Bereiche durchschauen zu lassen und unsere fundamentale Gesundheit freizulegen. In diesem Sinne ist der Bereich der Menschen der Bereich mit der geringsten Neurose. Wie beziehen sich diese Bereiche nun auf die Psychotherapie?

Anlehnend an die buddhistische Theorie der Neurose ist das Ziel der Psychotherapeuten, den Menschen aus den anderen fünf Bereichen in den Bereich der Menschen zu bringen, das heißt in die relative geistige Gesundheit, die kennzeichnend für diesen Bereich ist. Diese Form der relativen geistigen Gesundheit, die Freud als „gemeines Unglück" bezeichnete, ermöglicht danach die Arbeit mit den existentiellen Leiden. Daher öffnet sich in diesem Bereich die Möglichkeit, einen spirituellen Weg einzuschlagen.

Erkenntnis und Mitgefühl als Mittel oder Ziel

Wenn sich die Möglichkeit eröffnet, einen spirituellen Weg einzuschlagen, steht die Beziehung zwischen Leiden (Skt.: *duhkha*), Einsicht (Skt.: *prajna*) und Mitgefühl (Skt.: *karuna*) in einem anderen Zusammenhang als in der Psychotherapie. Der Unterschied zwischen der buddhistischen und psychotherapeutischen Tradition läßt sich an diesem unterschiedlichen Zusammenhang charakterisieren. Einsicht und Mitgefühl haben selbstverständlich in beiden Traditionen einen zentralen Stellenwert, denn sie sind sowohl für einen buddhistischen als auch psychotherapeutischen Mentor unverzichtbar. In der Psychotherapie ziehen jedoch sowohl Therapeuten als auch Klienten Einsicht und Mitgefühl als Mittel für die Linderung (neurotischer) Leiden heran. Mitgefühl und Einsicht sind Mittel, ohne die weder der Therapeut noch der Klient sein Ziel – die Heilung neurotischer Leiden – verwirklichen kann. Dieses Verhältnis ist auf dem buddhistischen Weg umgekehrt, denn auf ihm wird (existentielles) Leiden auch für die Kultivierung von Einsicht und Mitgefühl benutzt. Leiden ist in diesem Sinne ein Mittel, sich dem Ziel der Vergrößerung von Einsicht, Mitgefühl und Lebensfreude zu nähern, denn das Leiden kann uns – sofern es keine neurotischen Reaktionen auslöst – wachrütteln und unsere Angst vor Leiden verlieren lassen. Wir nehmen es in Augenschein und gelangen zur *Einsicht*. Wir fliehen nicht vor dem Leiden, sondern nähern uns ihm, um es zu lindern und möglicherweise aufzuheben. Das ist die Bedeutung von aktivem *Mitgefühl*.

Diese Entwicklung führt nicht zu einer letztlichen Beendigung des *Erfahrens* von Schmerz, auch Buddha erfuhr Schmerz. Das *Leiden* unter Schmerz wird jedoch transformiert in ein *Mitleiden* mit Schmerz, sowohl unserem eigenen Schmerz als auch dem Schmerz der anderen Wesen. Wir haben nun den Raum, auf unseren Schmerz nicht mit Angst und Aggression, sondern mit Mut und Mitgefühl zu reagieren. Damit führen wir unser Leben immer stärker auf der Basis unserer Menschlichkeit und unseres tiefsten Wunsches, alle Menschen mögen glücklich und frei von Leiden sein. Diese Art des Lebens ist weitreichender als das Glück der Befriedigung des Ego, das viele Menschen (einschließlich einiger Psychotherapeuten) anstreben. Im buddhistischen Sinne ist Glück eine Seinsebene, die jenseits von Enttäuschung und Befriedigung liegt. Glück ist der Geschmack des angstfreien Handelns selbst, sowohl in bezug auf Schmerz und Kummer als auch Wohlsein und Freude. Mit der Kultivierung eines angstfreien Mitgefühls wächst auch die Fähigkeit des Umganges mit schmerzlichen Situationen. Diese Fähigkeit wird als ein tiefes Glück erfahren. Man könnte eventuell sogar sagen, daß dieses Glück das Gefühl vermittelt, wirklich zu leben.

Warum spirituelle Praxis keine Psychotherapie ist

Was sind die weiteren Implikationen, wenn das Verhältnis zwischen existentiellen und neurotischen Leiden tatsächlich so beschaffen ist, wie es hier beschrieben wurde? Eine Implikation könnte sein, daß Buddha mit seiner Aussage nicht übertrieben hat, sein spiritueller Weg hebe *alle* von uns erfahrenen Leiden auf. Denn wenn das existentielle Leiden überwunden wurde, kann sich kein neurotisches Leiden mehr entwickeln. Wenn es aber andererseits um neurotische Leiden geht – und das ist bei vielen Menschen der Fall –, sind Buddha und die Halter seiner Tradition machtlos, sofern sie sich nicht auch als Psychotherapeuten qualifiziert haben. Im umgekehrten Sinne stehen Psychotherapeuten der Aufhebung von existentiellen Leiden machtlos gegenüber, sofern sie nicht auch innerhalb der buddhistischen Tradition zu Mentoren ausgebildet wurden (siehe zweites Kapitel). Die Psychotherapie ist also in erster Linie ein Mittel, nicht zu bewältigende existentielle Leiden bewältigbar zu machen. Sobald unser Leiden zu bewältigen ist, kann die buddhistische Praxis auf dieser Basis aufbauen.

Es ergibt sich auch eine zweite Implikation. Wenn wir davon ausgehen, daß die Aufgabe der Psychotherapie das Heilen oder Lindern von neurotischen Leiden ist und spirituelle Methoden darauf ausgerichtet sind, existentielle Leiden aufzuheben, erhalten wir damit im Prinzip ein diagnostisches Kriterium, auf dessen Grundlage wir feststellen können, ob für die Psychotherapie ein spiritueller Ansatz empfehlenswert ist. In der Praxis stellt sich diese Frage natürlich komplexer dar. Es kann ein so geringfügiges neurotisches Leiden vorliegen, das ein direktes Angehen des dahinter verborgenen existentiellen Leidens ermöglicht. In diesem Fall wird die Praxis einer spirituellen Disziplin das existentielle Leiden und das auf ihm basierende neurotische Leiden auflösen. Das sehen wir manchmal auch in der Praxis.

Wenn wir daraus aber die Schlußfolgerung ziehen, spirituelle Methoden seien eine Alternative für eine professionelle Psychotherapie, unterliegen wir einer häufigen Fehleinschätzung und werden Opfer des Mißverständnisses, spirituelle Disziplinen hätten einen *direkten* Einfluß auf das neurotische Leiden. Sie haben ihn nicht, sondern üben höchstens (und nur in Ausnahmefällen) einen *indirekten* Einfluß aus. Dieses Mißverständnis birgt das Risiko, daß wir spirituelle Disziplinen gerne Menschen empfehlen oder bei ihnen anwenden, die ein schweres neurotisches Leiden haben. In diesen Fällen aber tragen spirituelle Disziplinen keine Früchte. Im Gegenteil, denn wenn beim Klienten und/oder Therapeuten die Erwartung an einen therapeutischen Wert dieser Disziplinen besteht, geht kostbare Zeit verloren, da das neurotische Problem in Wirklichkeit nicht angegangen wird. In diesem Fall besteht die Möglichkeit einer Verschlimmerung des neurotischen Leidens. Wenn der Klient (und Therapeut) schließlich zu dem Schluß kommt, die spirituellen Disziplinen würden nicht helfen, besteht aufgrund der schlechten Erfahrung auch nur eine geringe Chance für die spätere Aufnahme einer spirituellen Praxis durch den Klienten, und zwar selbst dann, wenn zu einem späteren Zeitpunkt das neurotische Leiden durch professionelle Psychotherapeuten gelindert und der Weg für ein Angehen von existentiellen Leiden geebnet wurde. Daher birgt die Anwendung von spirituellen Disziplinen in Verbindung mit der Psychotherapie ein großes Risiko.

Es kann sich aber auch die umgekehrte Situation ergeben, in der existentielle als neurotische Leiden *mißverstanden* werden. In diesem Fall wird ein Mensch Hilfe nicht bei einem spirituellen Mentor, sondern bei einem Psychotherapeuten suchen. In dieser Situation tragen die psychotherapeutischen Methoden keine Früchte. Wenn man sich schließlich in der Therapie festgefahren hat und an ihrer Stelle mit der Praxis einer spirituellen Disziplin beginnt, wird man sich aus seiner negativen Erfahrung heraus auch dann nicht mehr an einen Psychotherapeuten wenden, wenn man später ein ausgesprochen neurotisches Leiden entwickelt. Dieser Situation liegt ebenfalls das Mißverständnis zugrunde, Meditation oder andere spirituelle Disziplinen hätten auch einen psychotherapeutischen Wert.

In einigen Fällen können spirituelle Disziplinen auch neurotische Leiden auflösen, und es gibt auch Formen von Psychotherapien, die sich mit existentiellen Problematiken beschäftigen und einer spirituellen Begleitung nahestehen. Das ändert jedoch nichts an der Tatsache, daß ein Wecken psychotherapeutischer Erwartungen über einen spirituellen Weg und das Wecken einer spirituellen Erwartung über die Psychotherapie ein

Kunstfehler sowohl des spirituellen Mentors als auch des Psychotherapeuten wäre.

Gerade weil die spirituellen und psychotherapeutischen Disziplinen beide mit dem menschlichen Geist arbeiten und daher teilweise auf identischen psychologischen Ansatzpunkten basieren, scheinen sie sich auf den ersten Blick zu gleichen. Ein Beispiel dafür ist, daß auch heute noch die Methode der *systematischen Desensitivierung* (*Wolpe*, 1952) die Basis zahlreicher moderner (Verhaltens)therapien ist. Wolpe begründete und verwendete Entspannungsübungen als Grundlage für die Behandlung irrationaler Ängste (Phobien). Gegenwärtig werden diese Übungen für ein anderes therapeutisches Ziel der Entspannung des Menschen angewandt, das heute modern mit *Streßabbau* umschrieben wird. Ein Praktizierender der buddhistischen Meditation entwickelt im ersten Stadium seiner Praxis zwar ebenfalls eine geistige Entspannung, aber das Ziel der Praxis geht bedeutend tiefer als ein Abbau von Streß. Das Ziel der buddhistischen Meditation ist die Verwirklichung der egolosen Ebene der Erleuchtung. Auf dieser Ebene bestimmt die Erkenntnis unserer existentiellen Leiden und der Leiden anderer Wesen und das Mitgefühl dafür unser Leben.

Wenn aber aufgrund einiger Übereinstimmungen zwischen Meditation und Techniken des Streßabbaus die Schlußfolgerung gezogen wird, Meditation könne auch zur geistigen Entspannung angewandt werden oder Meditation sei eine dieser Entspannungstechniken, führt das zu zwei schädlichen Konsequenzen. Erstens behindern wir mit dieser Interpretation die Sicht auf das Ziel der Meditation. Wir reduzieren Meditation auf eine bloße Technik, wie es die *systematische Desensitivierung* ist. Damit reduzieren wir die Meditation auf etwas, was sie nicht ist: „Nach der gängigen psychotherapeutischen Denkweise ist Meditation eine Art Entspannungsmethode" (*Janssen*, 1997: 7). Mit dieser Interpretation entziehen wir den Menschen die Sicht auf die Meditation als Mittel eines spirituellen Wachstums.

Als zweite Konsequenz könnten wir – gerade wenn wir die Meditation als reine Entspannungstechnik ansehen – die Ansicht vertreten, nach dem Erlernen der Meditationstechniken (siehe folgendes Kapitel) diese auch unterrichten zu können. Wir würden in diesem Fall ignorieren, daß die buddhistische Tradition über ein enormes *Fachwissen* in bezug auf meditative Entwicklung und Begleitung verfügt und daß wir nicht dazu ausgebildet wurden, diese Begleitung durchzuführen. Damit gehen wir als Psychotherapeut das Risiko ein, aufgrund unserer *Kenntnis* der Technik und unserer *Unkenntnis* der meditativen Entwicklung, auf die diese Technik letztlich abzielt, diese Technik zu verfälschen und auf das zu beschränken, was sich in die psychotherapeutische Behandlung einfügen läßt. Wir (und mit Sicherheit auch unsere Klienten, die auf unser Fachwissen vertrauen) realisieren nicht, daß wir unsere Klienten inzwischen unprofessionell behandeln, und zwar unprofessionell sowohl aus buddhistischer als auch psychotherapeutischer Sicht.

Die Unkenntnis des Arbeitsgebietes der psychotherapeutischen und spirituellen Disziplinen kann dazu führen, daß sich der Psychotherapeut als spirituellen Mentor und der spirituelle Mentor als Psychotherapeut betrachtet. Der Klient läuft ebenfalls Gefahr, seinen Psychotherapeuten als spirituellen Mentor zu betrachten und umgekehrt. Es gibt natürlich Menschen, die in beiden Disziplinen ausgebildet sind. Menschen, die sowohl eine psychotherapeutische Ausbildung absolviert haben und von ihrem spirituellen Mentor ausgebildet und dazu autorisiert wurden, selbst als Mentor tätig zu sein. Gerade diese zweigleisige Ausbildung schützt diese Menschen vor den oben erwähnten Mißverständnissen. Sie werden spirituelle und psychotherapeutische Begleitung nicht verwechseln und vereinheitlichen, sondern bestimmen können, was für den Patienten oder spirituellen Schüler heilsam ist. In der Praxis wird eine Person, die in beiden Formen der Begleitung ausgebildet ist, in Verbindung mit dem Klienten oder spirituellen Schüler nur jeweils eine Form der Begleitung ausüben und sie für die andere Form der Begleitung an einen anderen Therapeuten oder Mentor verweisen.

Einsicht, Klarheit des Geistes und Mitgefühl sind letzten Endes unverzichtbar, wenn wir als Psychotherapeuten tätig sind. Das Maß an Einsicht und Mitgefühl, über das wir verfügen, bestimmt unsere Qualität als Therapeut. Daher muß der Psychotherapeut seine eigene Klarheit des Geistes und sein eigenes Mitgefühl in höchstem Maße kultivieren und sich von seiner eigenen Neigung befreien, sich von der Angst vor existentiellen Leiden, in der die Ursache von Neurosen liegt, leiten zu lassen. Daher kann man auch die Schlußfolgerung ziehen, daß die Praxis der Meditation in erster Linie für den Therapeuten hilfreich und heilsam ist. Der Klient kann zu einem späteren Zeitpunkt, nach Abschluß der Therapie, mit der Praxis der Meditation beginnen. Das ist der Zeitpunkt, zu dem sich der Klient mit Hilfe der Klarheit des Geistes und des Mitgefühls des Therapeuten im Bereich der Menschen gefestigt hat.

Obwohl sich die Emotionen, die auch die anderen Bereiche beherrschen, der Überlieferung nach ebenfalls im Bereich der Menschen manifestieren, ist ihre Intensität jedoch geringer. Dadurch verschließen wir uns nicht vollkommen dem existentiellen Leiden durch neurotische Reaktionsmuster. Im Bereich der Menschen muß das existentielle Leiden von Krankheit, Alter und Tod, wenn wir es näher untersuchen wollen, nicht unbedingt zu Neurosen führen, sondern es kann – wie bei Buddha – zu einer Suche nach einem spirituellen Weg und zur spirituellen Praxis inspirieren. Nicht, um von unseren Neurosen loszukommen, sondern um die Ursache unserer existentiellen Leiden zu untersuchen und aufzuheben. Dieses Thema wird im folgenden Kapitel behandelt.

5. Kapitel:
Der praktische Aspekt des Buddhismus

Einleitung

Die buddhistische Praxis ruht auf zwei Pfeilern. Der erste Pfeiler ist die *Motivation*, den Lotos der Erleuchtung zur Blüte zu bringen, der zweite Pfeiler ist das *Wissen*, wie man diese Motivation umsetzt. In den ältesten Pali-Überlieferungen wird diese Motivation mit dem Wunsch und Streben umschrieben, sich aus *Samsara* zu befreien und dem Kreislauf der Geburten zu entkommen. Diese Umschreibung legt den Akzent auf die eigene individuelle Befreiung (Skt.: *pratimoksha*). Etwa zu Beginn unserer westlichen Zeitrechnung kristallisiert sich innerhalb des Buddhismus eine erweiterte Motivation heraus, die später als das *Bodhisattva*-Gelübde bezeichnet wurde. Dieses Gelübde beinhaltet, alle lebenden Wesen zur Erleuchtung zu führen und erst dann die eigene Erleuchtung zu verwirklichen. Die Motivation, zum Wohl aller Wesen zu arbeiten und dieses Wohl über das eigene Wohl zu stellen, wird als effektiver angesehen als das Streben nach dem eigenen persönlichen Wohl. Nicht die Angst vor *Samsara*, sondern das Mitgefühl für alle Wesen in *Samsara* wird zur treibenden Kraft des buddhistischen Weges.

Paradox an dieser Ausrichtung ist, daß eine Praxis auf Basis dieser sozialen Motivation den Praktizierenden früher und vollständiger auf die Ebene der persönlichen Erleuchtung bringt als die Angst vor einem ewigen Umherirren in *Samsara*. Beruht das Ziel letztlich doch auf einem spirituellen Eigeninteresse? Mit Sicherheit nicht, denn auch wenn Erleuchtung auf diese Weise schneller verwirklicht wird, bleibt weiterhin die Motivation bestehen, als erleuchtetes Wesen andere Wesen besser aus *Samsara* befreien zu können als ein nicht erleuchtetes Wesen. Da Mitgefühl die treibende Kraft ist, löst sich dieses Paradox auf, denn die persönliche Erleuchtung wird als Mittel der Erfüllung des *Bodhisattva*-Gelübdes eingesetzt.

Mit der Entwicklung dieser erweiterten Motivation wird der Buddhismus, bevor dieses Wort erfunden war, zu einem *engagierten* Buddhismus. Vor zwei Jahrtausenden begann sich der Mahayana-Buddhismus, wie der Theravada-Buddhismus in unserer Zeit (siehe *Jones*, 1989;

Sivaraksa, 1995), für gesellschaftliche und soziale Belange zu interessieren und ging der Frage nach, wie der Geist der Erleuchtung unsere Gesellschaft durchdringen und wie Humanität im Sinne der buddhistischen Definition innerhalb des gesellschaftlichen Lebens zur Blüte gebracht werden könne (und müsse). Diese Form des Buddhismus trägt den Namen *Mahayana*, das Große Fahrzeug.

In der gesamten Geschichte zeichnet sich – wie in den anderen Weltreligionen – eine Pendelbewegung zwischen der persönlichen und sozialen Motivation zur Verwirklichung von Erleuchtung ab. Gerade weil persönliche Erleuchtung ein Mittel für die gesellschaftliche Erleuchtung sein kann, sind beide miteinander verwoben. Müssen wir nicht erst Freundschaft mit uns selbst schließen, bevor wir wirkliche Freundschaft mit unseren Mitmenschen entwickeln können? Ist Selbsterkenntnis nicht eine Voraussetzung für das Erkennen anderer? Somit ist – auch im frühen Buddhismus – die persönliche Erleuchtung letztlich untrennbar verbunden mit der erweiterten Motivation, die das Mahayana ausdrücklich in den Vordergrund stellt. Die in Pali verfaßten *Suttas* sagen ebenfalls, daß sich jemand, der Erleuchtung verwirklicht hat, spontan für das Wohl aller Wesen engagieren sollte. Diese *Suttas* enthalten darüber hinaus ebenfalls Lehren über den Aufbau einer humanen Gesellschaft (siehe u. a. die *Cakkavatti Sihanada Sutta,* Walshe, 1987: 395).

Der spirituelle Hintergrund dieser Ausrichtung auf andere Menschen ist, daß wir uns bei einer egozentrischen Motivation für das Streben nach Erleuchtung früher oder später selbst im Wege stehen würden. Wir würden uns letzten Endes in uns selbst verstricken, da Erleuchtung in der buddhistischen Bedeutung des Wortes jenseits jeder Form von Egozentrik liegt.

Hierin liegt erneut ein Paradox. Wir müssen unsere Aufmerksamkeit auf unsere Egozentrik richten, um uns von dieser zu befreien. Wir müssen unsere Egozentrik untersuchen, lokalisieren und dann lernen, sie loszulassen. Dieser Ansatz ist vergleichbar mit der Befreiung eines Tieres, eines Garuda, aus einem Käfig. Der Garuda ist als mythologischer Vogel das Symbol für die Erleuchtung, für die Freiheit, hoch und frei von Angst durch den Raum der Erfahrung zu schweben. Er ist ein Symbol für unmittelbare tiefe Einsicht und grenzenlose Hingabe. Dieser Vogel sitzt jedoch im Käfig der Egozentrik gefangen. Wie können wir ihn befreien? Nicht, indem wir die Existenz des Käfigs abstreiten oder den Garuda dazu auffordern, seine Flügel auszubreiten, und auch nicht, indem wir den Garuda durch die Gitterstäbe des Käfigs mit Futter mehr oder weniger am Leben erhalten und uns dabei seiner Schönheit erfreuen. Wir müssen im Gegenteil das Vorhandensein des Käfigs anerkennen und ihn aus der Nähe betrachten, betasten und prüfen. Wir müssen unserer Zurückhaltung, Scheu und Angst, unserer Egozentrik ins Auge zu sehen, überwinden. Wenn wir sie am Ende überwunden haben, werden wir erkennen, daß das Material der Gitterstäbe (unserer Egozentrik) nichts anderes als unsere Zurückhaltung, Scheu und Angst ist. Die Gitterstäbe scheinen bei näherer Betrachtung aus unserer Zurückhaltung zu bestehen, und die einzige Realität, die wir dann noch sehen, ist die des befreiten Garuda in seiner ganzen majestätischen Pracht. Wenn dieser Vogel seine Flügel ausbreitet, umspannen und schützen diese unser gesamtes Erfahrungsfeld.

Dieser Prozeß ist nicht nur abhängig von unserer Motivation, sondern in gleichem Maße vom zweiten in diesem Zusammenhang erwähnten Pfeiler, dem *Fachwissen*, wie wir unserem Erleuchtungsgeist, unserer Humanität, den notwendigen Raum geben. Dieses *Fachwissen* hat sich aus den spirituellen Praktiken des Buddhismus entwickelt und verleiht der buddhistischen Praxis eine Form. Wir werden diesen Aspekt in diesem Kapitel näher behandeln.

Im ersten Kapitel wurden kurz die Vierte Edle Wahrheit besprochen, das Bestehen eines Weges zur Erleuchtung. Die spirituellen Disziplinen des Buddhismus sind die Instrumente beziehungsweise Mittel (Skt.: *upaya*) für das Beschreiten dieses Weges. Diese Disziplinen lassen sich grob in zwei Gruppen unterteilen. Die erste Gruppe bilden die *formellen* spirituellen Disziplinen, wie die Praxis der Meditation und Kontemplation sowie das Durchführen bestimmter Zeremonien und Liturgien. Diese Gruppe werden wir in diesem Kapitel als erste besprechen. Die zweite Gruppe bilden die *informellen* spirituellen Disziplinen, die sich auf das Handeln und Sprechen im alltäglichen Leben in Verbindung mit Verhaltensregeln und Ethik beziehen. In Verbindung mit dem Handeln ist gleichzeitig auch die Rede von *Karma*. Wir werden diesen Aspekt ebenfalls näher in diesem Kapitel behandeln. Wir werden in den folgenden Absätzen auch weitere Unterschiede zwischen Mahayana und Vajrayana aufzeigen. Dieses letzte Yana unterscheidet sich nach Aussage seiner Praktizierenden in der Sichtweise kaum vom Mahayana, aber erheblich in bezug auf die spirituellen Disziplinen, die bei der Meditation und im Handeln zum Tragen kommen.

Die drei Prajnas

Meditation wird in allen buddhistischen Schulen praktiziert. Der Begriff „Meditation" mag für christliche Leser eventuell verwirrend sein, da die christlichen Traditionen mit dem klassischen Begriff *meditatio* ursprünglich ein tiefes Nachdenken bezeichnen, ein „etwas Einüben durch darüber Nachdenken" (*Van der Lans*, 1980: 91).

Eine klassische Einteilung ist die der drei *Prajnas*: Hören, Überdenken und Meditieren. Diese drei sind Formen des Erwerbens von höchster Einsicht. „Hören" bezieht sich auf das Bekanntwerden mit dem *Buddhadharma*, der buddhistischen Lehre. Alle Formen des Studiums fallen ebenfalls unter diesen Begriff. „Nachdenken" bezieht sich auf die Verarbeitung oder Überlegung der Implikationen des Gehörten (oder Gelesenen). Gemeint ist damit, sich die buddhistische *Gedankenwelt* anzueignen und sich in ihr einzuleben. Das Überdenken umfaßt aber auch eine Reihe von spirituellen Disziplinen, bei denen mit Unterstützung von Gedanken eine bestimmte Lebenseinstellung geweckt wird. Ein Beispiel dafür ist die Praxis der vier *Brahmaviharas*. In dieser Praxis weckt man bewußt vier Gedanken: Gedanken der Menschenliebe (Skt.: *maitri*) für eine freundliche Einstellung gegenüber den Mitmenschen, Gedanken des Mitgefühls (Skt. *karuna*) für das Leiden aller Wesen, Gedanken der Freude (Skt.: *mudita*) für das Glück aller Wesen und Gedanken des wohlwollenden Gleichmuts (Skt.: *upeksha*). Die *Prajna* des Hörens und Nachdenkens verwenden das begriffsmäßige Denken und unser Vorstellungsvermögen. Sie sind *konzeptuelle Strategien* (*De Wit*, 1991: 89). In unserem modernen Sprachgebrauch hat der Begriff *Kontemplation* mittlerweile die Bedeutung des Nachdenkens. In Anlehnung an diese Entwicklung verwenden wir für das zweite *Prajna* den Begriff *Kontemplation*.

Das dritte *Prajna* entwickelt sich aus der Praxis geistiger Disziplinen, deren Ausrichtung die Kultivierung der Klarheit des Geistes ist. Dieses *Prajna* ist keine Form des konzeptuellen Erwerbens von Wissen, sondern eine Form des geistigem *Unterscheidungsvermögens*. Es versetzt unseren Geist in die Lage, sein Wesen zu *sehen*. Dieser Aspekt wurde bereits im vorherigen Kapitel behandelt. Gerade weil wir in unserer Gedankenwelt über die Wirklichkeit, über uns selbst und über unser Umfeld gefangen sind und diese Gedanken für die Wirklichkeit halten, sind die geistigen Disziplinen „Hören" und „Nachdenken" für uns nicht ausreichend. Wir benötigen zusätzlich eine vollkommen andere geistige Disziplin, die uns lehrt, zwischen der Wirklichkeit und der scheinbaren Wirklichkeit, das heißt der Wirklichkeit in unseren Vorstellungen, zu unterscheiden. Dieses ist das Herz und das Ziel aller buddhistischen Meditationspraktiken. Der Begriff „Meditation" bezieht sich hier nicht auf ein Nachdenken über bestimmte Ideen, sondern auf das Lernen, unseren Geist zu sehen, auf das Kultivieren eines geistigen *Bewußt-Seins*. Daher kann man buddhistische Meditation auch als eine *Bewußtseinsstrategie* bezeichnen (*De Wit*, 1991: 104). Sie verweist auf die Verwendung eines „inneren Auges", das unsere Hirngespinste scharf sieht, auf eine Klarheit, unsere eingebildete Wirklichkeit als das zu sehen, was sie ist, nämlich unwirklich, sofern wir unsere eingebildete Wirklichkeit als Wirklichkeit betrachten, und wirklich, sofern wir unsere Einbildung als solche erkennen.

Die drei *Prajnas* sind natürlich miteinander verbunden. Im Maße der Entwicklung der Klarheit unseres Geistes beginnen wir die Bewegung unseres Geistes, den fortwährenden Strom unserer Gedanken, besser zu erkennen. Wir beginnen zu erkennen, in welchen Thematiken wir verfangen sind. Diese klarere Sicht vermittelt uns eine gewisse Kenntnis über uns und den menschlichen Geist im allgemeinen. Diese Kenntnis läßt sich in Begriffe fassen und anschließend mit den Aussagen der buddhistischen Lehre vergleichen. Wir erkennen beispielsweise, daß unser Geist einen fortlaufenden Strom von Gedanken hervorbringt. Unser Geist scheint im gewissen Sinn wie eine Weberei zu sein, in der ein Gewebe nach dem anderen produziert und anschließend wieder vergessen wird. Diese Produktion besteht aus Gedankengespinsten über unsere Umgebung, uns selbst, über das tägliche Leben, über Politik, über Religion und Spiritualität. Große Gedanken, kleine Gedanken, leidvolle Gedanken, schöne Gedanken, erhabene und kleingeistige Gedanken, nützliche und unnütze Gedanken, sie alle bilden in sich eine Welt, in der wir zu leben glauben und in die wir uns einspinnen in der Hoffnung, daß sich die Wirklichkeit nicht zu sehr dagegen auflehnen wird.

Durch die Praxis im Einklang mit den drei *Prajnas* können wir uns nach der Lehre des Buddhismus aus diesem selbstgeschaffenen und egozentrischen Wirklichkeitserlebnis befreien. Die Praxis der ersten beiden *Prajnas* ist auch im Christentum weit verbreitet. Die Praxis der Meditation – die Disziplin des Schärfens unserer inneren Sicht – ist dagegen weniger bekannt. Was ist buddhistische Meditation?

Die Praxis der Meditation

Buddhistische Meditation ist die geistige Disziplin, unsere Verfangenheit in der Welt unserer Vorstellungen zu erkennen und uns aus ihr zu befreien. Die Welt ist unsere eigene geistige Schöpfung, in der wir die zentrale Figur sind. Dazu wird in allen buddhistischen Schulen die Praxis der Sitzmeditation gelehrt.

Es ist nicht verwunderlich, daß die Anleitung für das Erkennen des Moments unserer Versunkenheit in Gedanken, des Moments, in dem sich unsere Achtsamkeit in Gedankeninhalten verfangen hat, und das erneute Ausrichten unserer Achtsamkeit auf die uns umgebende Gegenwart den Kern der Meditationstechniken bilden. Wir lassen den Gedanken los und kehren zurück zum unbefangenen Wesen des Geistes. Weitere detaillierte Anleitungen beziehen sich auf die Körperhaltung, die sich in den verschiedenen Schulen geringfügig unterscheiden kann. Die Disziplin des Lernens von Achtsamkeit und Loslassen ist jedoch in allen buddhistischen Schulen gleich und wird von allen praktizierenden Buddhisten angewandt. Betrachten wir daher die allgemeine Meditationstechnik etwas näher.

Der Praktizierende setzt sich an einem ruhigen Ort nieder, meistens mit gekreuzten Beinen auf einem Kissen, manchmal aber auch auf einem Stuhl. Der Rücken wird gerade gehalten, und die Hände ruhen auf den Oberschenkeln oder im Schoß. Anschließend wird die Aufmerksamkeit auf ein „Meditationsobjekt" gerichtet. In den meisten Traditionen ist der Atem dieses Meditationsobjekt, auf den sich unsere Achtsamkeit richtet, es kann sich aber auch um ein willkürlich ausgewähltes Objekt handeln. Immer, wenn wir in unserer Meditationsübung bemerken, daß wir uns in Gedanken verfangen haben, richten wir unsere Achtsamkeit, die sich in unseren Gedankeninhalten verloren hatte, erneut auf den Atem. In der Theravada-Tradition wird diese Meditationstechnik *Anapanasati* genannt, was wörtlich „Achtsamkeit" (Pali: *sati*) und „Ein- und Ausatmung (Pali: *anapana*) bedeutet. Diese ist die Grundtechnik der buddhistischen Meditation.

Da die Menschen auf unterschiedliche Weise mit der Meditationstechnik umgehen, ist eine persönliche Anleitung und Begleitung erforderlich. Die Praxis der Meditation ist darüber hinaus mehr als das reine Einüben einer Technik. Das Einüben ist nichts weiter als eine erforderliche Grundlage. Die Praxis selbst führt zu einer Entwicklung mit zahlreichen Stadien und Phasen, in denen wir uns festfahren können und in denen uns der Mentor weiterhelfen kann. Daher ist für den Praktizierenden der regelmäßige Kontakt mit einem Mentor sehr wichtig.

Shamatha und Vipashyana

Die hier kurz beschriebene Meditationstechnik ist unter einer Reihe von Bezeichnungen bekannt. Die älteste Bezeichnung in Sanskrit ist *Dhyana*, von dem die chinesischen und japanischen Bezeichnungen *Ch'an* und *Zen* abgeleitet sind. Sie bildet die Kerntechnik des Theravada-Buddhismus, in dem sie auch als *Satipatthana* (siehe u. a. Nyanaponika Thera, 1962) bezeichnet wird. *Sati* ist der Pali-Begriff für den Sanskrit-Begriff *Smrti* und bedeutet wörtlich „Erinnerung", aber auch „Achtsamkeit" und „Aufmerksamkeit". Übersetzt wird er im allgemeinen mit einem der beiden letztgenannten Begriffe. *Patthana* bedeutet „Präsenz" oder Bewußt-Sein. Wörtlich bedeutet die Bezeichnung Satipatthana daher „daran denken, achtsam zu sein". Als allgemeine und mehr inhaltliche Bezeichnung werden von alters her die Begriffe *Shamatha* und *Vipashyana* verwendet.

Die wörtliche Bedeutung von *Shamatha* ist Friedlichkeit, womit in diesem Zusammenhang die Stabilität des Geistes während der Sitzmeditation gemeint ist. Diese Stabilität versetzt uns in die Lage, trotz hoher innerlicher Wellen von Gedanken wie ein Fels in der Brandung sitzen zu bleiben und unsere Aufmerksamkeit immer wieder zurück auf unseren Atem zu richten. Die Stabilität wird in sich selbst als ein sicheres Maß an Wohlsein oder Gelassenheit inmitten der Turbulenzen unserer Gedankenwelt erfahren.

Auf der Grundlage dieser Stabilität entwickelt sich dann *Vipashyana*, was meistens mit „Meditation der klaren Einsicht" übersetzt wird. Die in *Vipashyana* kultivierte und angewandte Einsicht ist das geistige Unterscheidungsvermögen, das im Zusammenhang mit dem dritten *Prajna* angesprochen wurde. In dem Maße, in dem während der Praxis unsere Achtsamkeit wie ein Fels in der Brandung steht, können wir die Bewegung des Wassers – die Bewegung unseres Geistes – immer besser wahrnehmen und erkennen. Eine andere Metapher für die Funktionsweise der Meditationstechnik ist das Einrammen eines Stockes in den Grund eines Flusses. Der Stock symbolisiert hier die Achtsamkeit und der Fluß unseren Gedankenstrom. Wenn wir uns in unseren Gedanken verfangen, wird der Stock sozusagen los- und vom Gedankenstrom mitgerissen. Der Stock nimmt dann diesen Fluß nicht mehr wahr. In dem Moment, in dem wir das Losreißen des Stockes bemerken, rammen wir ihn erneut fest in den Grund des Flusses. Das ist, was die Meditationstechnik beinhaltet. Durch diese Übung wird unsere Achtsamkeit stabilisiert, und wir entwickeln *Shamatha*. Da der Stock im Fluß stillsteht, spürt er die Kraft der Strömung und kommt mit allem, was vorbeiströmt, in Kontakt. Daraus entsteht Einsicht, und wir entwickeln die Praxis von *Vipashyana*. Wir beginnen zu sehen, wie wir uns und unserer Welt in unserem Gedankenstrom eine Form geben und diese aufrecht erhalten.

Die Entwicklung von *Shamatha* ist also eine Voraussetzung für die Entwicklung von *Vipashyana*. Daher setzt sich die Meditationspraxis aller buddhistischer Schulen auch aus *Shamatha-Vipashyana* zusammen. Einige Schulen verwenden als Kurzbegriff *Shamatha* und andere wiederum *Vipashyana*, die Praxis selbst umfaßt aber immer beide Aspekte, das Kultivieren einer geistigen Stabilität, die eine klare Einsicht ermöglicht. Alle diese Schulen verfügen über detaillierte Meditationsanweisungen, die uns bei der Überwindung – Thrangu (1993) verwendet den Ausdruck „besiegen" – von geistigen Hindernissen, die sich bei der Entwicklung von Stabilität (*Shamatha*) und klarer Einsicht (*Vipashyana*) manifestieren können, unterstützen. Die Vermittlung dieser Anleitungen findet in der individuellen Begleitung statt. Wir können sie nicht aus einem Buch – auch nicht aus diesem Buch – lernen.

Die Entwicklung von Meditation

Nach dieser Beschreibung wird deutlich, daß die Praxis der Meditation einen Entwicklungsprozeß anstrebt. In der ersten Phase dieser Entwicklung macht sich der Praktizierende mit der Meditationstechnik vertraut, denn sie ist die Basis des Ziels der Meditationspraxis, eine andere Haltung gegenüber unserem Geist und unserer Erfahrung zu entwickeln. Eine Haltung, die sich mit Unbefangenheit und Furchtlosigkeit, aber auch mit Hingabe an die Offenheit für unsere Erfahrung des gegenwärtigen Augenblicks umschreiben läßt.

Der Beginn dieser geistigen Entwicklung wird auch als das „Zähmen des Geistes" bezeichnet, als das Lernen des Umganges mit den emotionalen Turbulenzen und der Diskursivität unseres Geistesstromes. Die Zähmung des Geistes ist eng mit der Praxis von *Shamatha* verknüpft. Der Begriff „Zähmung" darf in diesem Zusammenhang aber nicht mißverstanden werden. Er bezeichnet nicht die Deaktivierung unseres Geistes, die Unterdrückung unseres Geistesstromes und auch nicht das „Leeren" unseres Geistes, sondern den stetigen Lernprozeß, den Stock der Achtsamkeit einzurammen. Nicht der Gedankenstrom wird gezähmt, sondern unsere Aufmerksamkeit und Achtsamkeit, die normalerweise von geringsten Anlässen abgelenkt und mitgerissen wird. Dieses Zähmen führt in der ersten Phase zu einer sicheren Friedlichkeit oder Stabilität.

Es muß jedoch deutlich gemacht werden, daß dieser „innere Friede" kein ruhiger Friede ist. Ruhe ist auch nicht das Ziel der buddhistischen Meditation. Für den Buddhisten wäre das Streben nach einem „inneren Frieden" als eigentliches Ziel vielmehr ein Ausdruck der Weltflucht, die auf Ablehnung und Aggression in bezug auf uns oder unsere Welt beruht. Weltflucht, Vergessenheit, Fliehen vor der Welt in sogenannte „meditative" Zustände widersprechen dem Streben nach einer unverschleierten Sicht der absoluten Wirklichkeit. Die Ablehnung derartiger „meditativer" Zustände finden wir auch in der Geschichte des spirituellen Lebens Buddhas wieder.

Aber auch wenn der Praktizierende die ersten Früchte seiner Praxis in Form von Frieden und Stabilität erntet, besteht für ihn die Gefahr, aus Angst vor dem erneuten Verlust dieser Früchte an diesen festhalten zu wollen. Dieses ist ein bekanntes Hindernis, das als „Verfangen in *Shamatha*" bezeichnet wird. Einerseits unterminieren diese Angst und die Neigung des Festhaltens diesen Frieden, der sich dadurch nicht weiterentwickeln kann, und andererseits verhindert dieses Festhalten die Entwicklung von klarer Einsicht und Gleichmut. Daher muß der Praktizierende zu erkennen lernen, daß dieses Festhalten im tiefsten Sinne ebenfalls eine Form der Abwehr und Blindheit ist. Die Neigung, eine bestimmte Geistesebene festhalten zu wollen, muß ebenfalls abgelegt werden. Nur dann machen wir Fortschritte in unserem Lernprozeß, ungeachtet der aufkommenden Gedanken und Bilder im Strom unseres Geistes ruhen zu können. Nach der Lehre des Mahayana lernen wir, im *Alayavijnana*, in der Quelle unseres Geistesstromes, zu ruhen. Erst dann geht die Praxis über in die zweite Phase, in der die Entwicklung von *Vipashyana* einsetzt und die gekennzeichnet ist von Raum, einem aktiven Wissensdrang und der Klarheit des Geistes.

Vipashyana führt zu einer klaren Einsicht in die eigene Existenz und menschlichen Bedingungen. Indem wir in der Meditation immer wieder unsere Gedankenspiele als das erkennen, was sie sind, und diese, anstatt uns ihn ihnen zu verlieren, immer wieder loslassen, entwickeln wir eine authentische Einsicht in die Funktionsweise des Geistes (besonders das *Klistavijnana*, siehe viertes Kapitel). Wir erkennen, wie wir unsere eigene Wirklichkeit erschaffen und unseren Selbstbetrug und unsere Illusionen dem (eigenen) menschlichen Leben überordnen. Wir beginnen, die geistigen Aspekte (Skt.: *caittadharmas*) unseres Geistes sowie ihren Einfluß und ihre Wirkung (Skt.: *karma*) auf unser Handeln und unsere Wahrnehmung zu erkennen. Wir sehen, daß unsere Gedanken um ein zentrales Gedankenbild, unser „Ich", verwoben sind, und dieses „Ich" den einzigen Mittelpunkt unseres Gedankenmusters bildet. Die aus der Meditation entstehende Einsicht oder Vermutung von Egolosigkeit führt zu einer anderen Lebenshaltung, in der wir unsere Gedanken auf eine andere Weise betrachten werden. Wir beginnen zu erkennen, daß unsere Gedanken in bezug auf die Wirklichkeit nicht mit der Wirklichkeit übereinstimmen. Wir erkennen insbesondere, daß jeder egozentrische Gedanke nicht mehr Wirklichkeitswert besitzt als der Gedanke eines Kindes über den Weihnachtsmann. Gleichzeitig wird ein egozentrischer oder egoistischer Gedanke nicht mehr als ethisch verwerflich, als eine Missetat oder *Sünde* betrachtet, der man sich widersetzen muß, wie es beispielsweise in den „Geistigen Übungen" des Ignatius von Loyola heißt, sondern der Gedanke wird als ein *Mißverständnis* aufgrund von Verblendung (Skt.: *avidya*) erkannt. Diese Erkenntnis nimmt diesem egoistischen Gedanken die Kraft, sich in Handlungen umzusetzen. Daher wird gesagt, daß *Vipashyana* die karmische Saat oder karmischen Rückstände verbrennt (siehe auch letzten Absatz).

Die *Vipashyana*-Meditation führt aber auch auf einer weiteren Ebene zur Einsicht, denn nicht nur unsere Egozentrik und geistige Befangenheit werden durch sie klar sichtbar, sondern auch die Qualitäten des egolosen Raumes der Unbefangenheit. Wie stellt sich die Welt, unser Erfahrungsfeld, im Moment der Unbefangenheit dar? Was sind die Erlebnisqualitäten dieser Momente? In der Phase der *Vipashyana*-Meditation erkennen wir nicht nur den Morast, in dem der Lotos der Erleuchtung wurzelt, sondern auch den Lotos selbst. Nicht nur die Dornen der Rose, sondern auch die Rose der Menschlichkeit selbst. Anfänglich bemerken wir in diesem Raum der Unbefangenheit nur den Duft dieser Blumen, der die Folge unserer geduldigen Praxis ist, doch allmählich beginnen wir zu erkennen, daß dieser Raum erfüllt ist mit den Qualitäten der Menschlichkeit. Wir erkennen diese Qualitäten als die lebendigen, blühenden Qualitäten unserer persönlichen egolosen Existenz. In diesem Moment sind Humanität und ein Leben auf Basis von Humanität nicht länger eine Utopie, eine moralische Verpflichtung oder ein hochgestecktes Ziel, sondern die immer stärker werdende Realität unserer wahren menschlichen Existenz.

Praxis im Mahayana-Buddhismus

Neben der Praxis von *Shamatha-Vipashyana* kennen die buddhistischen Traditionen auch kontemplative Übungen. Im Theravada stehen in dieser Hinsicht die bereits erwähnten vier *Brahmaviharas* im Mittelpunkt. Im Mahayana finden wir kontemplative Übungen, die auf der persönlichen Erfahrung des egolosen Raums der Unbefangenheit basieren. Die inzwischen bekanntesten kontemplativen Disziplinen, *Lojong* und *Tonglen* (*Kongtrul*, 1987), werden im tibetischen Buddhismus praktiziert. Die Praxis des *Tonglen* basiert auf einer bewußten Umkehrung unserer gewöhnlichen egozentrischen Gedanken in eine altruistische Denkweise, einer Art „spiritueller RET-Praxis" (siehe viertes Kapitel und *Chödron*, 1997). Anders als bei der RET-Therapie ist das letzte Ziel dieser Praxis nicht das *Ersetzen* von egozentrischen Denkmustern durch altruistische, sondern die Anwendung altruistischer Gedanken als „Schleifstein", mit dem wir die Verunreinigung (Skt.: *kleshas*) unserer egozentrischen Denkweise abschleifen.

Das Ergebnis dieser Übungen ist, daß am Ende sowohl die Verunreinigung als auch der Schleifstein abgeschliffen sind. Wird damit impliziert, daß auch altruistische Gedanken nicht länger unser Leitfaden sind? Sie sind auf dem Weg zur Erleuchtung unser Leitfaden, aber auf der Ebene der Erleuchtung sind sie es nicht mehr, denn die Vollendung von Erleuchtung liegt aus buddhistischer Sicht jenseits der Begriffe „mein" und „dein" oder „Egoismus" und „Altruismus". Sie ist eine *Lebenseinstellung*, die nicht auf das Wohl von Mein oder Dein ausgerichtet ist, sondern auf die Blüte jeder Lebenssituation in *ihrer Gesamtheit*. Sie manifestiert sich, frei von jeglicher Form von Ideologie, Ethik und Religion, als spontane Fürsorge, als Hingabe und Scharfsinnigkeit. Wir werden in den Abschnitten über Ethik näher auf diesen Punkt eingehen.

Die Motivation für die Entwicklung eines Durchschauens geht im Mahayana einher mit der Motivation für die Entwicklung von Fürsorge und Hilfsbereitschaft. Das führt zu einer immer tieferen Einsicht in die uns umgebende Welt. Wir wehren die Welt nicht länger ab, und unsere Hingabe veranlaßt uns dazu, immer klarer zu sehen, unsere persönlichen Ideen und Meinungen immer weiter hinter uns zu lassen und die Welt mit wachsender Unbefangenheit so zu sehen, wie sie ist. Nach der Lehre des Mahayana bringen sich klare Einsicht (Skt.: *prajna*) und Mitgefühl (Skt. *karuna*) gegenseitig zur Blüte. Die Zwei-Einigkeit dieser beiden Faktoren wird verglichen mit den beiden Flügeln eines Vogels. Sie bewirken gemeinsam die Möglichkeit des Garuda, sich für den Luftraum zu entscheiden.

Praxis im Vajrayana-Buddhismus

Wenn wir einen Einblick in die psychischen Prozesse bekommen, die uns zu klarer Einsicht und Mitgefühl führen oder uns von diesen entfernen, eröffnet sich uns auch die Möglichkeit, mit Hilfe von anderen spirituellen Disziplinen direkt auf diese psychischen Prozesse einzuwirken. Auf diese anderen Disziplinen hat sich vor allem der Vajrayana-Buddhismus ausgerichtet. Wie im ersten Kapitel bereits erwähnt, unterscheidet sich diese Schule – ihrer eigenen Aussage nach – in ihrer Sichtweise nicht grundlegend von der Mahayana-Schule, sie unterscheidet sich jedoch in ihren Praktiken von ihr. Sie bezeichnet sich daher auch als *Upaya-yana*, das Fahrzeug der Methoden. Die spirituellen Disziplinen der Vajrayana-Schule arbeiten vorwiegend mit dem Aufbau von geistigen Bildern oder Visualisationen, die symbolische Vorstellungen bestimmter geistiger Erfahrungsaspekte sind. Wenn man die Bedeutung dieser symbolischen Vorstellungen nicht kennt und daher nicht erlebt, sind sie wertlos. Das läßt sich an folgendem Beispiel verdeutlichen. In der Ikonographie des Vajrayana-Buddhismus wird die Zwei-Einigkeit von klarer Einsicht und Mitgefühl als ein menschliches Königspaar in sexueller Vereinigung dargestellt. Dieses Königspaar stellt in inniger Umarmung die innere Einheit von perfekter Einsicht und grenzenlosem Mitgefühl dar, die fortwährende Hingabe und Inspiration weckt und dadurch zu einer niemals endenden Buddha-Aktivität führt. Diese Einheit versucht der Praktizierende durch strenge Meditationsübungen zu realisieren, in denen er die Bedeutung der Visualisation in sich aufnimmt und anwendet.

Die formellen Praktiken des Vajrayana-Buddhismus umfassen nicht nur Übungen, in denen wir mit unserem Geist beziehungsweise Vorstellungsvermögen arbeiten, sondern auch Übungen, in denen wir mit der Sprache arbeiten, beispielsweise durch das Rezitieren bestimmter liturgischer Texte oder *Mantras* (heiliger Formeln). Darüber hinaus umfaßt die Praxis im Vajrayana auch körperliche Komponenten in Form von bestimmten Handlungen und *Mudras* (heiligen Gesten), die ebenfalls eine bestimmte Bedeutung haben. Die Einführung in spezifische Visualisationen, *Mantras* und *Mudras,* sowie die Erläuterung ihrer Bedeutung definieren gemeinsam die Praxis, zu der ein Vajra-Meister seinen Schüler ermächtigt und die dieser anschließend sinnvoll praktizieren kann. Die Bezeichnung für die Praktiken, die Körper, Rede und Geist kultivieren, werden als *Sadhana,* der Sanskrit-Begriff für „Übung", bezeichnet. (Siehe für eine vergleichende Abhandlung über die Funktion von *Sadhana* und christlichen Liturgien, *De Wit* 1991: 218).

Die Praxis der Meditation hat daher im Vajrayana eine sehr spezifische Form. In ihr werden einerseits eine gründliche Schulung in der Praxis von *Shamatha-Vipashyana* und der Meditationsformen des Mahayana und andererseits die Präsenz eines authentischen Vajra-Meisters vorausgesetzt. Ohne diese beiden Voraussetzungen ist nach Aussage aller Vajrayana-Schulen eine Praxis des Vajrayana nicht möglich. Das Verdienst des Vajrayana ist daher nicht, daß er zu einer dem Mahayana fundamental entgegengesetzten Einsicht führt, sondern daß er mit seinem sehr effektiven praktischen Ansatz eine äußerst direkte Vermittlung der Einsicht ermöglicht, durch die bereits in diesem Leben vollständige Erleuchtung verwirklicht werden kann. Nach der Lehre des Mahayana würde man dafür zwölf Leben benötigen. In diesem Zusammenhang wird häufig nicht ohne Humor angemerkt, daß wir nicht wissen, ob wir in diesem Leben nicht bereits unser zwölftes Leben auf dem Weg des Mahayana gehen.

Obwohl die Bilder und Begriffe, deren sich die Praxis im Vajrayana-Buddhismus bedient, einer anderen Kultur als der westlichen entlehnt sind, liegt in ihnen nicht die Ursache der scheinbaren Unzugänglichkeit des Vajrayana. Die Ursache liegt tiefer als eine kulturelle Verschiedenheit, denn sie gründet in der Tatsache der Unzugänglichkeit einer wahrhaft menschlichen Lebenshaltung. Die Unzugänglichkeit der Bilder und Begriffe des Vajrayana unterscheidet sich im Grunde nicht von unserem Unvermögen, die Präsenz des „Königreichs Gottes" in unserer Welt zu erkennen, um es in den Worten der Bibel auszudrücken. Eine Beschreibung der Wirklichkeit als Königreich Gottes können wir aus unserer profanen Perspektive ebenfalls nur schwerlich als Realität erkennen. In gleicher Weise können wir nur mit Mühe erkennen, daß die Praktiken des Vajrayana auf eine bildliche und nicht intellektuell oder rational auslegbare Weise eine Perspektive jenseits von Egozentrik und den mit ihr einhergehenden konventionellen Begriffsmustern anspricht. In diesem Sinn sind die Praktiken des Vajrayana vergleichbar mit dem Praktizieren und Erleben von Musik, Poesie oder bildender Kunst. Diese wecken etwas und verändern unsere Perspektive. Wir verstehen etwas, aber nicht auf einer intellektuellen, sondern einer tieferen emotional-existentiellen Ebene. Musik und jede andere Form der Kunst kann uns – und sei es nur für einen kurzen Moment – transformieren, erheben und inspirieren. Die Praxis des Vajrayana ist ausgerichtet auf eine nachhaltige Transformation unserer Betrachtungsweise der Welt.

Wie in unserer Kultur bei der Schaffung eigener Kunstformen die Aufmerksamkeit und Hingabe in bezug auf einen Meisterkünstler sehr wichtig ist, hat auch im Vajrayana der persönliche Mentor, der Vajra-Meister, eine zentrale Stellung. Er oder sie ist es, der oder die die Bedeutung und Funktion der Meditationsformen des Vajrayana aus eigener Erfahrung kennt und weiß, zu welchem Zeitpunkt das Lehren einer bestimmten Technik die größte Wirkung erzielt. Ohne diese Beziehung tragen das Studium und die Praxis des Vajrayana keine Früchte. Die Übertragung des Vajrayana ist nur innerhalb einer persönlichen Beziehung zwischen Vajra-Meister, das heißt einem Bewahrer der Vajrayana-Überlieferungen, und Schüler möglich. Es wird traditionell gesagt, ein Anbieten des Vajrayana außerhalb dieses Bandes – der Verkauf des Vajrayana auf dem Marktplatz für persönlichen Gewinn oder persönliches Ansehen – führe zum spirituellen Untergang sowohl des Vajra-Meisters als auch seiner Schüler.

Es heißt auch, das Vajrayana sei „in sich selbst verborgen" und außerhalb dieses persönlichen Bandes nicht begreifbar. Damit ist niemand ausgeschlossen, denn ein Verständnis des Vajrayana ist ausschließlich relevant für jemanden, der ein solches persönliches Band mit einem Vajra-Meister anstrebt. Wer dieses Band nicht anstreben will, wird nicht ausgeschlossen, sondern entscheidet sich selbst für seinen Ausschluß.

Der Vajra-Meister selbst hat keine Intention, die Entwicklung eines solchen Bandes zu verweigern! Die Lebensfreude des Vajra-Meisters besteht gerade im Anstreben dieses persönlichen Bandes mit aufrechten Schülern, damit diese durch das Vajrayana ebenfalls zu einer Verkörperung der Zwei-Einigkeit von grenzenloser Weisheit und unerschütterlichem Mitgefühl werden.

Ethik in der buddhistischen Praxis des Handelns

Nach dieser kurzen Übersicht über die formellen Praktiken der Sitzmeditation (für eine ausführlichere Beschreibung siehe u. a. *Thrangu*, 1993 und *De Wit*, 1998, Kapitel 7 und 8) und anderen buddhistischen Formen formeller Übungen (siehe u. a. Lopez, 1995) gehen wir nun näher auf die zweite Gruppe der nicht formellen Praktiken ein. Diese Praktiken beziehen sich auf unsere Umgehensweise mit und unser Handeln in alltäglichen Lebenssituationen. Damit sind wir beim Thema Ethik und Moral angelangt. In unserem Kulturkreis wird die Diskussion über Ethik, über die Begründung von Moral und in diesem Zusammenhang über die Rolle der Religion vorwiegend zwischen atheistischen Humanisten und Theisten aus christlichen Traditionen geführt. Diese Diskussion dreht sich vor allem um die Frage, ob Ethik und Religion in Verbindung stehen und wenn ja, was diese Verbindung ausmacht. Stehen sie in einer gegenseitigen Abhängigkeit oder nicht? Ist der Einfluß der Ethik auf unseren Geist identisch mit dem Einfluß der Religion? Ist ihre Wirkungsweise (immer) wechselseitig? Wir werden diese Fragen aus der buddhistischen Sichtweise in bezug auf Religion und Ethik betrachten und untersuchen, was diese Tradition aus ihrer religiösen, aber nicht theistischen Perspektive zur Klärung dieser Fragen beitragen kann.

Ethik im westlichen Kulturkreis

In allen Weltreligionen wurde natürlich tief über die Beziehung zwischen Religion und Ethik nachgedacht und in einem Umfang dazu Stellung genommen, der keine Zusammenfassung zuläßt. Daher beschränken wir uns hier auf die Punkte, in denen das buddhistische von unserem westlichen Verständnis abweicht.

Beginnen wir mit der Bedeutung des Begriffs „Ethik" in unserem westlichen Kulturkreis. Der Begriff „Ethik" ist hergeleitet aus dem lateinischen Wort *ethica*, das „Sittenlehre" bedeutet. Diese Sittenlehre beschreibt Sittlichkeit und Moral als die Erfüllung von Pflichten und die Einhaltung von Tugenden. Anders ausgedrückt geht es bei Sittlichkeit um Gut und Böse (in bezug auf das Handeln), also um das Thema Rechtschaffenheit. Dieses Thema ist sowohl in unserem persönlichen als auch gesellschaftlichen Leben im kleinen wie im großen immer wieder aktuell. Unsere Ethik legt in Begriffen von Verhaltensregeln fest, was wir mit Rechtschaffenheit sowie Gut und Böse (im Handeln) meinen, sie definiert und formalisiert in gewissem Sinne unser Gefühl der Rechtschaffenheit.

Darüber hinaus ist die Ethik aber auch der Ausdruck einer bestimmten Sichtweise in bezug auf den menschlichen Geist. Sie geht von bestimmten Ideen und Vorstellungen der Beschaffenheit dieses Geistes aus. Diese Ideen *über* den menschlichen Geist haben wiederum Einfluß *auf* unseren Geist. Wir werden diese Ideen und ihren Einfluß im folgenden näher betrachten.

Gewissen gegenüber Leidenschaften

In unserem westlichen Kulturkreis besteht die weit verbreitete und vielleicht etwas naive Theorie, in der menschlichen Psyche seien zwei Kräfte am Werk. Einerseits eine Kraft, die etwas altmodisch als unsere „Leidenschaften" bezeichnet wird. Mit diesem Begriff sind unsere egoistischen Triebe gemeint, wie beispielsweise das zügellose Ausleben unserer Begierde und Wollust, das Ausleben unserer Aggressionen gegenüber den Mitmenschen und uns selbst sowie das Zulassen der Gleichgültigkeit gegenüber dem Wohl und Wehe anderer Menschen und dem Leben allgemein.

Zahlreiche Moraltheologen, aber auch diejenigen, die über „natürliche Ethik" – wie sie sich in der weltlichen Kultur manifestiert – sprechen, stimmen darin überein, daß die oben beschriebenen Leidenschaften umgeformt oder, falls das nicht möglich ist, zumindest gezügelt werden müßten. Dieses Umformen oder Zügeln der menschlichen Natur, des „Menschlichen, des allzu Menschlichen", erfolgt durch die Praxis von Sittlichkeit und Moral. Dahinter steht die Annahme, unsere egoistische

Natur könne mit dieser Praxis umgeformt und *erhoben* werden. Diese Annahme wird von der Unterstellung unterstützt, der Mensch sei nicht nur egozentrischen Trieben unterworfen, sondern es wirke eine zweite Kraft im menschlichen Geist. Diese zweite Kraft ist unser *Gewissen*, unser Vermögen, zwischen Gut und Böse unterscheiden und entsprechend handeln zu können.

Nach dieser Theorie über den menschlichen Geist stehen also unsere egozentrischen Triebe (das Böse) unserem Gewissen (dem Guten) gegenüber. Diese Zweiteilung finden sich in sehr vielen Abhandlungen wieder, und wir werden in unserer Kultur (häufig unbewußt) von ihr beeinflußt. Einige Psychologien verfolgen ebenfalls diesen Gedankengang, das Freudianische Denken basiert beispielsweise teilweise auf ihm. In der Tiefenpsychologie von Freud klingt diese Zweiteilung in den Begriffen *Es* und *Über-Ich* an, wobei wir als *Ego* versuchen müssen, das Beste daraus zu machen.

In zahlreichen religiösen Traditionen drückt man diese Zweiteilung mit den Begriffen „tierisches Ziel" und „göttliches Ziel" aus. Die alten christlichen Schriften steigern diesen Ausdruck noch, indem sie Leidenschaften, das heißt unsere egoistischen Neigungen, mit dem Begriff *daimones* (Dämonen) belegen. Wir müßten lernen, diesen Dämonen zu widerstehen, indem wir unserem Gewissen folgen. Dabei sind wir selbst eine Art dritte Partei, die lernen muß, auf die eine oder andere Art mit diesen beiden geistigen Kräften umzugehen. Häufig wird das „tierische Ziel" auch mit Gedanken des Körperlichen oder der Körperlichkeit selbst in Verbindung gebracht. In diesem Fall wird dem Körper die Rolle des Übeltäters zugewiesen.

Die ethische Bildung als Mittel des Kultivierens von Humanität richtet sich nach dieser Sichtweise auf das Mobilisieren unseres *reinen Gewissens*. Hierbei stellt sich allerdings – nach Aussage der christlichen Moraltheologen – das Problem, daß unser Gewissen seit dem Sündenfall *nicht mehr rein* ist. Es muß erst gereinigt, geklärt und kultiviert werden. Nur dann können wir es erfolgreich mit dem Ziel mobilisieren, unsere Begierde, Aggression und Indifferenz zu überwinden oder einzudämmen.

Wie reinigen wir aber unser Gewissen? Allgemein ausgedrückt beantworten die religiösen Traditionen diese Frage damit, daß wir unser Gewissen mit dem Willen Gottes verbinden müßten. Wenn wir das tun, ist unser Gewissen rein. Wie aber können wir den Willen Gottes kennen?

Es wird zwar gesagt, er sei in unser Herz geschrieben, aber wir sind nicht (mehr) fähig, diesen Willen unmittelbar lesen zu können. Wir sind daher gezwungen, auf einem Umweg diesen Willen zu erkennen, indem wir zuerst etwas anderes lesen. So finden wir diesen Willen in den heiligen Schriften, da uns nach der Auffassung zahlreicher religiöser Traditionen der Wille Gottes durch das *Wort Gottes* vermittelt wird.

Dieser Ansatz ist charakteristisch für theistische und insbesondere die abrahamitischen Traditionen wie Christentum, Islam und Judentum. Wir finden diesen Ansatz aber auch im Hinduismus wieder. Die heiligen Schriften des Hinduismus enthalten Aussagen über den Willen Gottes und die Bedeutung für uns, diesem Willen in unserem Denken, Handeln und Reden gehorchen zu müssen. Das Christentum faßt seine Ethik in den *Zehn Geboten* zusammen, die später von den Moraltheologen ausführlicher ausgelegt wurden. Das Judentum hat seine *Halacha*, den normativen Abschnitt der Thora, in dem ebenfalls unsere Lebensführung festgelegt ist. Im Islam erteilt das ausgefeilte System der *Scharia* Anweisungen über unseren Umgang mit Situationen und unsere Lebensführung. Diesen Aspekt habe ich in einer anderen Veröffentlichung (*De Wit* 1998) näher beschrieben.

Vernunft gegenüber Leidenschaften

Die ethische Sichtweise, nach der ein Mensch als ein in sich selbst zwischen Gewissen und Leidenschaft gespaltenes Wesen betrachtet wird, finden wir auch außerhalb des religiösen Rahmens im weltlichen und gesellschaftlichen Denken wieder. Diese Denkweise geht davon aus, daß alle Kulturen ein System von Verhaltensregeln besitzen, das uns vorschreibt, was wir zu tun und was wir zu unterlassen haben. Die Frage, wie wir unser Gewissen erziehen können, wird damit beantwortet, daß wir uns diese Regeln aneignen müssen, um nach ihnen handeln zu können. Einige Kulturphilosophen betrachten Kultur und Akkulturation als ein Mittel zur Zähmung unserer egoistischen Leidenschaften. Ist damit Kultur die letzte Instanz bei der Bestimmung, was gut und was böse ist? Gibt es noch etwas anderes als Gott oder Kultur, worauf Ethik basieren kann?

In Anlehnung an die klassische Philosophie der Griechen gibt es seit der Zeit der Aufklärung mit der Ratio, der Vernunft des menschlichen

Verstandes, noch einen anderen Kandidaten. Die Ratio soll die Kraft sein, die sowohl unsere gesamte Kultur als auch ihre Mitglieder menschlich machen kann. Sittlichkeit muß auf Vernunft basieren. Die menschliche Vernunft muß das Gegengewicht zur irrationalen, triebhaften Seite des Menschen, der Leidenschaft des Menschen, bilden. Diese Sichtweise nimmt beispielsweise der Humanismus ein. Dieser geht ebenfalls davon aus, das Gewissen sei nicht rein, könne aber zu dieser Reinheit erzogen und der Geist durch ein Kultivieren des vernünftigen Denkens von den irrationalen Kräften des (Aber)glaubens befreit werden. Nicht Gehorsam gegenüber dem Willen Gottes oder der Götter, sondern der Einsatz des Verstandes, das Erlernen des logischen Denkens und des Ziehens gültiger Schlußfolgerungen aus unseren Wahrnehmungen sei der Weg, der die Reinigung des Gewissens unterstützt. Der Gehorsam gegenüber dieser geschulten Vernunft sei der Weg zur Sittlichkeit.

Die Wirkung der ethischen Sichtweise auf unseren Geist

Das Denken in Begriffen der Spaltung von Gewissen und Leidenschaft scheinen Atheisten und Christen gemein zu haben. Sie propagieren auch beide eine identische moralische Erziehungsstrategie, nach der wir unser Gewissen so verstärken müssen, daß es den Kampf gegen die Widersacher, die *Daimones*, unsere egoistischen Neigungen, unser zügelloses Triebleben, aufnehmen kann. Nur die Waffen, einerseits das Schwert der Vernunft und andererseits der Schild des Glaubens, unterscheiden sich.

Wir sind mit der rationalen und religiösen Denkweise über Ethik vertraut, denn wir sind nach ihr erzogen worden und mit ihr aufgewachsen. Der Buddhismus pflegt diese Denkweise nicht. Bevor wir darauf näher eingehen, stellen wir erst einmal die Frage, die der Buddhismus an alle Theorien, einschließlich seine eigenen, stellt. Wie wirkt sich diese Denkweise auf unseren Geist aus? Diese Frage deckt eine Reihe wichtiger psychologischer Auswirkungen auf.

Eine erste Auswirkung dieser Denkweise ist, daß sie den Menschen in sich selbst spaltet und gegen sich selbst stellt, da sie uns glauben macht, der menschliche Geist besitze gute und schlechte Eigenschaften. Sie verleitet uns dazu, die Realität der Unvermeidbarkeit dieser Kräfte als Voraussetzung zu akzeptieren. Eine „moralische Entwicklung" oder ein

Kultivieren von Tugendhaftigkeit impliziert in diesem Fall, daß wir mit Hilfe der positiven Kräfte lernen, die negativen Kräfte zu beherrschen, damit sich diese nicht in Worten und Taten manifestieren können. Menschen, die dazu die Kraft oder dieses gut gelernt haben, gelten als moralisch hochstehend.

Die Konsequenz ist aber, daß wir nach dieser Denkweise die moralische Verpflichtung haben, ständig gegen uns und unsere Negativität anzukämpfen. Die psychologische Konsequenz daraus ist, daß mit jeder Niederlage im Kampf gegen unsere „Dämonen", die bösen Geister in uns, unser Selbsthaß und unsere Schuldgefühle gestärkt werden. Erst richten wir unseren Selbsthaß gegen unsere Negativität, unsere egoistischen Leidenschaften, dann wieder gegen uns, die erneut Besiegten in diesem Kampf. Dieser Selbsthaß bringt weitere Aggressionen gegen uns oder die Dämonen hervor. Diese Aggression ist aber selbst einer der Dämonen. Daher stärkt unser Kampf unsere Negativität. Die Kraft unserer Aggression wird immer stärker und verstärkt ihrerseits unseren Selbsthaß, unsere Gewissensbisse und unsere Schuldgefühle. Unser Haß kann uns schließlich dazu verleiten, anderen die Schuld zu geben. Dieser Teufelskreis erzeugt schließlich in uns ein Gefühl der Ohnmacht und Mutlosigkeit: „Ich will das Gute, aber ich bin unfähig, ich habe nicht die Kraft dazu." Dieses leidvolle Gefühl der Ohnmacht scheint letzten Endes nur durch den „weltlichen" Unglauben an die Möglichkeit des Kultivierens von Menschlichkeit gelindert werden zu können. Wie bereits erwähnt, führt dieser Unglaube an diese Möglichkeit auf direktem Wege zur tatsächlichen Unmöglichkeit. Die Wirklichkeit, in der wir dann leben, wird zu einem aussichtslosen Kokon, der unsere Menschlichkeit nicht fördert, sondern erstickt.

Wenn man Ethik auf eine *ethische Art des Denkens* oder ethische *Begriffe* reduziert, ergibt sich, neben den negativen psychologischen Auswirkungen aller ethischen Denkweisen, die von zwei gegensätzlichen Kräften – Gewissen gegenüber Leidenschaft – ausgehen, eine weitere psychologische Konsequenz. Diese Konsequenz ist durch den Kontakt mit anderen Kulturen und Religionen sichtbar geworden, denn sowohl religiöse Grundsätze als auch weltliche ethische Begriffssysteme scheinen sich, mit Ausnahme einiger allgemeiner Verhaltensregeln wie dem Verbot des Tötens oder Stehlens, zu unterscheiden. Aber selbst diese allgemeinen Verhaltensregeln werden in der Praxis häufig interpretiert als „man solle nicht *ohne gute Gründe* töten oder stehlen". In den Vereinten

Nationen wird bei Diskussionen über die universellen Menschenrechte auch weiterhin der universelle Charakter der Menschenrechte von einigen Ländern nicht anerkannt. Die Konfrontation mit anderen Religionen und Kulturen scheint zu zeigen, daß ethische Begriffsrahmen und Verhaltensregeln eine lediglich relative Gültigkeit haben. Da unsere *Vorstellungen* von Gut und Böse, von Gewissen und Gewissenlosigkeit, relativ sind, ist das Verständnis von einem reinen (oder gereinigten) Gewissen ebenfalls relativ.

Moralische Vorschriften können zwar zeit- und ortsabhängig relative, aber keine absolute Definition von Rechtschaffenheit geben, denn sie können bekanntermaßen ihre eigene Definition von Rechtschaffenheit nicht der Beurteilung der Rechtmäßigkeit ihrer Definition zugrunde legen. Sie können nicht sich selbst rechtfertigen, denn in dieser Hinsicht haben sie keinen Ansatzpunkt. Jeder Versuch der Rechtfertigung durch Aussagen wie „Das ist der Wille Gottes", „Das ist der erhabenste Ausdruck von Kultur" oder „Das schreibt uns die menschliche Vernunft vor" wird von anderen Menschen wiederum angezweifelt. Das *Denken* über Gut und Böse kann keine absolute Basis für die Ethik bieten.

Das Bewußtsein der Relativität des ethischen Denkens ist seit seinen Ursprüngen ein Allgemeingut des Buddhismus. In unserem Kulturkreis dagegen ist das Bewußtsein der Relativität von ethischen Begriffen verhältnismäßig neu und hat bei Menschen große Zweifel über die Gültigkeit ihrer Ethik ausgelöst und zu einem Fiasko im ethischen Denken sowie einer typisch postmodernen moralischen Mutlosigkeit geführt. Jeder muß nun für sich selbst entscheiden. In gewissem Sinne sind wir von unserem Denken über das Kultivieren unseres Gewissens als Barriere gegen unsere egoistischen Leidenschaften abgekommen. Wir haben letztlich nicht nur keine Basis für unsere ethische Sichtweise gefunden, sondern auch ihre Erziehungsstrategie – das Mobilisieren des Gewissens gegen destruktive Triebe – scheint nicht wirksam zu sein. Die Dämonen in uns und in unserem Umfeld sind nicht besiegt, sondern ihre Kraft ist eventuell sogar noch gewachsen! Dieses Fiasko hat in der modernen westlichen Kultur zu einem moralischen Defätismus geführt, aus buddhistischer Sicht öffnet dieses Fiasko jedoch gerade aufgrund unseres Durchlebens dieses Kreislaufes eine neue und inspirierende Perspektive.

Die Grundlage der buddhistischen Ethik

Dieses Fiasko zwingt uns zu einer erneuten Betrachtung unseres Bewußtseins von Gut und Böse. Diesmal nicht unter Berufung auf die Gebote Gottes und die Vernunft oder das Entwerfen eines kulturellen oder ethischen Begriffsrahmens, sondern durch die Suche nach einer tieferen Wurzel, die fundamentaler ist als unser Gewissen und unser Denken über Gut und Böse. Etwas, das unserer Sicht verborgen bleibt, solange wir in ethischen Begriffsrahmen verfangen sind, in denen das Gewissen den Kampf gegen die Leidenschaft aufnehmen muß.

Nach der buddhistischen Sichtweise ist diese tiefere Wurzel – ich dürfte es gegenüber Rationalisten eigentlich nicht erwähnen – ein *Gefühl*, das universelle und kulturübergreifende *Verlangen*, das jedem Menschen innewohnt. Das Verlangen, daß die Situation, in der wir uns befinden und deren Teil wir sind, zur Blüte gelangen und alles in ihr enthaltene Leiden gelindert werden möge. Dieses Verlangen greift tiefer als alle Ethik und ist gleichzeitig ihr Fundament. Sogar wenn wir den Kontakt mit diesem Verlangen verlieren und uns sowie anderen Tod und Verderben wünschen, lebt in uns dieses Verlangen – und sei es vollkommen pervertiert –, Raum für Glück zu schaffen. Dieses fundamentale Verlangen manifestiert sich mit der Zeit bei jedem Menschen. Wie im ersten Kapitel bereits dargelegt wurde, bedeuten die Existenz und der Nachdruck auf die Bedeutung dieses Verlangens natürlich nicht, der Mensch sei nach Auffassung des Buddhismus *im Wesen* gut. Die typisch westliche Diskussion, ob der Mensch im Wesen gut oder böse sei, unterstellt das Vorhandensein eines „im Wesen". Der Buddhismus verwirft diese Unterstellung und hält sich daher aus dieser Diskussion heraus.

Aus buddhistischer Sicht basiert dieses universelle Verlangen des Menschen nicht auf Meinungen oder Ideen, nicht auf dem moralischen Urteil, es sei *gut*, dieses Verlangen zu haben. Die buddhistische Sicht basiert nicht auf der Ratio, auf dem Gedanken, dieses Verlangen sei rechtschaffen oder verständlich. Sie basiert auch nicht auf dem Willen Gottes, sondern auf Erfahrung. Dieses Verlangen ist in uns lebendig. Es ist die pflegende Kraft, die allen lebenden Wesen eigen ist. Nicht nur den Menschen, sondern auch den „vernunftlosen" und „gottlosen" Tieren. Selbst die gefährlichste Tigerin sorgt selbstlos für ihre Jungen, heißt es in den klassischen buddhistischen Schriften. Der einzige Unterschied zwischen Mensch und Tier besteht darin, daß der Mensch dieses Verlangen und das Handeln aus diesem Verlangen heraus im Gegensatz zum Tier *bewußt kultivieren kann*.

In allen weltlichen wie auch religiösen und spirituellen Traditionen wird dieses Verlangen mit unterschiedlichen Worten ausgedrückt. Eine klassische Formulierung aus der buddhistischen Liturgie lautet beispielsweise folgendermaßen:

> *Mögen alle Wesen Glück und die Ursache von Glück erfahren*
> *und frei sein von Leiden und der Ursache von Leiden.*
> *Mögen sie Freude erfahren und*
> *allen gegenüber unvoreingenommenes Wohlwollen pflegen.*

Es gibt Momente, in denen dieser Wunsch kein Wunsch mehr ist, sondern eine tatsächliche Lebensführung, und auch wir kennen diese Momente. Wir erfahren sie eventuell nicht so häufig, aber in bestimmten Momenten erheben wir uns über uns selbst und zeigen uns in bezug auf unsere Menschlichkeit von unserer besten Seite. In meiner Veröffentlichung *Die verborgene Blüte*, die sich allgemein mit diesem Thema befaßt, bezeichne ich diese Momente als *fundamentale Menschlichkeit*. Dieser Begriff bezieht sich darauf, daß dieser Wunsch jedem Menschen fundamental eigen ist, das heißt eine fundamentale Erfahrungstatsache der menschlichen Existenz ist. Das bedeutet nicht, daß wir nicht auch Momente kennen, in denen wir jemandem einen üblen Streich spielen oder Schlimmeres zufügen (wollen). Das ändert aber nichts an der Tatsache, daß dieser Wunsch in uns lebendig ist und sich zu gewissen Zeiten in unseren Handlungen manifestiert. Das „Fundamentale" an diesen Momenten der Menschlichkeit ist, daß sie die Basis unserer menschlichen Existenz bilden und unsere Lebensfreude und Lebenskraft wecken. Der Mahayana-Buddhismus definiert diesen tiefen Wunsch als einen Ausdruck unserer Buddha-Natur oder, präziser ausgedrückt, als die *Vitalität* unserer Buddha-Natur.

Nicht Gehorsam gegenüber Vernunft, Gott oder Staat, sondern dieser tiefe Wunsch, dieses universelle menschliche Gefühl, bildet die Grundlage der buddhistischen Ethik. Im Dialog zwischen Christen und Buddhisten wird dieses fundamentale menschliche Verlangen – unsere Buddha-Natur – als „Christus in uns" oder der Heilige Geist bezeichnet, der durch unser Herz wirkt und sich so in unserem Handeln manifestieren kann.

Für rationale Humanisten, die ihre Moral auf dem Fundament des Vernunftdenkens bauen, ist dieses eine schwer verdauliche Sichtweise.

Rationalisten sind der Ansicht, eine Ethik auf dem Fundament eines universellen menschlichen Verlangens anstatt der Ratio führe uns – bevor wir uns versehen – zurück in die Romantik, in der Gefühl die Basis von Moral ist und die tatsächlich nicht viel Gutes hervorgebracht hat, wie die Geschichte zeigt. Rationalisten sind daher auch sehr empfindlich, wenn es um den Stellenwert des Gefühls in der Verankerung der Sittlichkeit geht. Das Wort „Gefühl" löst bei ihnen negative Gefühle aus, denn Gefühle sind aus ihrer Sicht fast schon per Definition irrational und als Basis für die Moral gefährlich. Diese Auffassung ist möglicherweise ein Erbe der christlichen Tradition, die seit Jahrhunderten das Gefühl als etwas Negatives definiert und mit „Leidenschaften" und *Daimonen* identifiziert hat.

Das Kultivieren der Grundlage der Ethik

Wenn das Glück und Wohl aller Wesen unser tiefster Wunsch ist, warum leben wir dann nicht fortwährend nach diesem Wunsch? Wenn wir die Buddha-Natur besitzen, die dem Mensch-Sein inhärent ist, warum manifestieren wir diese so selten? Warum zeitigt dieser tiefste Wunsch so wenig Ergebnisse?

Die Antwort auf diese Fragen wurde in den vorherigen Kapiteln ausführlich dargestellt. Dieser Wunsch wird überschattet von der Lebensangst, der Angst vor Leiden. Diese Angst läßt uns verkrampfen, und wir versuchen uns von unserer Erfahrung abzuschirmen und abzugrenzen. Wir konzipieren unsere „Wirklichkeit" in Begriffen wie „ich hier" und „das dort". Diese geistige Bewegung läßt sich sehr gut mit dem altgriechischen Begriff *diabolos* (von dem unser Begriff „Teufel" abstammt) umschreiben. Das entsprechende Verb ist *diaballein*, was wörtlich „dazwischen werfen" oder „Zwiespalt erzeugen" bedeutet. In der christlichen Tradition der Wüstenväter heißt es, das Gefolge des Teufels seien Dämonen in Form der Leidenschaften. Damit sich die Dämonen der Begierde, Aggression, Gleichgültigkeit, Eifersucht, des Stolzes und zahlreiche weitere manifestieren können, muß zuerst ein dualistischer Bruch in der Form des „ich hier" und „das dort" stattfinden. Auf der Grundlage dieses Bruchs (*Diabolos*) beginnen unsere egozentrischen Emotionen (*Daimones*) ihr Spiel der Wahrnehmung von „ich hier" als Subjekt und „das dort" als Objekt. Daher können wir dem Teufel nicht auf seinen

Schwanz treten, denn er ist nicht erfahrbar, manifestiert sich aber als eine Art des Erfahrens.

Die christliche Tradition betrachtet jedoch schon immer die Macht des Bösen, den Teufel, als eine sich außerhalb von uns befindliche Macht, die danach trachtet, uns zu verführen. Der Humanismus betrachtet dagegen unsere irrationale, egozentrische Emotionalität als eine dem Menschen inhärente Eigenschaft. Der entscheidende Unterschied zur christlichen und humanistischen Sichtweise ist, daß der Buddhismus unsere egozentrische Emotionalität weder als der menschlichen Beschaffenheit inhärent noch als eine von außen auf den Menschen einwirkende Kraft ansieht. Im Gegensatz zur christlichen und humanistischen Denkweise sind die Leidenschaften dem Buddhismus zufolge daher keine letztendlichen Realitäten, die seit dem Sündenfall dem menschlichen Wesen eigen oder ein Teil der menschlichen Existenz sind, sondern er sieht sie als geistige Energien, die dem Ego inhärent sind. Sie entstehen aus dem egozentrischen Bewußtseinszustand und sind ausschließlich aus ihm heraus aktiv. Sind die Leidenschaften erst entstanden, sehen wir sie als das Böse und unser (gereinigtes) Gewissen als das Gute an. Damit verfangen wir uns in einem innerlichen Streit und immer mehr in den Stricken des *Diabolos*.

Der Buddhismus richtet daher seine ethische Bildung auf das Kultivieren von Momenten aus, in denen wir frei sind von einer dualistischen, egozentrischen Sichtweise und der aus ihr hervorgehenden Emotionalität. Die ethische Bildung basiert daher aus buddhistischer Sicht nicht auf der Mobilisierung unseres Gewissens zum Kampf gegen die Leidenschaften, sondern auf dem Lernen des Loslassens der egozentrischen Verkrampfung und der Perspektive der Lebensangst, in denen die Ursache dieser Leidenschaften liegt. Worauf basiert dieser Lernprozeß? Einerseits auf der Praxis der Sitzmeditation, in der wir lernen, die aus der Verkrampfung hervorgehende mentale Bewegung zu durchschauen und loszulassen, und andererseits auf der Übermittlung von Anleitungen auf der Ebene der Sprache und des Handelns, die uns von dieser egozentrischen Verkrampfung befreien.

Diese Anleitungen sind keine in Stein gemeißelten Verbote oder Gebote, sondern praktische Empfehlungen, die gemeinsam die buddhistische Ethik bilden.

Dieses Wissen ist beruhigend in allen Situationen, in denen wir in Lebensangst verfangen sind und den Kontakt mit diesem Verlangen verloren haben. In diesen Situationen dienen diese buddhistischen Verhaltensregeln als Krücken, die uns dabei helfen, den „richtigen Weg" zu gehen, wenn wir dazu eigenständig nicht in der Lage sind.

Der Ansatz, das Gewissen gegen die Leidenschaften zu mobilisieren, ist aus westlicher Sicht vergleichbar mit der Hoffnung auf die Entwicklung immer besserer Krücken, während der buddhistische Ansatz eine geistige Rehabilitation bieten will, die uns letztlich von diesen Krücken befreit. Diese Rehabilitation ist ausgerichtet auf das Wecken unseres tiefsten Verlangens und das Kultivieren unserer Sprache und Handlungen.

Der Buddhismus legt uns nahe, anstatt unser Gewissen für den Kampf gegen unsere „Leidenschaften" zu mobilisieren, die *Wurzel* dieser Leidenschaften zu entfernen. Daher ist der Ausgangspunkt der ethischen Bildung in der buddhistischen Tradition der, es zu lernen, den innerlichen Streit und die Schuldgefühle, den Haß und den Selbsthaß, die aus ihm erwachsen, aufzugeben. Die Ausrichtung ist allerdings nicht, das Ego zu einem neuen Teufel zu machen, gegen den wir mit unserer egolosen Buddha-Natur ankämpfen müssen, sondern die Akzeptanz dessen, was wir in diesem Moment, einschließlich unserer egozentrischen Leidenschaften, sind.

Die Schlußfolgerung dieser Ausrichtung ist jedoch nicht, alles beim alten zu belassen. Gerade durch das Entwickeln dieser Akzeptanz begeben wir uns auf ein neues Gebiet und lösen unseren inneren Kampf auf. Indem wir diesen innerlichen Kampf einstellen, eröffnet sich uns nach buddhistischer Auffassung eine neue Perspektive, aus der wir wieder in Kontakt mit unserem fundamentalen, universellen menschlichen Verlangen geraten. Die Handlungen, die sich aus dieser Perspektive ergeben, sind die spontane Manifestation von Humanität.

Wie manifestiert sich dieses von Verkrampfung befreite Handeln? Interessanterweise nicht erheblich anders als das, was wir normalerweise als „ethisches Handeln" bezeichnen. Das ist nicht weiter verwunderlich, denn ethische Regeln beruhen (in ihrer optimalen Form) auf Einsicht und Mitgefühl. Die Handlungen werden nicht geleitet von Ideologien oder ethischen Regeln, sondern entstammen direkt unserer Klarheit des Geistes und unserem tiefsten Verlangen. Sie werden, um es anders auszudrücken, geleitet von unserer Buddha-Natur. Daher läßt sich sagen, daß dieses Handeln an den ethischen Begriffsmustern sowohl *vorbeigeht* als ihnen auch *vorangeht*. Diese Form des Handelns ist der direkte

Ausdruck unserer grundlegenden Menschlichkeit an diesem Ort in diesem Augenblick.

Ein nicht auf Verhaltensregeln basierendes Handeln finden wir selbstverständlich auch in der christlichen Tradition. Ein Beispiel dafür findet sich im Neuen Testament. Jesus sitzt an einem Sabbat mit Schriftgelehrten, die ihn eingeladen haben, bei einer gemeinsamen Mahlzeit. In der Nähe befindet sich ein Kranker, und Jesus fragt die Schriftgelehrten: „Würdet ihr diesen Mann an einem Sabbat heilen oder nicht?" Das Heilen eines Menschen ist eine Form der Arbeit, und Arbeit ist am Sabbat untersagt. Die Schriftgelehrten bleiben die Antwort schuldig, und Jesus heilt diesen Mann. Dieses Beispiel zeigt, daß die Inspiration von Jesus immer das unvoreingenommene Manifestieren fundamentaler Menschlichkeit ist. Diese Inspiration geht über alle ethischen Regeln und Anstandsgesetze hinaus, da sie auf Ethik, d.h. Herzenswärme und Klarheit des Geistes, basiert.

Ethische Verhaltensregeln sind aus buddhistischer Sicht nicht weniger – und vor allem auch nicht mehr – als ein Mittel, dieses fundamentale Verlangen in uns zu wecken, es zu stärken und wirksam in unsere Handlungen einfließen zu lassen. Der allgemeine buddhistische Begriff für diese Verhaltensregeln ist *Shila*, der häufig mit „Disziplin", aber auch mit „Ethik" übersetzt wird. Dieser Begriff bezieht sich auf alle Formen von Handlungen, seien diese geistig, verbal oder körperlich (siehe auch den Abschnitt über *Karma*). Der Buddhismus kennt Formen des *Shila* für jede dieser drei Arten des Handelns. Legen wir dem Begriff *Shila* die Bedeutung dessen zugrunde, was uns ein Arzt als Medizin verschreibt, können wir ihn auch als „Verschreibung" übersetzen. Die buddhistischen Verschreibungen sind Rezepte für die Verwirklichung von Erleuchtung und haben daher nicht den Charakter von ethischen Imperativen, sondern von Mitteln zur Unterstützung dieser Verwirklichung. Welche sind diese Mittel, was sind diese Verhaltensregeln?

Shila im Theravada-Buddhismus

Wie bereits erwähnt, legt der Theravada-Buddhismus Nachdruck auf die persönliche Befreiung und die Unterlassung von Handlungen, die dieser Befreiung im Wege stehen. Das sind die Handlungen, die uns im Entstehen einer egozentrisch ausgerichteten Ordnung unserer Lebenssituation bestärken. Wir geben dieses Handlungen nicht aus der Überlegungen heraus auf, eine egozentrische oder egoistische Lebensweise sei moralisch verwerflich, sondern aus der Erkenntnis, daß sie zu Leiden für uns und andere führt. Das Lernen des Menschen im Theravada, sich bestimmter Handlungen zu enthalten, wird sowohl im *Pratimoksha* (den klösterlichen Lebensregeln) als auch in den fünf Lebensregeln für Laien ausgedrückt. Diese Regeln sind: nicht töten, nicht stehlen, nicht lügen, keine betäubenden Substanzen zu sich nehmen und unsittliches Verhalten vermeiden.

Nach Aussage des Vidyadhara Trungpa Rinpoche sollen uns die Disziplinen, auf die der Theravada Nachdruck legt, vor allem lehren, unsere Umgebung nicht länger geistig (und materiell) zu verunreinigen. Sie reinigen unsere Moral, damit wir nicht länger alles mit unserer Mißgunst, Aggression, Begierde, Ruhmsucht, Gleichgültigkeit, unserem Stolz und Selbsthaß sowie allen anderen egozentrischen Emotionen und Meinungen beschmutzen. Im Buddhismus wird ein Mensch, der seine Umgebung nicht länger verunreinigt und den Menschen in seiner Umgebung nicht länger Schaden zufügt, als eine *Dharma-Person* bezeichnet.

Diese Person zeigt sich den Menschen gegenüber vielleicht nicht gut oder wohltätig, sie fügt ihrer Umgebung aber auch keinen Schaden zu. Das läßt sich nur über sehr wenige Menschen sagen! Diese Person verbessert möglicherweise die Welt nicht direkt, ist aber in der Lage, sich eigenständig von Selbstbetrug und Eigenwahn zu befreien. Diese Fähigkeit erfüllt den Menschen mit Freude und Energie. Diese selbstbefreiende und tugendhafte Lebensweise, die niemandem Schaden zufügt, weckt eine Inspiration, die bedeutend weiter als zu einer persönlichen Befreiung führt, denn sie führt zu einer Handlungsfähigkeit, in deren Zentrum nicht er selbst, sondern seine Umgebung steht.

Durch die Praxis von Disziplinen, die auf das Reinigen unseres eigenen Geistes ausgerichtet sind, löst sich unsere Illusion des Ego – und in ihrem Kielwasser die Illusion von *positiv* und *negativ* für die eigene Person – immer mehr auf. Das Ergebnis ist eine Auflösung unserer auf dieser Illusion basierenden Handlungen. Der Praktizierende erreicht auf diese Weise in erster Instanz eine innerliche Selbständigkeit, da er nicht länger bei anderen die Stärkung des Ego sucht und sich aller Handlungen enthält, die von der Illusion des Ego eingegeben werden oder diese Illusion aufrecht erhalten.

In zweiter Instanz verändert sich durch die Aufhebung des Interessenkonflikts zwischen „Ich" und „den anderen" die Sichtweise in bezug auf die Mitmenschen und die Umgebung. Denn in dem Maße, in dem wir die Mitmenschen und unsere Umgebung nicht länger durch den Filter unserer Selbstbezogenheit sehen, steigt auch die Möglichkeit einer Begegnung, die im Zeichen der Menschenliebe oder *Metta* (Skt.: *maitri*) steht. Wir sind dann nicht nur fähig, über das Glück anderer Freude zu empfinden, sondern auch bereit, das Leiden anderer zu sehen. Wenn wir nicht länger danach streben, das eigene Leiden abzuwehren, weckt das Leiden anderer in uns Mitgefühl (Skt.: *karuna*). Damit eröffnen wir die Möglichkeit, uns weiter in einer Handlungsweise zu schulen, die von einer egozentrischen Perspektive losgelöst ist.

Shila im Mahayana-Buddhismus

Diese Weiterschulung wird im Mahayana mit den sechs *Paramitas* beschrieben. Die Praxis der *Paramitas* basiert auf der Unterlassung von Handlungen, die anderen Schaden zufügen, legt aber auch Nachdruck auf eine aktive Förderung des Wohles der anderen Wesen. Die wörtliche Bedeutung von *Paramita* ist „andere Seite". Damit ist die Seite gemeint, auf der man sich jenseits der Illusion des Ego befindet. In einer freieren Übersetzung spricht man häufig auch von den sechs transzendenten Handlungen. Diese Handlungen haben das Ego transzendiert, da sie nicht mehr durch das Ego motiviert oder verursacht sind. Sie erfolgen aus der Sichtweise der Egolosigkeit und bilden gemeinsam das *Shila* des Mahayana. Der Praktizierende dieser *Paramitas*, der *Bodhisattva*, ist in dem Sinne ein Erwachter, daß er die egolose Sichtweise in sich selbst und damit die reale Möglichkeit von Buddhaschaft und Erleuchtung entdeckt hat. Aus dieser Erkenntnis heraus schult sich der *Bodhisattva* in den sechs transzendenten Handlungsweisen. Hier eine kurze Beschreibung dieser sechs *Paramitas* (siehe für ausführlichere Erläuterungen z. B. *Bercholz* und *Kohn*, 1993: 204 ff.).

Das erste *Paramita* ist die Freigebigkeit (Skt.: *dana*). Die wörtliche Bedeutung von *Dana* ist „Geben". Damit ist sowohl das Aufgeben einer egozentrischen Sichtweise als auch das Geben dessen gemeint, was andere benötigen, wie beispielsweise Nahrung, Wohnung, Sicherheit und Dharma. Diese beiden Aspekte von *Dana* bedingen sich gegenseitig und bilden gemeinsam den transzendenten Charakter. Das zweite *Paramita* ist die Disziplin oder Ethik (Skt.: *shila*). Es bezeichnet die Übung einer Standfestigkeit in der Praxis des ersten *Paramita*. Da die transzendenten Handlungen jedoch gegen unsere egozentrischen Handlungen und Gewohnheiten wirksam werden, entsteht für das Ego Leiden. Daher müssen wir die Bereitschaft haben, dieses Leiden zu erdulden. Diese Duldsamkeit (Skt.: *kshanti*) ist das dritte *Paramita*. Sind diese drei *Paramitas* in unseren Handlungen präsent, inspirieren sie uns zu einer großen Tatkraft und Begeisterung auf dem Pfad. Diese inspirierte Tatkraft ist das vierte *Paramita* (Skt.: *virya*), das der Praktizierende kultiviert. Es befreit uns von der Impulsivität des Ego und ermöglicht dadurch eine vollkommene Spontaneität. Das tragende Fundament dieser vier Aspekte der Handlungen ist das fünfte *Paramita*, die Meditation (Skt.: *dhyana*). Meditation bezieht sich in diesem Zusammenhang nicht auf die formelle Meditation, sondern auf eine Geisteshaltung, auf eine bestimmte Freiheit des Geistes im Handeln, die sich nicht mit der Handlung beschäftigt oder auf sie fixiert ist, sondern ein geistiges Ruhen in Unbefangenheit während des Handelns ermöglicht. Diese Unbefangenheit verleiht der Handlung ihre Frische. Das sechste *Paramita*, klare Einsicht und Unterscheidungsvermögen (Skt.: *prajna*) wurde bereits ausführlich besprochen. Es bezieht sich auf die Tatsache, daß Handlungen von der Einsicht der Art der Handlung im Moment des Handelns getragen werden. *Prajna* verleiht uns die Fähigkeit der Unterscheidung, welche Handlung ein *Paramita* ist und welche nicht. Daher wird von diesem sechsten *Paramita* gesagt, es sei in den anderen fünf immer gegenwärtig. Es versteht sich von selbst, daß die Praxis der sechs *Paramitas* Mut erfordert. Der Ursprung dieses Mutes ist die persönliche Erfahrung und Erkenntnis, daß wir die Wirklichkeit auf eine nicht egozentrische Weise leben können. Diese Erkenntnis bildet die Basis für das tatsächliche Praktizieren der *Paramitas*. Ohne diese Basis ist das *Shila* des Mahayana nichts weiter als eine Übung in „gutem Benehmen", und der Pfad des *Bodhisattva* ist nicht gangbar.

Aus der Sicht des Mahayana erhalten wir durch die zuerst genannten Disziplinen, die auf Selbstbefreiung und Enthaltsamkeit ausgerichtet sind, die Reife für das Beschreiten des Pfades des *Bodhisattva*. Sie öffnen den Raum, in dem wir uns der Freude an der Arbeit mit lebenden Wesen, einschließlich uns selbst, öffnen können. „Der *Boddhisattva* schließt Freundschaft mit sich selbst genau so wie mit anderen. Es bleiben keine geheimnisvollen, dunklen Winkel übrig, gegen die er Mißtrauen hegen muß; es können keine Überraschungen auftauchen, die die spirituelle Intelligenz, die Würde und Heldenhaftigkeit des *Bodhisattva* zerstören. Das ist der erste *Bhumi* oder die erste spirituelle Ebene" (*Trungpa*, 1976: 108).

Wie im ersten Kapitel bereits erwähnt, gibt es für den *Bodhisattva* im Prinzip keine Situation, der er aus dem Weg geht. Das bedeutet, daß die Ethik oder das *Shila* des *Bodhisattva* eher eine innerliche anstatt eine äußerliche Form hat. Dennoch wird er meistens die äußerlichen Verhaltensregeln befolgen – auch aus dem Grund, Menschen nicht von sich entfremden zu wollen. Die eigentliche Verhaltensdisziplin, die der *Bodhisattva* praktiziert, besteht aus der Übung, *allen* Situationen aus der Perspektive der Buddha-Natur zu begegnen, aus der Haltung und dem Verlangen, alle Wesen von ihrer Kurzsichtigkeit und Hartherzigkeit zu befreien und ihre Leiden zu lindern, das heißt, anders ausgedrückt, sie aus *Samsara* zu befreien.

Shila im Vajrayana-Buddhismus

Aus der Sicht des Vajrayana enthält auch die Praxis des Handelns im Mahayana noch eine subtile Form der geistigen Fixierung. Der *Bodhisattva* ist nicht frei vom Glauben an bestimmte Ideen, wie beispielsweise der Auffassung darüber, welche Verhaltensweise und Art einen guten *Bodhisattva* ausmacht. Er ist auch weiterhin der Ansicht, Erleuchtung läge in der (nahen oder fernen) Zukunft. Obwohl diese Ansichten in sich selbst sehr erhaben und lobenswert sind, können sie den *Bodhisattva* dennoch binden. Es heißt, der *Bodhisattva* halte durch diese Ansichten seine Empfänglichkeit für die Verführungen der „Götterbereiche" aufrecht, für bestimmte nicht erleuchtete Ebenen des Geistes, die ebenfalls ein Bestandteil von *Samsara* sind, der Erlebniswelt eines nicht erleuchteten Menschen. Das Merkmal aller *samsarischen* Ebenen des Geistes ist ihre Vergänglichkeit, der auch die erhabenen Götterbereiche unterworfen sind. Der Geist des *Bodhisattva* kann dem Glauben anhaften, seine ihm im Keim inhärente Buddha-Natur könne (und müsse) durch Praxis zur Blüte gebracht werden.

Letztlich ist ein weiterer Schritt erforderlich, nach dem Erleuchtung nicht länger als etwas über einen bestimmten Pfad Erreichbares, sondern aus der Perspektive der Erleuchtung selbst betrachtet wird. Dieser weitere

Schritt beinhaltet, daß Erleuchtung nicht als eine Entwicklungsmöglichkeit angesehen wird, sondern als eine vollständig erfüllte und in voller Blüte stehende Realität. Das *Shila* des Vajrayana basiert auf der Perspektive dieser Erfüllung, der Ethik des alltäglichen Handelns. Im Vajrayana wird das Handeln nicht mehr primär als ein Handeln aus Mitgefühl charakterisiert, sondern vielmehr als ein passioniertes und freudvolles Handeln. Gerade weil der Praktizierende durch seine Mahayana-Disziplin das Mitgefühl eines *Bodhisattva* verkörpert und in seinen Handlungen zum Ausdruck bringt und weil er diese Handlungsweise wieder zu seinem vorrangigen (ursprünglichen) menschlichen Wesen gemacht hat, ist seine geistige Beschäftigung mit der moralischen Sichtweise des Mahayana-Pfades und dessen Ideal des *Bodhisattva* zu einem Hindernis geworden. Das Loslassen dieser Sichtweise eröffnet Räume für eine Handlungsweise, die nicht von *moralischem Vorbedacht* inspiriert wurden. Damit verliert das Handeln nicht seinen moralischen Wert, aber Moral ist nicht (mehr) die Motivation des Handelns. Was ist dann die Motivation? Was ist das Fundament des ethischen Handelns im Vajrayana?

Das Fundament des ethischen Handelns im Vajrayana ist Hingabe. Der Praktizierende wird durch transzendente (egolose) *Leidenschaft* dazu motiviert, die nackte Wahrheit so zu berühren, wie er selbst von den Qualitäten der Wirklichkeit berührt wird. Diese gegenseitige, furchtlose und gefühlvolle Berührung ist das *Shila* des Vajrayana. Das *Shila* des Vajrayana ist die Praxis einer unvoreingenommenen und fortwährenden Hingabe an den jeweiligen Augenblick. Im Mittelpunkt steht nicht mehr die Entwicklung der *Paramitas* des mitfühlenden Handelns, sondern das Handeln aus der fortwährenden intimen Beziehung zwischen dem Praktizierenden und der Wirklichkeit.

Aufgrund dieser intimen Beziehung bezeichnet das Vajrayana diese Praxis des Handelns als das *verborgene Shila*. Die Praktiken des Mahayana bezeichnet er als das *innere Shila* und die Praktiken des Theravada als das *äußere Shila*. In gleicher Weise, wie das *äußere Shila* die Basis für die Praxis des *inneren Shila* bildet, ist das *innere Shila* die Grundlage für die Praxis des *verborgenen Shila*.

Obwohl das *innere Shila* der Praxis der *Paramitas* eine notwendige und beständige Basis für den Vajrayana ist, wird das *verborgene Shila* des Vajrayana nicht mehr in den Begriffen der Sechs *Paramitas* beschrieben, sondern in den Begriffen der *vier Karmas*. Die wörtliche Übersetzung des Sanskrit-Begriffes *Karma* ist „Handlung" (Pali: *kamma*, siehe hierzu den folgenden Abschnitt). Die *vier Karmas* beschreiben eine Art des *Shila*, die die intime Beziehung zwischen der vollkommenen Offenheit des Geistes und der Welt der Erscheinungen dauerhaft macht und intensiviert. Die *Praxis* der *vier Karmas* besteht im Erwecken und Aufrechterhalten dieser Beziehung im alltäglichen Leben. Die *vier Karmas* werden in dieser Reihenfolge Befrieden, Bereichern, Anziehen und Vernichten genannt. Das erste *Karma* ist die „Beruhigung" einer Situation, wenn sich diese nicht in Einklang befindet. Beruhigung meint den Versuch, den Untergrund auf sehr geschmeidige Weise zu erspüren. Wir fühlen die Situation mehr und mehr, indem wir sie nicht bloß oberflächlich beschwichtigen, sondern das Ganze an den Tag bringen und alles zusammen spüren. Dann dehnen wir unsere Fähigkeiten zu Reichhaltigkeit und Würde darauf aus. Das ist die „Bereicherung", das zweite *Karma*. Wird dies nicht wirksam, dann ist „magnetische Anziehung" das dritte *Karma*. Wir fügen die einzelnen Bestandteile der Situation zusammen. Nachdem wir sie durch die Beruhigung völlig erfüllt und dann angereichert haben, bringen wir sie jetzt zusammen. Bleibt dies ohne Erfolg, dann gibt es die Handlung der „Zerstörung" oder Auslöschung, das vierte *Karma* (*Trungpa* 1996: 80).

Die *vier Karmas* formulieren daher die Richtlinien des Handelns nicht länger in Verhaltensregeln. Daher scheinen sie auch nur einen geringen ethischen Gehalt zu besitzen. Ihr ethischer Gehalt liegt jedoch darin, daß sie als Richtlinien für die Ebene der Erleuchtung selbst dienen oder, anders ausgedrückt, als Richtlinien dafür, wie wir durch unser Handeln die Ebene der Erleuchtung im alltäglichen Leben manifestieren können. Daher können wir die Praxis der *vier Karmas* auch nur in den Momenten durchführen, in denen wir uns auf der erleuchteten Ebene befinden. Die *vier Karmas* dienen nicht als Richtlinien für die nicht erleuchtete Ebene des Geistes.

Der scheinbar amoralische (nicht unmoralische) Charakter der *vier Karmas* liegt in der Tatsache ihrer Vermittlung von Handlungsweisen aus dem Aspekt der Erleuchtung heraus begründet. Auf der Ebene der Erleuchtung wird das, was wir (als nicht erleuchtete Menschen) als Mitgefühl bezeichnen, nicht als solches erlebt, sondern als eine vollkommene Intimität mit der Wirklichkeit. Daher stehen die Begriffe des Mahayana wie mitfühlendes und rücksichtsvolles Handeln im Vajrayana nicht mehr im Mittelpunkt. Buddha selbst empfindet kein Mitgefühl, denn ein Buddha existiert und manifestiert sich einfach in Form seiner eigenen freudigen Natur. So wie die Sonne ihre Strahlen aussendet, weil es ihre Natur ist, und die lebenden Wesen diese Sonnenstrahlen als angenehm und warm empfinden, manifestiert ein Buddha die Erleuchtung. Wie die Menschen, die ihn umgeben, diese Manifestation erfahren, ist abhängig von ihrer eigenen Einstellung und Sensibilität. Daher sehen die Menschen einen Buddha auf unterschiedliche Weise als die vollkommene Verkörperung von Mitgefühl und Weisheit, als älteren weisen Ratgeber (Skt.: *arhat*), als spirituellen Freund (Skt.: *kalyanamitra*), als Vajra-Meister (Skt.: *guru*) oder als eine gewöhnliche Person.

In bezug auf das Vajrayana ist jedoch – wie im ersten Kapitel bereits dargelegt wurde – die Hingabe an den Guru das Tor zur Praxis des Pfades des Vajrayana. Wie sollen wir vorbehaltlose Hingabe und Offenheit gegenüber der gesamten Wirklichkeit entwickeln können, wenn wir keine Hingabe und Offenheit gegenüber dem Guru aufbringen können, der uns als Sprecher der Wirklichkeit die Wirklichkeit aufzeigt?

Karma im Buddhismus

Wir haben im Vorausgegangenen den Begriff *Karma* in einer für das Vajrayana spezifischen Bedeutung verwendet, die von der allgemeinen Bedeutung im Buddhismus abweicht. In diesem Abschnitt werden wir die allgemeine Bedeutung dieses Begriffs betrachten und mit der Bedeutung vergleichen, die ihm im Hinduismus und in unserem westlichen Kulturkreis zugeschrieben wird. Der Begriff *Karma* hat von alters her einen bedeutenden Stellenwert in der Diskussion über Ethik zwischen dem theistischen Hinduismus und dem nicht theistischen Buddhismus. Diese Diskussion wird zu einem wesentlichen Teil nun auch erneut zwischen dem theistischen Christentum und dem Buddhismus geführt. Es ist nicht überraschend, daß die Bedeutung von *Karma* im westlichen (christlichen) Denken eine starke Übereinstimmung mit der hinduistischen Interpretation aufweist, die der Buddhismus jedoch verwirft.

Eine Definition von Karma

Im ersten Kapitel haben wir dargestellt, daß der Buddhismus eine „kausale Spiritualität" beinhaltet. Daher ist auch die Rede vom „Gesetz des

Karma" und wird der Begriff *Karma* in diesem Zusammenhang auch als eine Umschreibung von „Ursache und Wirkung" verwendet. Das Gesetz des *Karma* ist daher das Gesetz von Ursache und Wirkung.

Frei ausgedrückt verweist der Begriff *Karma* im Buddhismus auf die kausalen Zusammenhänge zwischen unseren Handlungen, die Art der Welt, die wir mit unseren Handlungen erschaffen, wie wir diese Welt erleben und *umgekehrt*. „Das Wort *Karma* bedeutet Schöpfung oder Aktion – Kettenreaktion" (*Trungpa*, 1990: 178). Eine Kettenreaktion in dem Sinne, daß die mentalen Muster in unserem Geist, die wir uns zu eigen gemacht haben, die Ursache (Skt.: *hetu*) dafür sind, in welcher Weise wir eine Situation betrachten und in ihr handeln. Unsere Handlungen und Sichtweisen sind die Folge (Skt.: *phala*) dieser mentalen Muster. Sie hinterlassen ihrerseits Spuren in unserem Geist, die wiederum die Ursache von Folgehandlungen sind. Dadurch entsteht die sich selbst aufrecht erhaltende Kettenreaktion oder der Kreislauf von *Samsara*. Dieser Kreislauf kann sich in zwei Richtungen drehen. Richten wir eine Handlung beispielsweise auf den Schutz unseres Ego aus, vertiefen wir weiter unsere Egozentrik. In diesem Fall wird gesagt, es sammle sich *negatives Karma* (Skt.: *apunya*) in unserem Geist an. Zielen unsere Handlungen dagegen auf ein Durchschauen unserer Illusion des Ego ab, sammelt unser Geist *positives Karma* (Skt.: *punya*) an. Negatives *Karma* intensiviert unser Ego und damit unser Leiden. Positives *Karma* hat eine umgekehrte Wirkung und führt letzten Ende zur Befreiung von *Karma* und *Samsara*.

Karma und Verantwortlichkeit

Ein subtiler, aber sehr wesentlicher Punkt der buddhistischen Sichtweise ist, daß *Karma* nicht *unser Karma*, sondern das *Karma unseres Geistes* ist. Nach Auffassung des Buddhismus ist unser „Ich" eine Schöpfung unseres Geistes, die sowohl durch negatives *Karma* genährt wird als auch negatives *Karma* hervorbringt. Nicht das „Ich", sondern der Geist sammelt *Karma* an. Hier liegt der bedeutende Unterschied zum Verständnis von *Karma* des Hinduismus, das auch im Denken der Theosophie und des New Age übernommen wurde. Die christliche Auffassung „Wer sät, wird ernten" bietet keinen Ansatzpunkt für die Klärung des buddhistischen Verständnisses von *Karma*. Dieses unterschiedliche Verständnis hat erhebliche Auswirkungen auf die ethische Interpretation von *Karma*. Im klassischen Dialog mit dem (Nyaya)-Hinduismus vertritt die buddhistische Tradition denn auch die Auffassung, daß wir nicht darauf beharren können, der Handelnde werde am Ende auch die Früchte seines Handelns ernten. Gleichzeitig können wir nicht davon ausgehen, ein anderer werde diese Früchte ernten. Keine dieser beiden Ansichten entspricht der Wahrheit.

Wenn es aber nicht wir sind, die *Karma* ansammeln, wenn wir nicht die Handelnden sind, die Glück oder Unglück verursachen, sondern unser Geist, wie läßt sich das mit der Verantwortlichkeit für unsere Taten vereinbaren? Die Antwort auf diese Frage ist, daß Verantwortlichkeit (oder juristisch ausgedrückt Haftbarkeit) und Ursächlichkeit zwei unterschiedliche Dinge sind. Wir können uns für Situationen verantwortlich fühlen oder es sein, deren Ursache wir nicht sind, und umgekehrt. Die buddhistische Theorie des *Karma* analysiert Ursächlichkeit und nicht Verantwortlichkeit. Sie ist keine (juristische) Theorie, die auf die Feststellung abzielt, wer für etwas verantwortlich oder schuldig ist. Damit wird aber selbstverständlich nicht gesagt, der Buddhismus verleugne oder ignoriere den Gedanken der Verantwortlichkeit. Er schreibt aber die Verantwortlichkeit nicht dem „Ich" des Menschen, sondern dem Menschen selbst zu. Er bezieht sie nicht auf denjenigen, der zu handeln denkt, sondern auf die Gesamtheit des handelnden Menschen, sei dieser ein egoloser Buddha oder ein nicht erleuchteter Mensch.

Leiden hat keinen Sinn, aber eine Ursache

Nach buddhistischer Auffassung bergen Formulierungen, die den Begriff *Karma* auf ein in sich selbst unveränderliches „Ich" anstatt auf den menschlichen Geist anwenden, eine moralische Gefahr. Derartige Formulierungen führen sehr einfach zu einer Theorie des *„Selberschuld"*, d. h. jemandem die Schuld an seinem eigenen Leiden zu geben und damit zu einer Indifferenz gegenüber dem Leiden der anderen Wesen. Darüber hinaus führt diese egozentrische Interpretation des *Karma* dazu, daß unser daraus resultierendes Leiden unter Selbstvorwürfen und Schuldgefühlen unser eigentliches Leiden noch verstärkt.

Die nicht egozentrische Interpretation von *Karma* bietet uns dagegen keinen Freibrief für eine Indifferenz gegenüber dem Leiden anderer

Menschen (aus niedrigeren sozialen Schichten oder in unglücklichen Situationen). In der egolosen Erfahrungswelt ist das Leiden dieser Menschen immer untrennbar mit unserem Leiden verbunden. Daher wird gesagt, der Test für das Verständnis der buddhistischen Auffassung von *Karma* sei seine Stärkung unserer Sensibilität und unseres Mitgefühls gegenüber allem Leiden. Das buddhistische Verständnis von *Karma* beruht vor allem auf der Erkenntnis, daß die Menschen in ihrem tiefsten Wesen frei (von *Karma*) sind, aber aufgrund ihrer geistigen Verblendung diese Freiheit dazu nutzen, ihre Illusion des Ego zu ihrem Gefängnis zu machen. Sie entwickeln auf der Basis dieser Illusion Verhaltensmuster, die für sie als zwingende Gesetzmäßigkeiten funktionieren und somit die Struktur von *Samsara* erschaffen. *Karma* und Leiden (Skt.: *duhkha*) sind in dieser Gefangenschaft wirksam. Diese Einsicht erzeugt ebenfalls Mitgefühl, aber keine Indifferenz.

Im Buddhismus verweist *Karma* nicht auf ein kosmisches Gesetz oder Schicksal, dem die Menschen unterworfen sind. *Karma* bezieht sich auch nicht auf die kausalen Gesetze der Natur, sondern auf die nicht erleuchtete Geisteshaltung oder Erfahrungsweisen sowie auf den Zusammenhang der Erscheinungen, die sich in dieser Haltung manifestieren. *Karma* ist innerhalb der nicht erleuchteten Erfahrungsweise aktiv, nicht aber auf der erleuchteten Ebene. *Karma* ist die Dynamik von *Samsara* und nicht die von *Nirvana*.

Die buddhistische Theorie des *Karma* sucht und klärt die *tiefere Ursache* unseres Leiden in *Samsara*. Sie ist eine *kausale* (ursächliche) Theorie des *Karma*. Sie analysiert das Leiden in Begriffen von mentalen Faktoren und Erfahrungen als Ursache und Wirkung. Sie zielt darauf ab, uns Einsicht darin zu vermitteln, wie wir die Ursachen von Leiden aufheben können. Eine kausale Theorie des *Karma* sucht nach der Ursache von Leiden und stellt die Frage „Wodurch leide ich?" Im Gegensatz dazu stehen *teleologische* (zielgerichtete) Theorien des *Karma*, wie wir sie in bestimmten hinduistischen Strömungen und auch in der Gedankenwelt des klassischen Griechenlands wiederfinden, die nach dem *Zweck* von Leiden forschen und die Frage stellen „Warum leide ich?"

Die buddhistische Tradition schreibt dem Leiden zwar eine tiefere Ursache zu, im Gegensatz zu den teleologischen Theorien des *Karma* aber keinen *tieferen Sinn*. Die Frage nach dem Zweck ist aus buddhistischer Sicht die falsche Fragestellung. Die Frage nach dem „Warum" unterstellt immer die Existenz eines Wesens oder einer Instanz, die uns gegenüber erzieherische Absichten hegt und uns diese Absicht unter anderem durch unser Leiden erkennbar machen will. Dieses Wesen oder diese Instanz hat dieser Ansicht zufolge als „göttlicher Schulleiter" unsere Lebensschule sehr erfindungsreich so eingerichtet, daß (früher oder später) Tugend belohnt und Untugend bestraft wird. Auch wenn Reinkarnation in dieser Theorie des *Karma* einen Stellenwert hat, betrachtet sie jedes Leben wie das Versetzen in eine andere Schulklasse. Wenn wir unsere Lektionen gut lernen, werden wir im nächsten Leben in eine höhere Klasse versetzt, in ein besseres Leben, und zwar so lange, bis wir alle Schulklassen durchlaufen haben. Die Zielsetzung dieser Lebensschule ist unsere Erziehung, bis wir dem Lehrer ebenbürtig sind. Ist dieses Ziel erreicht, müssen wir nicht länger zur Schule gehen. Lernen wir unsere Lektionen nicht gut oder sind dem Lehrer gegenüber ungehorsam, bleiben wir sitzen, müssen im nächsten Leben die Klasse wiederholen oder werden bestraft. Es wird von uns als Schüler erwartet, daß wir diese Strafe als Maßnahme zu unserem Besten und unser Leiden also als sinnvoll verstehen. Einige Theorien vertreten sogar die Auffassung, wir würden eine Klasse zurückversetzt oder sogar *für immer von der Schule fliegen*! In Theorien, in denen Reinkarnation keinen Stellenwert hat und der Ausgangspunkt die Vorstellung von Himmel und Hölle ist, wird dem fleißigen Schüler nach Überprüfung seiner Zeugnisnoten die Gelegenheit geboten, die himmlischen Früchte zu ernten. Der schlechte Schüler aber muß sich auf Ewigkeit mit sauren Früchten begnügen.

In seiner Analyse des Leidens geht der egolose und nicht theistische Buddhismus nicht von der Existenz einer reinkarnierten Seele und eines kosmischen Schulleiters aus. Damit widerspricht der Buddhismus prinzipiell allen Theorien, die eine Akzeptanz des Leidens mit der Begründung anstreben, dieses habe ein Ziel und „müsse für etwas gut sein". Aus buddhistischer Sicht ist eine solche Theorie irreführend, da sie die Menschen dazu anleitet, den *Zweck* ihres Leidens zu suchen. Das kann sie davon abhalten, die *Ursachen* zu ergründen und diese aufzuheben. Gerade weil die Ursachen des Leidens im Menschen selbst zu suchen sind – in seinem Festhalten an der Illusion des Ego und einem egozentrischen Erleben der Wirklichkeit –, ist dieses Leiden fundamental unnötig und verfolgt daher auch kein Ziel. Es mag schwermütig klingen, aber gerade weil die Ursachen von Leiden im menschlichen Geist liegen, können wir uns auch von ihnen befreien. Das ist die positive Seite.

Karma als absichtliches Handeln

In zahlreichen *Sutras* werden Beispiele für Handlungen aufgezeigt, von denen die durch sie erworbene Erfahrung gelehrt hat, daß sie zwar nicht unbedingt, aber mit hoher Wahrscheinlichkeit ein positives oder negatives *Karma* bewirken. Die bekannteste von ihnen enthält die Liste der zehn untugendhaften Handlungen, derer man sich enthalten sollte. Drei dieser Handlungen beziehen sich auf den Körper: Töten, Stehlen und sexuelles Fehlverhalten. Vier dieser Handlungen beziehen sich auf die Sprache: Lügen, Intrigieren, Beleidigen und Klatschen. Die letzten drei dieser Handlungen beziehen sich auf den Geist: Begierde, Bösartigkeit und das Verehren falscher Ansichten. Sich dieser zehn untugendhaften Handlungen zu enthalten ist *ein Instrument* für die Schulung unserer Menschlichkeit. Sie stellen keine von einer höheren Macht auferlegten Zehn Gebote oder Verbote dar. Dieses Instrument basiert weder auf einer göttlichen Obrigkeit noch der Autorität Buddhas, sondern auf *Erfahrung*, der Erfahrung Buddhas und später seiner Schüler in immer wechselnden Kulturen, die diese bis auf den heutigen Tag in ihrem Streben nach einer Kultivierung der Menschlichkeit gemacht haben.

Die Analyse von *Karma* geht aber über eine reine Betrachtung von körperlichen, verbalen und geistigen Handlungen hinaus. In sie einbezogen wird als wichtiger Faktor auch die *Absicht* (Skt.: *cetana*), mit der diese begangen werden, denn diese ist ausschlaggebend für die Ansammlung von positivem oder negativem *Karma*. Der Begriff *Karma* wird daher auch ausschließlich für Handlungen verwendet, denen eine positive oder negative *Absicht* zugrunde liegt. Absichtslose Handlungen haben keine karmische Bedeutung. *Cetana* ist eine mentale Komponente des Handelns. Es besteht ein definitiver Unterschied zwischen einer Person, die nach materiellem Reichtum strebt, um die Not anderer lindern zu können, und einer Person, die dieses Streben aus reiner Ruhmsucht verfolgt. Es besteht ein Unterschied zwischen einer Person, deren Freigebigkeit die Absicht verfolgt, die Not anderer zu lindern, und einer Person, die sich mit ihrer Freigebigkeit anderen gegenüber schmücken will. Diese Unterscheidung zwischen Handlungen und der ihnen zugrunde liegenden Absichten trifft der Buddhismus nicht als Fällen eines ethischen Urteils. Es geht weder um die Frage, ob die Moral der einen höher als die der anderen Person zu bewerten sei, noch geht es um die Vergabe von Auszeichnungen für gutes Verhalten. Ein *Sutra* des Mahayana erzählt beispielsweise die Geschichte von einem hellseherischen *Bodhisattva*, der einen Mann tötete. Der *Bodhisattva* gab an, dieser Mann habe kurz davor gestanden, ein Schiff mit mehreren hundert Passagieren versenken zu wollen, und diese Situation hätte ihm keine andere Möglichkeit offengelassen, als diesen Mann zu töten. Im Mahayana wird diese Tat als eine aus Einsicht und Mitgefühl für diese Menschen und den getöteten Mann selbst geborene Handlung angesehen. Dieser zukünftige Buddha rettete somit viele Menschen und bewahrte den Mann davor, ein sehr starkes negatives *Karma* auf sich zu laden. Gleichzeitig wird aber mit Nachdruck darauf verwiesen, daß der *Bodhisattva* durch das Töten des Mannes selbst negatives *Karma* angesammelt hat. Er war dazu jedoch aus seinem Mitgefühl heraus bereit und stellte diese negative Tat über seine eigene Erleuchtung. Der Buddhismus vertritt also nicht den Standpunkt, eine Handlung sei immer positiv, wenn ihr eine positive Absicht zugrunde liegt. Diese Erzählung dient als Beispiel über das Wirken von positivem und negativem *Karma* und für die Bereitschaft, sich die eigenen Hände zu beschmutzen, wenn man die Fähigkeit hat, eine konkrete Situation, in der man sich befindet, zu erkennen. Daher finden wir im Buddhismus auch keine nachdrückliche Aussage über eine absolute und äußerliche Ethik.

Theorien des Karma sind Upayas für unseren eigenen Geist

Die buddhistische Theorie des *Karma* ist keine objektive Theorie über die objektive Wirklichkeit, sondern eine Theorie, die sich auf unser persönliches Erleben der Wirklichkeit und das sich daraus ergebende Verhältnis von Ursache und Wirkung bezieht. Unsere Handlungen finden in bezug zu unserer erlebten Wirklichkeit statt. In dieser Wirklichkeit machen wir auch Erfahrungen mit anderen Menschen. Die buddhistische Theorie des *Karma* will uns Erkenntnis über die Art unseres Umganges mit Menschen, unsere Reaktion auf sie mit Worten und Taten und die Auswirkungen unserer Umgangsweise auf unseren Geist vermitteln. Die buddhistischen Analysen des *Karma* nehmen daher Bezug auf *uns selbst*, auf unseren eigenen Geist, auf unser eigenes Erleben der Wirklichkeit, und nicht auf andere Menschen und deren Geist oder Erfahrung. Sie ist ein Instrument (Skt.: *upaya*) für die Analyse unseres eigenen Erlebens der Wirklichkeit, und kein Stock, mit dem wir uns oder andere schlagen.

Das Ziel aller Analysen des *Karma* – und der Buddhismus kennt mehr, als hier besprochen werden können – ist die Bestimmung der Faktoren, die unseren Geist immer tiefer in *Samsara* ziehen oder weiter aus *Samsara* hinausführen. Der Unterschied zwischen den beiden nach materiellem Reichtum strebenden Personen liegt darin, daß die eine ausschließlich negatives *Karma* ansammelt, während die andere, die helfen will, neben der Ansammlung von negativem *Karma* auch positives *Karma* ansammelt. Die buddhistische Analyse des *Karma* verfolgt also das Ziel, uns Einsicht in unsere Handlungen und darüber zu vermitteln, daß die ihnen zugrunde liegenden Absichten positive oder negative Spuren in unserem Geist hinterlassen. Diese Einsicht kann uns dazu motivieren, negative Prägungen des Geistes zu vermeiden, indem wir uns darin üben, bestimmte Handlungen mit bestimmten Absichten immer weniger durchzuführen.

Was geschieht, wenn wir trotzdem eine negative Handlung ausgeführt haben? Der Buddhismus bietet hier einen interessanten Ansatz. Die negativen Spuren einer Handlung können verringert oder sogar vollständig aufgelöst werden, wenn wir direkt nach dieser Handlung Reue anstatt Befriedigung verspüren. Es wird gesagt, eine Handlung habe sich eigentlich im Moment der Befriedigung durch die vollzogene Handlung bereits selbst vollständig vollendet. Es ist das Gefühl der Befriedigung, das den Keim der Wiederholung in unseren Geist pflanzt. Wird dieses Gefühl durch Reue entkräftet, wird negatives *Karma* verhütet. Dieser Ansatz zeigt auf andere Weise erneut auf, daß die buddhistische „Ethik" keine feststehenden, unumstößlichen Vorschriften bietet. Sie liefert uns keine Verhaltensregeln, die wir blind befolgen können, sondern eine Ethik in Form von *Shila*, die genau das Gegenteil bewirkt, denn sie enthüllt unsere Neigung, bestimmten ethischen Ideologien *blindlings* zu folgen. Sie öffnet unsere Augen gegenüber der Tatsache, daß nicht feststeht und wir daher auch nicht im voraus wissen können, wie wahrhaftig sich klare Einsicht und uneigennütziges Mitgefühl in einer konkreten Situation ausdrücken werden. Ist das eine ethisch heikle Position? Mit Sicherheit, aber gerade aus diesem Grund eine Position, die uns wachsam werden läßt und uns dazu einlädt, selbst in diesem Leben unsere Einsicht und unser Mitgefühl so gut wie möglich zu kultivieren, damit diese im Ernstfall die Grundlage unseres Handelns sind. Wir werden besser dazu in der Lage sein, wenn wir durch die Praxis der kontemplativen Disziplinen für Körper, Rede und Geist gelernt haben, die Hartherzigkeit und Verblendung unseres Ego zu erkennen und loszulassen.

Karma und Wiedergeburt: Schlußbemerkung

In vielen buddhistischen Strömungen wird der Begriff des *Karma* nicht ausschließlich auf die kausalen Zusammenhänge innerhalb einer Lebensspanne angewendet, sondern auch in bezug auf eine längere Zeitspanne, die auch frühere und spätere Leben einbezieht. Im Gegensatz zum Hinduismus bezieht er sich aber nicht auf Seelenwanderung und Reinkarnation. Er bezieht sich darauf, wie Erscheinungen aufgrund ihrer kausalen Zusammenhänge ineinander übergehen, aus ihrem gegenseitigen Zusammenhang heraus geboren und wiedergeboren werden. Wir können die buddhistische Interpretation des Begriffes „Wiedergeburt" anhand einer Aussage im dritten Kapitel in bezug auf das Erscheinen des geträumten Ich in einem Traum erläutern. Die Interpretation von Wiedergeburt beruht auf denselben Prinzipien wie in Verbindung mit dem Wach- und Traumzustand. Während des Überganges zwischen Wachen und Traum „stirbt" das „Wach-Ich", und das „Traum-Ich" wird geboren. Der Inhalt unserer Träume umfaßt auch Erfahrungen (in Form von Erinnerungen), die wir im Wachzustand gemacht haben. Diese Erfahrungen werden im Traum „wiedergeboren". Nach dem Aufwachen gebiert unser Geist dann (nach einigen Sekunden) unser „Wach-Ich", aber auch dann können Traumerfahrungen in Form von Erinnerungen in unserem Tagesablauf noch nachklingen. In diesem Fall werden unsere Traumerfahrungen wiedergeboren, nicht aber unser „Traum-Ich", denn dessen Existenz besteht nur über die Zeitdauer unseres Traumes. Daher wird das „Ich" nicht wiedergeboren! Dieses Verhältnis besteht zwischen den Erfahrungen in diesem Leben, den Erfahrungen während der Existenz nach diesem Leben und den Erfahrungen in einem nächsten Leben. Wiedergeboren werden Erinnerungen, einschließlich der Erinnerungen an unser eigenes Selbstbild. Diese Erfahrungen *spiegeln sich in diesem Leben wider*. Wenn wir uns dann mit demjenigen, an den wir uns erinnern, *identifizieren*, wird diese Identifikation zur *Ursache* desjenigen, der wir nun sind. In diesem Sinne wird der Begriff *Karma* verwendet. Die Identifikation mit der Widerspiegelung unseres Selbstbildes, diese Erinnerung, hat einen Einfluß auf unser derzeitiges Leben. Midas

Dekkers drückte es folgendermaßen aus: „Denn was du bist, ist nur die Erinnerung an dich selbst" (*Dekkers*, 1998: 203).

Es wird deutlich, daß uns die buddhistische Theorie des *Karma* dazu anspornt, für unseren Geist – unsere Erlebniswelt und die sich in ihr bildenden Erinnerungen und Gedankenmuster – Sorge zu tragen. Denn in diesem Leben (und wenn man so will, auch in zukünftigen Leben) werden auch unsere Erinnerungen bestimmen, wie wir mit unserer Existenz, unserer Erlebniswelt, umgehen. Folgen diese Erinnerungen humanisierenden Mustern oder nicht? Können wir lernen, mit destruktiven und konstruktiven Situationen so umzugehen, daß diese positive Prägungen in unserem Geist hinterlassen? Die Frage nach dieser Möglichkeit ist die spirituelle Frage. Die Praxis des Buddhismus zeigt uns auf, *wie* es möglich ist. Die Psychologie des Buddhismus zeigt uns auf, *warum* es möglich ist. Der religiöse Aspekt des Buddhismus zeigt uns auf, *wozu* es möglich ist, nämlich den Lotos der Erleuchtung und die Rose der Humanität zur Blüte zu bringen.

Bibliographie

Abe, Masao (1985) *Zen and Western Thought*. Honolulu: Unversity of Hawaii. (Ned. vert. *Zen en het Westerse denken*. Kampen: Kok Agora, 1997).

Amaladoss, M. (1990) „Mission: From Vatican II into the coming decade". In: *Vidyajyoti, Journal of theological reflection*, 54(1990)6: 269–280.

Asvaghosa, „Buddhacarita", trans. E.H. Johnston *Aśragosa's Buddhacarita or Acts of the Buddha* (1936), reprint Delhi, 1972.

Asanga (1980): *Le compendium de la super-doctrine (philosophie)* Walpola Rahula (Vertaler). Paris: Ecole FranHcaise d'Extreme Orient.

Bareau, A. (1970–71) *Recherches sur la biographie de Buddha dans les Sūtrapitaka et les Vinayapitaka anciens.* 2 delen. Parijs.

Bercholz, S. & Kohn, S.C. (1994) *Buddha. Lebensweg und Heilslehre*. Barth-V. und Orbis.

Bond, G.D. (1988) „The Arahant: Sainthood in Theravada Buddhism". In: Kieckhefer, R & Bond, G.D. (eds): *Sainthood: Its manifestations in World Religions*. Berkeley.

Buddhaghosa, Badantacariya (1976) *The Path of Purification,* Boston: Shambhala. Übersetzung ins Deutsche: *Der Weg zur Reinheit.* 1997, Jhana Verlag.

Bulhof, I.N. (1995) *Van inhoud naar houding,* Kampen: Kok-Agora.

Bunnag, J. (1973) *Buddhist Monk, Buddhist Layman: A Study of Urban Monastic Organization in Central Thailand*. Cambridge.

Chödrön, Pema (1997) *Beginne, wo du bist.* Aurum-Verlag.

Cobb (1982) *Beyond dialogue: toward a mutual transformation of Christianity and Buddhism.* Philadelphia: Fortress Press.

Claxton, G. (1986) *Beyond therapy. The impact of eastern religions on psychological theory and practice*. London: Wisdom Publications.

Dalai, Lama (1997) *Das Herz aller Religionen ist eins. Die Lehre Jesu aus buddhistischer Sicht.* 1997, Hoffmann & Campe.

Dale, Van, (1970) *Groot woordenboek der Nederlandse taal,* 9e druk, Martinus Nijhoff, Den Haag.

Dekkers, M. (1998) *De Vergankelijkheid*. Amsterdam/Antwerpen: Uitgeverij Contact.

Dreyfus, G.B.J. (1997): *Recognizing Reality. Dharmakirti's Philosophy and its Tibetan interpretations.* SUNY Press, New York.

Ellis, A. (1962) *Reason and emotion in psychotherapy.* Secaucus, N.J.: Lyle Stuart.

Engler, J. (1998) *„You must be somebody before you can be nobody".* Inquiring mind, 5, 1–27.

Epstein, M. (1995) *Thoughts without a thinker.* New York: Basic Books.

Frauwallner, E. (1956) *The earliest Vinaya and the beginnings of Buddhist Literature.* Rome.

Freud, Sigmund (1952) Gesammelte Werke I, London: Imago publishing.

Gampopa, J J (1995) *Der kostbare Schmuck der Befreiung.* 1996, Theseus-Verlag, Küsnacht.

Gibson, J.J. (1979): *The ecological approach to visual perception.* Boston: Houghton Mifflin.

Gleitman, (1986) *Psychology.* New York: W.W. Norton & Company.

Guenther, H.V. (1975) *Kindly bent to ease us.* Emerville, California: Dharma Publishing.

Guenther (1976) *Philosophy and psychology in the Abhidharma.* Boston: Shambhala.

Hayward, J.W. & F.J. Varela (1992) *Gentle bridges. Conversations with the Dalai Lama on the sciences of mind*. Boston: Shambala.

Hershock, P.D. (1996): *Liberating Intimacy. Enlightenment and social virtuosity in Ch'an Buddhism,* New York: SUNY Press.

Hookham, S.K. (1991) *The Buddha Within: Tathagatagarbha doctrine according to the Shentong interpretation of the Ratnagotravibhaga.* Albany: SUNY Press.

Janssen, R. H. C. (1997) *Boeddhisme en Psychotherapie.* Uitgave Stichting Vrienden van het Boeddhisme. Bellestein 209, 6714 DR Ede.

Jones, K. (1989) *The Social Face of Buddhism,* Widom Publications, London. Reynolds

Kalupahana, D. J. (1975) *Causality. The central philosophy of Buddhism,* Honolulu: The University Press of Hawaii.

Kalupahana, D. J. (1987) *The principles of Buddhist psychology.* New York: SUNY Press.

Klein, Anne C. (1986) *Knowledge and liberation.* Ithaca, NY: Snow Lion publications.

Knitter, P. F. (1986) *No other name?* Marynoll NY: Orbis Books.

Kochumuttom, Th. A. (1982) *A buddhist doctrine of experience.* Delhi: Motilal Babarsidass.

Komito D. R. (1987) *Nagarjuna's „Seventy Stanzas". A Buddhist pschology of emptiness.* Ithaca: Snow Lion Publications

Kongtrül, Jamgön (1987) *The great path of awakening,* Boston: Shambhala. Übersetzung ins Deutsche: *Der große Pfad des Erwachens.* 1989, Küsnacht, Theseus Verlag.

Kuitert, H. M. (1992) *Het algemeen betwijfeld christelijk geloof. Een herziening.* Ten Have, Baarn.

Kwartaalblad Boeddhisme, Postbus 336, 2910 AH Nieuwerkerka/d IJssel.

Kwee, M. (1990) *Denken en doen in psychotherapie.* Den Haag/London: East-West Publications.

Kwee M. & T.L. Holdstock (1996) *Western and Buddhist Psychology. Clinical perspectives.* Delft: Eburon.

Lans, J.M. van der (1980) Religieuze ervaring en meditatie. Deventer: van Loghum Slaterus.

Lazarus, A. A. (1988) *The practice of multimodal therapy* (2nd ed.), New York: McGraw-Hill. Übersetzung ins Deutsche: *Multimodale Verhaltenstherapie.* 1978, Asanger Roland Verlag.

Lopez, D. S. Jr. (1995, Ed.) *Buddhism in practice.* New Jersey: Princeton University Press.

Merleau-Ponty, M. (1943): *Phénoménologie de la perception.* Paris: Gallimard. Übersetzung ins Deutsche: *Phänomenologie der Wahrnehmung.* 1974, W. de Gruyter Verlag.

Namgyal T. (1986) *Mahamudra. The quintessence of mind and meditation.* Boston: Shambhala.

Narada, Mahathera (1968) *A manual of Abhidharma.* Kandy, Ceylon: Buddhist publication Society.

Narada, Mahathera (1973) *The Buddha and his Teachings,* Colombo, India: Vajirarama

Nyanaponika Thera (1962) *The heart of Buddhist meditation.* London: Rider & Company.

Ray, Reginald, A. (1994): *Buddhist Saints in India.* Oxford University Press, New York.

Rabten, Geshe (1992): *The mind and its functions.* Switzerland, CH-1801 Le Mont-Pélerin: Editions Rabten Choeling

Reynolds, J. M. (1989) *Selfliberation through seeing with naked awareness.* Barrytown, NY: Station Hill Press.

Rhys-Davids, C. A. F. (1914) *Buddhist psychology.* London: Bell & Sons.

Shantideva (1997) *The Way of the Bodhisattva.* Boston: Shambhala.

Sivaraksa, Sulak (1995) *Saat des Friedens.* Aurum Verlag.

Stcherbatsky, Th. (1962) *Buddhist logic.* Vol I & II, New York: Dover Publications.

Stcherbatsky, Th. (1970) *The Central Conception of Buddhism.* Delhi: Motilal Banarsidas.

Thich Nhat Hanh (1999) *Buddha und Christus heute.* München: Goldmann Verlag.

Thrangu, Khenchen (1993) *The practice of tranquility and insight.* Boston: Shambhala.

Tiemersma, D (1996) (Red.) *De vele gezichten van de dood. Voorstellingen en rituelen in verschillende culturen.* Rotterdam: Lemniscaat.

Trungpa, C. (1996) *Der Mythos Freiheit und der Weg der Meditation.* Küsnacht: Theseus Verlag.

Trungpa, C. (1996) *Spirituellen Materialismus durchschneiden.* Küsnacht: Theseus Verlag.

Trungpa, C. (1975) *Glimpses of abhidharma.* Boston: Shambhala.

Vasubandhu (1971) *L'Abhidharmakośa.* Bruxelles: Institut Belge des Hautes Etudes Chinoises.

Walker (1987) *Speaking of silence. Christians and Buddhists on the contemplative way.* New York: Paulist Press.
Walshe, M. (1987) *Thus have I heard. The long discourses of the Buddha.* London: Wisdom Publications.
Weber, M. (1968) *The Religion of India: the sociology of Hinduism and Buddhism.* Transl. by H. H. Gerth and D. Marindale. New York.
Whitehead, A.N. (1969) *Process and reality.* New York: Free Press. Übersetzung ins Deutsche: *Prozeß und Realität.* 1997, Suhrkamp Verlag.
Wit, H. F. de (1991) *Contemplative psychology.* Pittsburgh: Duquesne University press.
Wit, H. F. de (1990) „Psychotherapy, Buddhist meditation and health". *Journal of contemplative psychotherapy,* Vol. Vll. Boulder: Naropa Institute
Wit, H.F. de (1991a) „The contemplative contribution to interreligious dialogue. *Studies in Interreligious dialogue* 1(1991)2
Wit, H. F. de (1993) *Die verborgene Blüte.* 1998, Petersberg: Verlag Via Nova.
Wolpe, J. „Experimental neuroses as learned behavior". *British Journal of Psychology.* 43(1952), 243–261.
Wundt, W. (1896) *Grundriß der Psychologie.* Stuttgart: Kröner Verlag

Index

Absicht, siehe *Cetana*
Achtsamkeit 95, 99 f., 160, 161 f.
Altes Testament 37
Abhidharma (Abhidhamma) 99–112, 127, 129 f.
„Buddhistische Psychologie" 89, 98 f., 99, 100, 108, 115, 129, 130,
Achtfacher Pfad 26 f., 32 f.
Agnostiker 59
Aggression 12, 30, 68, 84, 90, 105, 114 f., 123, 124, 128 f., 143 ff., 144, 146, 147, 161, 168, 169, 172 ff., 176, 180
Alayavijnana: Speicher-Bewußtsein 107 f., 113 ff., 114 f., 138, 161
Analyse 60
– konzeptuelle 139 f.
– logische 60
– meditative 60
Anapanasati 158
Anatman (Pali: *anatta*): Egolosigkeit 20, 26, 71, 86, 132
Apperzeption 112
Askese, siehe *Nishrayas* 72
Atheismus 59 f., 60, 77, 167
Atman: Selbst 20, 26, 72 ff., 73, 116, 120
Autosuggestion 136, 137, 139
Avidya (Pali: *avijja*): Unwissenheit, Verblendung 31, 90, 102, 106, 107, 115, 120, 123, 126 f., 127 f., 131, 162

Bedeutung
– wörtliche 41, 43, 90, 143, 159, 181 f.
– absolute – siehe *Nitartha*
– vorbereitende – siehe *Neyartha*
Befreiung, siehe *Moksha*
Begierde 22, 23, 38, 143, 144 ff., 180, 191
– Obsessive – siehe *Tanha*
Bewußt-Sein 106–115, 119, 124, 129, 134, 135 f., 136, 138 ff., 157, 159
– dualistisches – siehe *Vijnana*
– geistiges – siehe *Manovijnana*
– speicher – siehe *Alayavijnana*
– vergiftetes 112 f.,
– verwirrtes 111
– Sinnesorgane, – siehe *Pravrttivijnana*
Bewußtsein 12, 93, 95, 100–110, 113 ff., 130, 134,
– egozentrisches 177
– panoramisches 101
Beziehung
– Lehrer-Schüler- 78–82
– erleuchtete 84
Bhikku: Mönch 35

Bibel 68, 75, 166
– Altes Testament 37
– Neues Testament 36, 37 f., 179
Bodhicharyavatara 140
Bodhisattva: Praktizierender des Mahayana 42 ff., 153 f., 181 f., 182 f., 192 ff.
– Gelübde 153 f.,
Buddha: Der Erwachte, *passim*
– historischer 26 f., 39 f., 40 f., 42, 45
– Lehre des –, siehe *Dharma*
– erleuchteter Geist eines –, siehe *Dharmakaya*
Buddha-Aktivität 47, 165
Buddha-Natur 37, 38 f., 39 f., 40 ff., 43, 46 ff., 56, 76, 83, 85, 133, 175 ff., 176, 178 f., 183 f.
Buddhismus, *passim*
– drei Yanas 48
– engagierter 153
– lebendiger 14, 54
– Mahayana 34 f., 163, 175, 181
– Tantrischer 45, 46, 51, 54
– Vajrayana 45 f., 85 ff., 134, 139, 164 ff., 165 f., 183
– Zen-, siehe *Zen*
– südlicher, siehe auch Theravada
Buddhismusforscher 27, 54, 81, 96
Brahmavihara 156, 163
Brahman 72 f.

Chitta: Geist 104 ff., 107 f.
Christentum 15, 21–24 f., 37 ff., 38 f., 42, 51, 57 f., 61, 70, 75–78, 170 f., 186
Chakra 52 ff.
Cetana: Absicht 191 f.
Chaittadharmas 103, 104 ff., 111, 162

Daimones 169, 171, 176
Dana: Freigebigkeit 48, 181 ff.
Defätismus 173
– moralischer 173
Desensitivierung 150 f.
– systematische 150 f.
Dharma: Erscheinung, Erfahrungsqualität 101, 106
– mentaler 106 ff., 112, 118
– Sinnesorgane, der
Dharma: Lehre des Buddha 19, 25, 79–85, 98, 182
– als niedergeschriebene Lehre 68, 79
– absoluter 81
– vorbereitender 81
Dharmakaya: erleuchteter Geist des Buddha 40 ff., 41 ff., 42 ff., 44, 45, 134
Dhyana: Meditation 159, 182

199

Diabolos 176 f., 177
Dialog 11–20 ff., 96 ff., 100, 175, 188
- interreligiöser 60, 96
Disziplin, siehe *Shila*
Doha: Hingebungsvolles Gedicht aus dem Vajrayana-Buddhismus 85
drei Juwelen 19
drei Körbe, siehe *Tripitaka*
drei Geistesgifte, siehe *Klesha*
drei Yanas, siehe Buddhismus
Duhkha: Leiden 29, 30 ff., 126, 141, 147, 189
Duldsamkeit, siehe *Kshanti*

Eifersucht 105, 144, 176
Ego 72 f., 73 f., 75, 76 f., 115, 116 ff., 121–126, 131 ff., 177, 178, 187 ff., 189, 190, 193
- angeborenes, siehe *Sahaja Atmagraha*
- anerzogenes, siehe *Vikalpita Atmagraha*
- Geburt des 122
Ego-Befriedigung 147
Egozentrik 24 f., 26, 73 ff., 74, 84, 86, 116, 132, 154 ff., 155 f., 162, 166, 187
Egolosigkeit, siehe *Anatman*
Eigenschau 95 ff., 97
Einsicht, siehe auch *Prajna*
Emotionen 84, 99, 100, 103, 111, 119, 123 ff., 124, 126, 139 f., 140, 152, 176, 180
Empirismus 65
Epistemologie, siehe *Pramana*
Erfahrung 86–90, 100, 102–107, 111
- solipsistische 113
Erfahrungsquellen 103
- die sechs 103
Erfahrungsqualitäten 111
Erfahrungsfeld 100 ff., 122, 162
Erhaltung des Körpers 72
Erleuchtung, siehe auch *Nirvana*
Ethik 155, 163, 164, 167–179, 182–184, 186, 192, 193 f.
- buddhistische 174, 175, 177, 193
- natürliche 168
Existenz 12, 20, 59, 93, 94, 117
- objektive 93, 105

Fahrzeug 34, 46, 48, 154, 164
- das Diamant –, siehe Vajrayana
- das Große –, siehe Mahayana
Friede 161 ff.,
Freude 28, 53, 147, 156, 180–182
- anteilnehmende –, siehe *Mudita*
- Freund spiritueller 83, 186
Freundlichkeit, siehe *Maitri*
Freigebigkeit, siehe *Dana*
Freiheit 33, 38, 52, 62, 154, 182, 189

Gebet, siehe *Mantra*
Geist, siehe *Citta*
Geistesgifte, siehe *Klesha*
- Die drei 123 ff., 124, 143
Gehorsamkeit 60, 171 f., 175
Gleichmut 156, 161, siehe *Upeksha*
Glaube 21 ff., 38 ff., 39 f., 47 ff., 59 ff., 65 ff., 67, 69, 74, 87 ff., 95, 116 ff.
Glück 31 ff., 68, 105 f., 114, 125 ff., 128 ff., 133 f., 147 ff., 156, 174, 188
Gnade 40, 75 ff.,
- göttliche 75 ff.,
Gewissen 168–174, 177 f., 178 f.
- reines 169, 176
Gott 18, 24, 40 ff., 58–63, 65 ff., 77 ff., 87 f., 91, 166, 169, 170–175
- Gehorsam gegenüber 60, 171
- Ungehorsam gegenüber 65, 71,
- Wille Gottes 169, 170, 173
Guru 49–52, 85 ff., 186 ff.,
- Hingabe an den 186

Handeln 11 ff., 167 f., 168 f., 170, 179 f., 182–184, 191 f.
- ethisches 184 f.,
Handlung 11, 175, 178–182, 184 f., 193 ff.
- transzendente, siehe *Paramita*
Heiligkeit 47 f., 48
- fundamentale 47
Hölle 143 ff., 144–146, 190
Himmel 41 f., 190
Hinayana 48, 49
Hinduismus 40, 51 f., 57, 59, 71, 73, 170 f., 186 f., 187, 188, 194
Hingabe 32, 83, 84 ff., 122, 154, 160, 163, 164 f., 166, 184 f., 186 ff.
- vorbehaltlose 84 ff., 85 ff., 186
Hippie-Kultur 54
Hunger 144
Haushälter 35 f., 38, 45, 46 f.
Humanismus 42, 57, 62 f., 77, 78, 171, 177
- atheistischer 77, 167
- spiritueller 62, 63
Humanität 12, 15–17 ff., 18, 24, 63, 86, 128, 154, 155, 163 f., 169, 178, 195
Hypnose 121, 136 ff., 137 f.

Ich 24, 41, 71–76, 113, 115–124, 131–134
Illusion 20, 32, 69–76, 86, 90 ff., 91 ff., 102 f., 120 f., 123, 128, 134 f., 146, 162, 180 ff., 190
Immanenz 62
Imperative 179
- ethische 179
Individualismus 23 f., 76
Islam 57, 170 f.

*J*nana 115, 127 ff.
Jneyavarana: kognitive Schleier 100 f., 115, 116, 121
Judentum 37, 57, 170 f.

*K*alyanamitra: spiritueller Freund 83, 186
Karma
- negatives 187 ff., 191 f., 192 ff. 193 ff.
- positives 187 f., 191, 193
- Theorie des 188, 189 ff., 190, 192 f., 195
- kausale 189
- teleologische 189
Karmas
- die vier 185 ff.
Karuna: Mitgefühl 24, 37 f., 42, 147, 156, 164, 181
Klesha: Gift, Verunreinigung 99, 123, 126, 143–146, 163
Kleshavarana: emotionaler Schleier 99, 100, 121, 123, 139 f.,
Klistavijnana: vergiftetes Bewußtsein 112
Kognition 109 ff., 110, 112 f.
- konzeptuelle 109
- perzeptuelle 109 ff., 110, 112
Koran 68
Kshanti: Duldsamkeit 182
Kulturpessimismus 22, 23 f.

*L*amaismus 50 f.
Lebensregeln, siehe *Shila*
- monastische, siehe *Pratimoksha*
- der Waldasketen, siehe *Dhutagunas*
- der Ordensmitglieder, siehe *Vinaya*
- fünf 180
Leerheit, siehe *Shunyata*
Laien 35, 37, 38, 46 ff., 54, 180
Lehrer 27, 37, 42–45, 78–83 , 86, 87 ff., 190 f.
- als Mentor 82, 85, 87, 151
Lebensangst 30, 76, 86, 90, 127, 176, 177 f.
Lebensmut 23, 126
Lebenseinstellung 18 f., 23, 32 f., 78, 86, 97, 122 f., 144, 156, 163
- egozentrische 23, 24, 32, 86, 97, 125
Lebensfreude, siehe *Sambhogakaya*
Leiden, siehe auch *Duhkha*
- Angst vor 30, 121–126 , 176
- Aufheben von 140, 141
- existentielles 142, 147
- neurotisches 148 f., 149 f.
- Ursache von 30, 60, 131, 175, 189
Leidenschaften 144, 168–173, 176 f., 177 ff., 178 ff.

*M*adhyamaka 60, 68, 139 f.
Mahayana: das große Fahrzeug 19, 34–49, 55, 79, 126, 153, 154, 163 f., 181–185, 191, 192
Maitri (Pali: *metta*): Freundlichkeit, Menschenliebe 24 f., 34, 156, 181
Mandala 52 ff.
Manovijnana: klares, dualistisches geistiges Bewußtsein 110 ff., 111 ff., 112 f., 114 ff., 115, 138 ff.
Mantra: Gebetsformel 136, 137, 165 f.
Mißtrauen 86, 144
Mitgefühl 24, 37, 38, 42 ff., 75, 128 f., 134, 148, 178, 181, 184 f., 185 f., 186, 189 f., 192 f., 193 f.
Mitgefühl, siehe auch *Karuna*, 42
- aktives 147
Mitleiden 147
Meditation der klaren Einsicht, siehe Vipashyana
Meditation, siehe auch *Dhyana*
- der klaren Einsicht 66, 84, 95 f., 99 ff., 100, 126, 135, 139, 159
- Entwicklung von 160
Meditationstechnik 139, 150, 158–160
Menschlichkeit 13 f., 36 f., 39 f., 43, 62 f., 97, 99, 122, 126, 135, 147, 162, 163, 172 f., 175 ff., 179 f., 191 f.
- fundamentale 135, 175, 179
Menschenliebe 13 f., 63, 87, 156, 181
Mentor 43, 77, 82 ff., 83 ff., 84 ff., 85 ff., 86 ff., 87 ff., 147–151 ff., 159 f., 166
- Lehrer als 82, 83
- spiritueller 77, 82, 83 f., 149, 151 ff.
Metta: Menschenliebe 24, 34, 181
Mut 12, 126 ff., 147, 182 f.
Moksha: Befreiung 13, 61
Mönch, siehe auch *Bhikku*
Mudita: Anteilnehmende Freude, Gedanken der Freude 156
Mudra: Heilige Geste 165 f.

*N*ächstenliebe 13, 24 ff., 25, 38 f., 42 f., 78
New Age 57, 187
Neyartha: Vorbereitende Bedeutung oder Interpretation 41, 82
Neues Testament 36, 37 f., 179
Nirmanakaya: Verkörperung von Buddhaschaft 40, 42, 43, 51, 134
Nirodha: Verlöschen 22, 26
Nirvana (Pali: nibbana): Erleuchtung 22, 26, 32 ff., 33 ff., 76, 91 ff., 112, 141, 189
Nitartha: Absolute Bedeutung oder Interpretation 41
Nicht-Theismus 58, 59 f., 64

*O*ffenherzigkeit 84 ff., 86 f.

201

Pfad, siehe auch *Yana*
– achtfacher 26 f., 32 f.
– der Alten, siehe Theravada
– Wahrheit des Pfades 32
Pantheismus 61 ff.
Paramarthasatya: Absolute Wahrheit/Wirklichkeit 94
Paramita 181 ff., 182 ff., 184 f.
– sechs 181 f., 182 ff. 184
Perzeption 109–114
Persönlichkeit 27, 66, 80, 131, 132 ff.
Perspektive 13, 82, 91 f., 95, 97, 166 ff., 177, 178 f., 181, 183 f., 184
– egozentrische 33 f., 40, 71, 100, 128, 181
Patient 134 f., 137 ff., 147 f., 149 ff., 151 ff.
Phantasie 53 ff., 103, 130
Phantasiewelt, 53
– spirituelle 53
Placebo-Effekt 137 f.
Prajna (Pali: *panna*): Unterscheidungsvermögen, klare Einsicht 37 f., 39, 42, 99 ff., 112, 117, 126, 134, 147, 156 ff., 159, 164, 182 f.
Pramana: Epistemologie 108
Pratimoksha: Lebensregeln für Mönche und Nonnen 35, 153, 180
Pravrttivijnana: (Aktives) Bewußt-Sein der Sinnesorgane 138
Privatsphäre 76, 85
– geistige 76, 85
Psychologie 14 f., 56 ff., 58, 89 ff., 92–105, 107 ff., 123, 127 ff., 129–132, 138, 139, 142 f., 169, 195
– buddhistische, siehe Abhidharma
– kognitive 92, 95, 108 ff., 109
– kontemplative 96 f., 97 ff., 98 f., 99, 103, 125, 142
– empirische 95, 97 f.
– westliche 56 f., 89, 94–97, 104, 108, 115, 117, 130
Psychotherapeut 77 ff., 134, 136, 140, 146–151
Psychotherapie 14, 18 f., 58, 89, 96, 100, 108, 130–142, 147–149

Ratio 63 f., 170 f., 174, 176
Rationalität 64 f.
Rational-emotionale Verhaltenstherapie (RET) 139
Realitätsprinzip 116
Reinkarnation 190 f., 194
Reines Land, Schule 40
Romantik 176
Roshi: Zen-Meister 49, 55

*S*adhana: Übung 165 f.
Sahaja Atmagraha: Angeborene Ego-Fixierung 124 f.

Sambhogakaya: Lebensfreude 134
Samsara: Nicht erleuchtete Ebene (wörtlich: Kreislauf) 30, 32 f., 91 ff., 100, 105, 112, 114 f., 137, 141 ff., 153 ff., 183 f., 189 ff., 193 f.
Samvrtisatya: Relative Wahrheit/Wirklichkeit 94
Sangha: Buddhistische Gemeinschaft 19, 26–28, 34 ff., 35 f., 36 ff.
Santana: Kontinuum, Fluß 101
Satipatthana 159 f.
Satya: Wahrheit, Wirklichkeit 29 ff.
Sautrantika 106
Selbst 26–28 f., 29–33, 46, 48, 53, 54, 74 ff., 113–116, 122–124, 128, 129, 133, 136, 154 ff., 156–160, 162 f.,
– Das wahre 72 f., 74 ff.
sechs Bereiche 142 f., 143 ff., 145, 146
Selbstbild 11 f., 12, 24, 124 ff., 125 f., 128, 133 ff., 194 f.
– Negatives 133
– Positives 133
Selbsthaß 172 ff., 178, 180
Selbständigkeit 180
Selbstbefreiung 73, 75 ff., 76 f., 97, 182
Selbstvertrauen 132
Schein 20, 89 f., 90 f., 91 ff., 94, 99, 111
Schriftgelehrte 179 ff.,
Schuldgefühl 172 f., 178, 188
Sexualität 52 f.
Shamatha: stille Meditation (Friedlichkeit) 139
Shambala-Zentren 74
Shila: Disziplin, Lebensregeln 34, 46, 179 ff., 181–185, 193
– inneres 184 ff.
– äußeres 184 f.
Shunyata: Leerheit 41 f., 47, 61
Schleier 99 ff., 100 ff., 123, 126 f., 139 ff.,
– emotionale, siehe *Kleshavarana*
– kognitive, siehe *Jneyavarana*
– konzeptuelle 139 f.
Sicherheit 86, 123
Sitzmeditation 158, 159, 167, 177
Sünde 39, 162
Smrti: Achtsamkeit 112
Solipstische Welt 102
Spiritualität 28 ff., 65 ff., 72–74, 89, 133, 136, 140, 157, 186
– kausale 28, 186
– empirische 65, 66 f.
– rationale 63, 64 f.
Spirituelle Disziplinen 33, 150, 155 ff., 164 f.
– formelle 155
– informelle 155
Sramana: Waldasket 27, 34, 44
Sramanera (Pali: *samanera*): Novize 35

Stabilität 159 ff., 160 f., 161 f.
Streßabbau 150 f.
Sutra (Pali: *sutta*): Buddha zugeschriebene Schriften 26 f., 28, 35, 41 ff., 44 f., 55, 62, 78– 81 f., 94, 98, 136, 141, 191 f.

Tanha: obsessive Begierde 22, 23, 30
Tantra: Schrift 45, 50, 52 ff., 53 f.
Tantrayana: Bezeichnung für Vajrayana 45
Taoismus 57
Tatkraft, siehe *Virya*
Teufel 22, 39, 72, 176 ff., 177, 178
Theismus 58, 59 f., 60, 64
Theosophie 187
Theosophische Vereinigung 50
Theravada: der Weg (Pfad) der Alten, Südlicher Buddhismus 19, 25 f., 26 f., 27 ff., 28, 33, 34, 37 f., 48, 55 f., 56, 153, 158, 159, 163, 179 f., 180 f., 184
Thora 37, 68, 170
Tiefenpsychologie 108, 169
Todesangst 30, 121, 125
Tonglen 163 f.
Traumbewußtsein 136, 138 ff.
Tripitaka (Pali: *tipitaka*): Die drei Körbe 26
Triyana 48

Unbewußtsein 107, 137 f.
Unterscheidungsvermögen, siehe *Prajna*
Unglaube 68, 172 f.
Unwissenheit, siehe *Avidya*
Ursächlichkeit 188 f.
universales Problem 92
universelle Menschenrechte 172, 173
Upasaka: Männlicher Laie, Haushälter 35
Upasika: Weiblicher Laie, Haushälterin 35
Upaya: Geschickte Mittel, Methode 67, 83, 155, 192 f.
Upeksha: Wohlwollender Gleichmut 156
Übertragung 43, 53, 78 f., 80, 83, 85, 166
Übungen, siehe *Sadhana*
– kontemplative 98, 163 f.

Vajra-Meister 48 f., 49 ff., 53, 165 f., 166 ff., 167 f., 186
Vajra-Natur 46, 47 ff., 48 f.
Vajrayana: das Diamantfahrzeug 19, 45 ff., 46 ff., 47 ff., 48 ff., 49 ff., 50 ff., 51 ff., 52 ff., 53 ff., 54 ff., 55, 56, 79, 85 f., 134, 139, 145, 164 ff., 165 ff., 166 ff., 167, 183 f., 184 ff., 185, 186 ff.
Verantwortlichkeit 187, 188 ff.
Vernunft, siehe *Ratio*
Verblendung, siehe *Avidya*
Verhaltenstherapie 134, 139

Vertrauen 45, 47, 79 ff., 83 f., 132 ff., 151
– vorbehaltloses 133 f.
Verwirrung 32, 91 ff., 100 ff., 102, 111, 113–115 f., 116, 121
– emotionale 100
– kognitive 100 f., 102, 115, 116, 121
Vidya 127 f.
vier Edle Wahrheiten 26, 28 f., 29 ff., 32, 33, 66
vierte Edle Wahrheit 32 f., 33, 155
Vihara: Aufenthaltsort 35 f.
Vijnana: Dualistisches Bewußt-Sein 107 ff., 108 ff., 112, 124, 127 ff., 138
Vikalpita Atmagraha: Anerzogene Ego-Fixierung 125
Vinaya: Verhaltensregeln (für Mönche, Nonnen und Laien) 26 f., 28, 35 f., 44, 79, 98
Vipashyana (Pali: *vipassana*) Meditation der klaren Einsicht 55, 60, 139, 159 ff., 160 ff., 161, 162 ff., 163, 165
Virya: Tatkraft 182
Visualisationen 48 f., 164, 165

Wachbewußtsein, siehe auch *Manovijnana*
Wahrheit 15, 20 f., 26–33, 66, 94 ff., 155
– absolute –, siehe *Paramarthasatya*
– relative –, siehe *Samvrtisatya*
– des Pfades 32
Wahrheitsanspruch 21
Wahrnehmung 95, 100–105, 108 f., 109 ff., 112, 115
– nackte 112
Wahrnehmungsvermögen 109, 110
Waldasketen 34, 35, 44, 45 f.
– Lebensregeln der –, siehe *Dhutagunas*
Welt
– Solipsistische 102
Weltreligionen 17, 57 ff., 58 ff., 60, 63, 70, 154, 167
Weltflucht 22, 34, 161 f.
Wirklichkeit 89–94, 97 f., 99, 156 f., 161, 166, 186 ff.
– absolute –, siehe *Paramarthasatya*
– relative –, siehe *Samvrtisatya*
– eingebildete 59, 90 f., 114, 157 f.

Yana: Pfad (wörtlich: Fahrzeug) 34, 46–48, 155
Yidam: Im Geist gebundene Gottheit 48 ff., 51 ff., 52
Yogachara: Name einer buddhistischen Mahayana-Schule 74, 106, 107, 112

Zen 36, 43 ff., 44, 45, 49 f., 74 f., 159
Ziel 28, 29 ff., 58, 147 ff., 150 ff., 169 ff., 190 ff., 192, 193

Namensverzeichnis

Abe, Masao 74 f., 96
Amaladoss 63 f.
Amithaba 40
Ananda 50, 78 ff., 85
Aristoteles 92
Asanga 98
Atisha 75

Bareau, A. 28
Bercholz, S. 181
Bond, G.D. 28
Bunnag, J. 28

Claxton, G. 131, 141
Cobb 96 f.

Dalai Lama 61, 125
Dale, Van 63
Darwin, Ch. 24
Dekkers, M. 194
Dharmakirti 93
Dignaga 68, 93
Dreyfus, G.B.J. 63, 67, 93, 108

Ellis, A. 139
Engler, J. 133
Epstein, M. 96, 116, 131

Frauwallner, E. 27

Galater 75
Gibson, J.J. 103
Gleitman 142
Guenther, H.V. 90, 96, 102

Hartmann, E. von 22
Hayward 33
Hershock, P.D. 84
Holdstock, T.L. 96, 131, 140
Hookham, S.K. 107

Ignatius von Loyola 162

James, W. 103
Janssen, R.H.C. 150
Jesus von Nazareth 61
Jones, K. 43, 153

Kalupahana 29, 66, 96, 98
Klein, A.C. 63
Knitter, P.F. 96
Kochumuttom, Th.A. 115
Kohn, S.C. 181
Komito, D.R. 96, 112
Kuitert 70
Kwee, M.G.T. 96. 131, 140 f.

Lans, J.M. van der 156
Lazarus, A.A. 140
Lhalungpa 90
Lopez, D.S. 167

Mahasi Sayadaw 55
Marpa 46 f.
Menander 19 f., 20, 26
Milinda 19, 20 ff.

Nagasena 19, 20 ff., 26, 91
Nalanda-Kloster 36 f.
Namgyal 90
Narada 33, 55, 90, 98, 109
Nishitani, Keji 55
Nyanaponika Thera 159

Protagoras 71

Quine 92

Rabten, G. 98, 109
Ray, R. 27, 34, 35, 46
Reynolds, J.M. 50
Roshi, Suzuki 49, 55
Russell, B. 107

Schopenhauer, A. 22, 23
Seneca 22
Shambala Centrum Leiden 74
Shantideva 140 ff.
Siddharta Gautama 27, 39
Sivaraksa 154
Spengler, O. 22
Stcherbatsky, Th. 107 f., 109

Tarthang Tulku 55
Thich Nhat Hanh 43, 55, 61
Thrangu, K. 160, 167
Trungpa, C. 55, 101, 112, 113, 143, 145, 180, 183, 185, 187

Varela, F.J. 33
Vasubandhu 98, 115 f.
Vikramashila 46

Walker 96
Walshe, M. 154
Weber, M. 27
Whitehead, A.N. 130
Wit, H.F. de 49, 63, 71, 83, 93, 96 ff., 103, 106, 122, 125, 133, 156, 157, 165, 170
Wolpe, J. 150 f.
Wundt, W. 102 f., 107, 112

vom gleichen Verfasser H. F. de Wit
„Die verborgene Blüte"
*– Über die psychologischen Hintergründe der Spiritualität,
erschienen im Verlag Via Nova.*

288 Seiten, gebunden, 9 Auflagen in Holland,
ISBN 3-928632-42-6

Auszug aus der Einleitung

Wie kommt es dazu, daß der eine Mensch im Laufe seines Lebens milder und weiser wird, während der andere geradezu hartherzig und immer mehr verblendet wird? Was ist die Ursache dessen, daß manche Menschen im Laufe ihres Lebens eine immer stärkere Lebensfreude ausstrahlen, während andere in den Würgegriff der Lebensangst geraten? Und warum wächst in manchen Menschen die Kraft, das Leiden zu lindern, während andere am selben Leiden zugrunde gehen? Wie kommt es, daß sich diese zwei so sehr unterschiedlichen geistigen Entwicklungen unter ebenso günstigen wie ungünstigen Umständen vollziehen? Und letztlich: Können wir diese Entwicklung beeinflussen, oder stehen wir ihr machtlos gegenüber?

Diese Fragen stehen im Zentrum der kontemplativen Psychologie. Es sind die Fragen nach einer verborgenen Blüte, die sich tief im Kern unseres Wesens – manchmal bewußt, manchmal auch unbewußt – entfalten kann. Und so tief in unserem Wesen, daß diese Blüte oder sogar ihr Ausbleiben unsere Haltung dem Leben gegenüber in ihrer Ganzheit bestimmt. ...

Die verborgene Blüte, von der wir oben gesprochen haben, bezieht sich auf die Entwicklung unserer grundlegenden Menschlichkeit. Weil dieser Terminus ein zentrales Thema dieses Buches ist, gilt es für uns zu verstehen, was wir mit dem Ausdruck „grundlegende Menschlichkeit" meinen. Vielleicht klingt uns dieser Terminus sehr hochtrabend oder moralistisch. Vielleicht neigen wir zunächst dazu, darin etwas Moralisches zu hören. Doch meinen wir mit diesem Ausdruck eine ganz konkrete Erfahrung, die uns eben sehr vertraut ist. Schauen wir mal, nicht wie wir grundlegende Menschlichkeit bei anderen wahrzunehmen meinen, sondern wie sie in unserem eigenen Leben sichtbar ist.

Die Art und Weise, wie sie sich in unserem eigenen Leben manifestiert, läßt sich kaum mit einem Wort charakterisieren. Das kommt daher, daß sie sich sowohl unter glücklichen wie unglücklichen Umständen ereignet. Bei persönlichem Unglück hat sie die Form des *Lebensmutes*. In der Konfrontation mit dem Unglück anderer Leute manifestiert sie sich in uns als tatsächliches *Erbarmen*, als uneigennützige Hilfsbereitschaft. Sie ermöglicht uns, mit Mißgeschick auf eine Art und Weise umzugehen, die uns selbst und die anderen erhebt. Bei persönlichem Wohlergehen oder beim Anblick vom Wohlergehen anderer Leute manifestiert sie sich in uns als *Lebensfreude*.

Aber neben diesen drei Ausdrucksformen kennt sie noch einen vierten Aspekt: *Klarheit des Geistes*. Diese Klarheit des Geistes, die uns realistisch macht und Einsicht verschafft, kann sich im Glück wie im Unglück zeigen. Sie ist von beiden *unabhängig*. Sie ist auch keine intellektuelle Angelegenheit, wie wir im Kapitel 4 sehen werden, sondern sie scheint eher in vieler Hinsicht der unbefangenen Neugierde und dem Interesse zu ähneln, die wir manchmal auch bei gesunden Kindern wahrnehmen können. Trotzdem hängt sie auch nicht vom Alter ab. Sie hat mit der Art und Weise zu tun, wie wir dem Reichtum an Farbe und Form, Laut, Duft und körperlicher Berührung gegenüberstehen, den die Welt der Erscheinungen uns bietet. Sie ist das universelle menschliche Vermögen und Verlangen, zu erkunden, zu durchschauen und wach zu sein. Sie ist allen Menschen in allen Zeiten und Kulturen eigen. ...

Weitere Bücher aus dem Verlag Via Nova:

Den Pfad des Herzens gehen

Traumkörperarbeit – Schamanische Praktiken und moderne Psychologie

Arnold Mindell

256 Seiten, gebunden – ISBN 3-928632-24-8

Jahrzehntelange Erfahrungen in der Prozeßorientierten Psychologie und intensive Begegnungen mit Schamanen, eingeborenen Heilern und Weisen, in allen Erdteilen bilden die Grundlagen dieses Buches, das sowohl moderne Psychologie als auch schamanische Praktiken und Heilmethoden zu einer fruchtbaren Synthese verbindet, die Sie im Alltag nutzen können.
Sie werden in dem Buch mit mächtigen, unbekannten und heilenden Kräften konfrontiert. Um dem „Größeren", das der Verfasser Geist nennt, dem „Verbündeten" und dem „Doppelgänger" zu begegnen, werden die Erfahrungen, die aus Körperempfindungen oder Traumbildern auftauchen, bewußt gemacht und eine „zweite Aufmerksamkeit" entwickelt. Jedes Kapitel schließt mit Übungen ab, die jeweils die persönliche Erfahrung des vorher beschriebenen Inhalts ermöglicht. Es werden praktische Methoden angeboten, wie Sie mit Ihrem Traumkörper in Verbindung kommen, ganz werden und zu sich selbst finden.

Die Yogaweisheit des Patañjali für Menschen von heute

Sukadev Volker Bretz

264 Seiten, Hardcover – ISBN 3-928632-081-7

Der Verfasser versteht es, in der Erläuterung der Lebensweisheit der Yoga-Sûtras des Patañjali einen tiefen Einblick in die praktische, geistige und spirituelle Dimension des Yoga zu vermitteln. Die leicht verständliche Sprache, die Fülle von praktisch anwendbaren Beispielen aus dem Leben und die zahlreichen Geschichten und Episoden verstärken die Grundaussagen und die Wirkung dieses wichtigen Yogatextes.
Diese Auslegung der fundiertesten, maßgebendsten und bedeutsamsten Darstellung dessen, was unter Yoga zu verstehen ist, macht deutlich, daß Yoga mehr zu bieten hat als eine Reihe wirksamer Körper- und Atemübungen sowie Entspannungs- und Meditationstechniken. Die Yoga-Sûtras des Patañjali sprechen alle Ebenen des Menschseins an. Im Mittelpunkt steht der menschliche Geist, seine Funktionsweise, sein Einfluß auf das Leben, aber auch seine verborgenen Kräfte und Möglichkeiten.

Suche nach dem Sinn des Lebens

Bewußtseinswandel auf dem Weg nach innen

Willigis Jäger

5. Auflage

Paperback, 272 Seiten, gebunden – ISBN 3-928632-03-5

Preisträger amerikanischer Verleger

Alle wichtigen Themen des spirituellen Lebens werden von dem Zenmeister (Roshi) Pater Willigis Jäger in diesem Buch grundlegend behandelt und in Bezug gesetzt zur christlichen Mystik, aber auch zu den großen Traditionen der esoterischen Wege anderer Religionen, zu den Ergebnissen moderner Naturwissenschaft und zu den Erkenntnissen der transpersonalen Psychologie. Die psychologischen Aspekte des inneren Weges, seine Tiefenstrukturen und Stadien, der Umgang mit den Gefühlen und die Verwandlung des Schattens werden eingehend beschrieben. In diesem Buch geht es um den inneren Weg der christlichen Religion, um einen Bewußtseinswandel in der Gleichgestaltung mit Christus, um eine neue – von innen geprägte – Ethik, die Verantwortung für die Mitwelt übernimmt. Das Buch befreit zu einem sinnerfüllten Leben; motiviert, den inneren Weg zu gehen, provoziert zu einem neuen Denken und Handeln und tröstet in dunklen Stunden.

Dem Affen das Fliegen beibringen

Schritte zum wahren Wesen des Menschen
Jann Weiss

152 Seiten, Hardcover– ISBN 3-928632-82-5

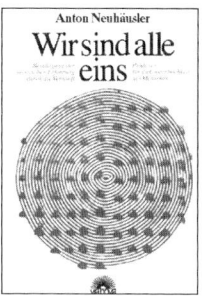

In diesem Buch geht es darum, das Softwareprogramm unseres Körpers, das von den Primaten stammt, zu verändern und ihm das unserer Seele zugängliche, ja göttliche Bewußtsein einzupflanzen und genetisch zu fixieren. „Dem Affen das Fliegen beibringen" beschreibt einen Erfahrungsweg, wie die unserer Seele zugängliche höhere Kraft direkt in unseren Körper gebracht, in ihn integriert und sogar genetisch fixiert werden kann. Friede, Liebe, nicht bewertende Anerkennung dessen, was ist, etc. verändern und verdrängen das alte negative Programm vom Kampf ums Überleben. Jann Weiss erarbeitet diesen logischen Gedankengang auf sehr klare Weise, bleibt aber keineswegs in der Theorie stecken, sondern betont die praktische Seite: Fragenkataloge deren Ziel kein Test, sondern bessere Einsicht in das eigene Programm ist, Übungsteile und Fallbeispiele machen ihr Buch zu einem Arbeitsbuch, und die über das Werk verteilte Geschichte vom Affen, der über die engen Begrenzungen seiner Welt hinaussehen und fliegen lernen will, ist so amüsant wie intelligent und lehrreich.

Wir sind alle eins

Die Bestätigung der mystischen Erfahrung durch die Vernunft
Anton Neuhäusler

160 Seiten, gebunden – ISBN 3-928632-27-2

Wie kann man als naturwissenschaftlich geprägter, aufgeklärter, moderner Mensch über Dinge reden, die unser Erkennen übersteigen? Letzte Sinnfragen kann die Wissenschaft nicht beantworten. Doch als nachdenkende Wesen können wir sie nicht verdrängen, wollen und müssen wir darüber reden: Woher kommen wir? Wohin gehen wir? Was kommt nach dem Tod? Was ist der Mensch? Was ist der Kosmos? Das Buch stellt sich diesen Fragen auf einer philosophisch, naturwissenschaftlich und argumentativ anspruchsvollen Ebene. Es sollen die Gesetze der Logik und Vernunft gelten, und das Hinhören auf die eigene Erfahrung. Der Autor und sein Werk zeigen eine Weltanschauung, die gekennzeichnet ist von kritischem Geist und dennoch offen ist für letzte Fragen und Einsichten: Das „Ursein" ist philosophisch begründbar. Es gibt eine kosmische Religiosität ohne Grenzen und Begrenzung. Die Regeln des strengen Denkens bestätigen die von den Mystikern erlebte Wahrheit des Einsseins: „Wir sind alle eins". Es gibt eine Mystik der Vernunft, die re-ligio/Spiritualität/Seinsgeborgenheit des freien, kritischen, liebenden, lust- und lebensvollen Menschen.

Psychologie

Eine umfassende Darstellung aus ganzheitlicher Sicht
Stefan Schmitz

Band 1: 240 Seiten, Paperback – ISBN 3-928632-56-6
Band 2: 392 Seiten, Paperback – ISBN 3-928632-64-7
Band 3: 352 Seiten, Paperback – ISBN 3-928632-75-2

Band 1 erläutert die Grundlagen des menschlichen Seelenlebens, das Wechselgeschehen zwischen Psyche und Körper, die Funktionsweise der Archetypen, den Aufbau der Persönlichkeit, die Vielfalt der menschlichen Bedürfnisse und die Entwicklung des Menschen in Kindheit und Jugend.
Band 2 gibt einen anschaulichen Einblick in die unterschiedlichen Verfahren der Psychotherapie, angefangen von der Psychoanalyse und der Verhaltenstherapie über Gesprächstherapie und Gestalttherapie sowie Bioenergetik und Familientherapie, bis hin zu den verschiedenen Formen einer Transpersonalen Psychotherapie.
Band 3 beschäftigt sich mit der Selbstverwirklichung des Menschen. Hierbei geht es zunächst einmal um die Entfaltung des eigenen Ichs im gewöhnlichen Alltag sowie um die Verwirklichung des wahren Selbst durch tiefenpsychologische Prozesse hindurch. Er handelt vom Astralleib und von den Chakras, vom spirituellen Selbst und von spirituellen Krisen, von den Gesetzen des Karmas sowie vom Tod des Egos und von der Erfahrung des Kosmischen Bewußtseins.

Wenn es verletzt, ist es keine Liebe

Chuck Spezzano

416 Seiten, gebunden – ISBN 3-928632-20-5

5. Auflage

Dieses Buch verändert Ihr Leben. Ein Wissender zeigt den Weg, wie Sie ein Leben führen können, das erfüllt ist von Liebe und Verstehen, von Freude und Glück. Sie erfahren in 366 Kapiteln wichtige Lebensgrundsätze, die Ihre zwischenmenschlichen Beziehungen auf eine höhere Ebene heben.

Die Weisheit der Liebe, die der Verfasser in jahrzehntelanger Forschungsarbeit als Psychotherapeut, als weltweit bekannter Seminarleiter, als visionärer Lebenslehrer entdeckt und in klare Weisungen umgesetzt hat, verwandelt Sie und berührt Ihr wahres Wesen, das Liebe ist.

Durch die angebotenen Übungen, die das theoretisch Erkannte auch in den praktischen Alltag umsetzen, wird das Buch zu einem Wegbegleiter und Ratgeber in bedrängenden Beziehungsnöten. Wenn Sie Schritt für Schritt in die wichtigsten Grundprinzipien der Liebe eingeführt werden, reifen Sie in Ihrer Selbsterkenntnis, können Ihre Beziehungen in Partnerschaft und Freundschaft neu ordnen, vertiefen und intensivieren. Sie können die Ursachen für Ihre Schwierigkeiten in der Liebe erkennen, Blockaden auflösen und seelische Wunden heilen lassen.

Finde deine Ganzheit wieder

Mind Bridging – die Dynamik Holographischer Psychologie

Maria de Rocha Chevalley

376 Seiten, gebunden – ISBN 3-928632-58-2

Dieses Buch beschreibt ein völlig neues Konzept. Es vermittelt, wie man kreativ Brücken des Bewußtseins zwischen unseren physischen und transzendenten Dimensionen schlagen kann.

Genau wie im Fall der zerbrochenen holographischen Platte ist auch unser **Geist-Körper** durch den **Psycho-Virus** fragmentiert worden. Er ist die kollektive Illusion, wir seien von der Ganzheit getrennt. Diese Fragmentierung spiegelt sich in unseren täglichen Schwierigkeiten und Problemen wider. Sie werden gelöst, wenn wir unsere Ganzheit wiedererlangen, wenn wir den kreativen Umgang mit unseren **Geist-Hologrammen,** unseren Brücken des Bewußtseins, wiedererlernen. Dieses kreative Selbstmanagement stellt die Verbindung zu Spontaneität, Mut und Lebensfreude wieder her. So entsteht wahrer Frieden in unserem Geist! Die Autorin erklärt auf verständliche Art und Weise, was *Holographische Psychologie* und das Mind Bridging®-Modell bedeuten und verstärkt deren praktische Anwendung durch zahlreiche Übungen. Das Buch ist erfüllt von Weisheit und spiritueller Kraft. Es führt Sie zur Ganzheit und wird Ihr Leben verbessern.

Transpersonale Psychologie und Psychotherapie

104 Seiten, Paperback, zwei Ausgaben: Frühjahr und Herbst

ISSN 0949-3174

Transpersonale Psychologie und Psychotherapie ist eine unabhängige Zeitschrift. Sie verbindet das Wissen spiritueller Wege und der Philosophia perennis mit moderner Psychologie und Psychotherapie, leistet Beiträge zur wissenschaftlichen Fundierung des Transpersonalen.

Transpersonale Psychologie und Psychotherapie ist eine Zeitschrift, die sich an Fachleute und Laien wendet mit einem Interesse an transpersonalen Themen. Aus einem schulen-, kultur- und religionsübergreifenden Verständnis heraus bietet sie ein Forum der Verbindung von Psychologie und Psychotherapie und deren theoretischen Grundlagen mit spirituellen und transpersonalen Phänomenen, Erfahrungen und Wegen, Welt- und Menschenbildern. Sie dient dem Dialog der verschiedenen Richtungen, fördert integrative Bemühungen und leistet Beiträge zur Forschung und Theoriebildung. Sie bietet Überblick, Orientierung und ein Diskussionsforum auf wissenschaftlichem Niveau.